実践の
すすめ

ボランティアの すすめ

基礎から実践まで

岡本栄一 監修
守本友美・河内昌彦・立石宏昭 編著

ミネルヴァ書房

監修にあたって

　今年は「阪神淡路大震災」から10年目ということで，1月に入ると，各新聞は大々的に震災特集を組んでいる。そんななかでの1月17日。たまたま大阪の地下鉄に2回乗り合わせたのだが，2回とも「本日は，防災とボランティアの日です」と車掌がアナウンスを繰り返していた。1日中どの車両でも同じ放送をしていたのだろうと思うと，40年近くも前に，ボランティアという言葉が理解されずに，「ボランティア協会」を「ブランデー協会」と間違えられたり，「ボランティアなんて，儲けにならんことを……」などと揶揄された日のことを思いだし，隔世の感がした。

　阪神淡路大震災は6,433人もの死者を生んだ悲しい大災害であった。しかしその大きな犠牲の影で，130万人以上ものボランティアの自発性を引きだした。しかも若い青年が中心である。

　社会的な視点からすると，この大量のボランティアの活躍は，行政や専門職の下請け的・補完的役割を担うものだといった従来のボランティア理解をひっくり返した。つまりこの震災は，初動態勢といい柔軟な個別的対応といい，ボランティア活動が行政の役割とは違った独自の重要な社会的・公共的役割を果たすことを歴史的に実証したのである。

　もうひとつ重要なことはボランティア個人に関わることである。ボランティアの多くは，汗を流し，災害に遭った人々と苦しみを分かち合い，活動を契機とした人的交流をとおして，結果的に社会的に貢献することの意義を発見した。またそれだけでなく，自分自身の社会的有用性というか，自己の存在価値を発見する機会ともなったのである。

　この『ボランティアのすすめ』は，このような震災10年目というめぐり合わせのなかでの記念すべき出版となった。出版の意図は，福祉系の大学・短大・専門学校での福祉教育や実習との関わりから出発している。「ボランティア学習」と

いう言葉が最近よく使用されるようになったが，その背景に身体をあまり動かさない利便社会の登場がある。モータリゼーションや情報化社会の進展もそれを手伝っている。

　ボランティア学習には2つの視点がある。ひとつは，活動を希望する人々をボランティア活動に導き，活動をとおしてボランティア・スピリット，つまり「自発的に社会的役割を担う精神」を獲得するための体験的な学びを指している。もうひとつは，それからすると不純ともとられかねないが，社会福祉などは，講義を受けただけでは理解できないから，現場でのボランティア活動などの経験的な学びをとおして，ボランティア・スピリット，社会福祉や対人関係を理解させようとするものである。

　私などは，大学2年生のときから児童養護施設にボランティアとして住み込み，そこから大学に通学した。貧乏学生で，下宿するより割安だといった不純な動機があったともいえるが，結果として，教科書などでは学べないじつに多くの体験的な学びをした。この年齢まで頑張るエネルギーは，学生時代の，あのボランティア体験が原点としてあるからかもしれない。

　皆さんはこの際，動機が純粋かどうかはあまり問題にしないで，震災で活躍した青年ボランティアのように，ともかく現場に出かけることだ。春休みとか夏休みだとか，1カ月に1回とか2回，福祉施設に出向いたり，子供会のリーダーやキャンプカウンセラーなどになることだ。体で感じ，体で喜び，体で考えるすばらしさがそこにあるはずだ。理屈抜きにボランティア・スピリットとは何かが摑めるに違いない。きっとあなた自身の大きな財産になることであろう。

　3人の編者によって，基礎編，実践編，ワークブック編の3つでこの本は構成されている。しかし基礎編も含めて，全体的に実践的な視点で書かれている。国際活動もあるが，地域，児童，障害者，高齢者などの分野別活動にも目配りがなされ，それぞれフェイス・シートや具体的な事例などが盛り込まれているので，活動を志す人だけでなく，指導にあたる教員にとっても手ごろな入門書になっている。特に「ワークブック編」は実践的視点からの新しい試みで実践上参考になろう。

　執筆者のほとんどは，学生のころからボランティア活動を経験し，現在も何ら

監修にあたって

かの形でボランティア活動に関わっている人たちである。私は名ばかりの監修者でしかないが，実践を踏んだ春秋に富む若い先生方によって執筆されているので，きっと文章のあちこちに実践上の新しいヒントだけでなく温かさをも貰うことになろう。多くの先生方，実践者，そしてこれからボランティア活動を希望する人たちに利用されることを期待する。

2005年4月

大阪ボランティア協会理事長
九州保健福祉大学大学院（通信制）教授
岡　本　栄　一

目　次

監修にあたって

序章　ボランティア活動の土台 …………………………………… *1*
1　理解する（UNDERSTAND）こととは？　*1*
地図と時刻表と現実世界　*1*
納得するということ　*2*
現実世界を知るには　*3*
ボランティア活動をとおして現実世界を学ぶ　*4*
2　市民参加と市民的自由について　*4*
制度的保障と市民参加　*5*
「市民」の誕生と市民的自由　*7*
市民的自由の理解と自覚　*8*
3　ボランタリズムについて　*9*
最近のボランティア活動の現状　*9*
ボランティアという言葉　*11*
ボランタリズムについて　*12*

基　礎　編

第1章　ボランティア活動とは ……………………………………… *16*
1　ボランティア活動の理念と役割——ボランティア活動の目指すもの　*17*
ボランタリズムとは　*17*
ボランティア活動に期待される社会的役割　*18*
2　ボランティア活動の基本的性格・定義　*24*
ボランティア活動の基本的性格　*24*
ボランティア活動の定義　*26*

3　ボランティア活動の歴史　*27*
　　戦前の社会福祉とボランタリズム　*27*
　　戦後の社会福祉施策の特徴と問題点　*29*
　　震災前後でのボランティア活動における社会的認識の変化　*30*
　　地域福祉の推進におけるボランティア活動の役割　*30*
　　この章の終わりに　*31*

第2章　ボランティア活動の範囲　……*32*

1　日本における活動団体の広がり　*32*
　　ワーカーズ・コレクティブ　*33*
　　有償ボランティアへの疑問　*33*
　　企業の社会貢献活動（フィランソロピーとメセナ）　*35*
　　NPO　*39*
　　NGO　*39*

2　NPO法人とボランティア団体の概要　*40*
　　全国ボランティア活動者実態調査報告書によるボランティア活動の範囲　*41*
　　NPOによる活動の内容　*44*

3　NPO・NGOによるさまざまな活動　*45*
　　NPOの支援活動　*45*
　　災害・救援活動　*45*
　　保健・医療活動　*46*
　　平和活動　*47*
　　環境活動　*47*
　　児童への活動　*48*
　　地域開発活動　*49*
　　人権擁護の活動　*49*

第3章　ボランティア活動の推進　……*51*

1　ボランティア活動の組織　*51*
　　ボランティア活動組織の2つの性格　*51*
　　ボランティア活動組織とNPO団体　*52*
　　ボランティア活動組織の実像　*53*
　　任意団体型のボランティア組織　*54*

目　次

　　　　行政委嘱型のボランティア組織　55
　　　　福祉団体としてのボランティア組織　55
　　　　その他のボランティア活動組織　56
　　2　ボランティア活動の振興策　57
　　　　1970年代におけるボランティア活動振興策　57
　　　　ボランティア活動振興策としてのボランティア保険　57
　　　　1980年代におけるボランティア活動振興策　58
　　　　1990年代におけるボランティア活動振興策　59
　　　　その他のボランティア活動振興策　59
　　　　ボランティア活動振興策とキーワード　60
　　3　ボランティア活動の調整　61
　　　　ボランティアコーディネーターの3つのタイプ　61
　　　　ボランティアコーディネーターの定義と役割　62
　　　　ボランティアコーディネートの課題　62

第4章　ボランティア学習 …………………………………………… 64

　　1　ボランティア学習の意義　64
　　　　ボランティア学習の背景　64
　　　　ボランティア学習の位置づけ　65
　　　　ボランティア学習の推進　65
　　2　ボランティア活動の関連施策　66
　　3　ボランティア学習の体系化　70
　　　　教育と学習の概念整理　70
　　　　福祉教育とボランティア学習の関係　72
　　　　基礎福祉教育　74
　　4　基礎福祉教育の実践　75
　　　　学習方法　75
　　　　学習評価　78
　　5　ボランティア学習の課題　83
　　　　連携・協働について　83
　　　　パートナーシップ　85
　　　　これからのボランティア学習　85

実　践　編

第5章　ボランティア活動の実践 …… 90
1　ボランティア活動を始めるには（計画）　90
　ボランティア情報　90
　体験講座　91
　ボランティアセンター　92
　グループ活動　92
2　ボランティア活動の方法（形態）　93
　活動を選ぶ　93
▣事例　ボランティア活動を通じて新しい活動や人の輪を広げたAさん　94
▶事例のふりかえり　95
▣事例　ボランティア数も活動も年々広がる小地域での福祉ボランティアグループH　96
▶事例のふりかえり　98
　個人・グループ活動　98
　活動の問題点　100
3　基本的なマナー　102

第6章　地域分野のボランティア活動 …… 104
▣事例1　「ふれあい・いきいきサロン」の活動　104
　フェイス・シート　104
　地域分野のボランティア活動の事例　106
　事例の理解を深めるために　108
　活動の実践展開　113
　活動の課題　115

▣事例2　福祉のまちづくり100人委員会の活動　116
　フェイス・シート　116
　地域分野のボランティア活動の事例　118
　事例の理解を深めるために　121
　活動の実践展開　122
　活動の課題　123

目次

第7章 高齢者分野のボランティア活動 ……………………………………… 127

■事例1　介護老人保健施設でのボランティア実践例　127
　フェイス・シート　127
　高齢者分野のボランティア活動の事例　128
　事例の理解を深めるために　129
　活動の実践展開　130
　活動の課題　132

■事例2　特別養護老人ホームにおけるボランティアグループ実践例　133
　フェイス・シート　133
　高齢者分野のボランティア活動の事例　134
　事例の理解を深めるために　134
　活動の実践展開　135
　活動の課題　136

第8章 障害者分野のボランティア活動 ……………………………………… 140

■事例1　身体障害者入所施設を訪れてのボランティア活動　140
　フェイス・シート　140
　障害者分野のボランティア活動の事例　141
　事例の理解を深めるために　144
　活動の実践展開　145
　活動の課題　145

■事例2　夏休みを利用しての地域活動　147
　フェイス・シート　147
　障害者分野のボランティア活動の事例　148
　事例の理解を深めるために　150
　活動の実践展開　151
　活動の課題　152

第9章 児童分野のボランティア活動 ………………………………………… 154

■事例1　児童福祉施設におけるボランティア活動　154
　フェイス・シート　154
　児童分野のボランティア活動の事例　155

事例の理解を深めるために　156
　　　活動の実践展開　159
　　　活動の課題　160
　■事例2　子育て支援における在宅ボランティア活動　161
　　　フェイス・シート　161
　　　児童分野のボランティア活動の事例　162
　　　事例の理解を深めるために　163
　　　活動の実践展開　164
　　　活動の課題　164

第10章　国際貢献分野のボランティア活動　168
　■事例1　国際医療分野におけるボランティア活動　168
　　　フェイス・シート　168
　　　国際貢献分野のボランティア活動の事例　169
　　　事例の理解を深めるために　171
　　　活動の実践展開　172
　　　活動の課題　173
　■事例2　開発協力分野におけるボランティア活動　174
　　　フェイス・シート　174
　　　国際貢献分野のボランティア活動の事例　175
　　　事例の理解を深めるために　177
　　　活動の実践展開　178
　　　活動の課題　179

ワークブック編

第11章　個人活動　186
　1　記　録　186
　　　記録とは　186
　　　記録の意義と機能　187
　　　なにを記録するか　188

目　次

　　2　評　価　*190*
　　　　　ボランティア活動を評価するということ　*191*
　　　　　だれが何を評価するのか　*192*
　　3　スーパービジョン　*194*
　　　　　スーパービジョンとは　*194*
　　　　　授業のなかでのボランティア活動におけるスーパービジョンの方法　*194*
　　4　研　修　*195*
　　　　　手話入門講座　*198*
　　　　　精神保健福祉ボランティア養成講座　*198*
　　　　　ヤングボランティアスクール2004　*198*
　　　　　障害者外出支援ボランティア講座　*199*
　　　　　音声訳ボランティア入門講座　*199*

第12章　グループ討議　………………………………………………　*205*

　　1　体験学習とグループ　*205*
　　2　ふりかえり　*207*
　　　　　ふりかえりとは　*207*
　　　　　ワークシートの例　*209*
　　3　分かち合いのためのグループワーク　*210*
　　　　　分かち合いとは　*210*
　　　　　指導者の役割　*211*
　　　　　ワークシートの項目　*213*
　　　　　ワークシートの例　*214*
　　4　スキルアップとレベルアップのためのグループワーク　*215*
　　　　　グループワークの活用　*215*
　　　　　プログラム立案の際の留意点　*215*
　　　　　プログラムの実際　*215*

おわりに　*223*／資料（社会福祉施設の目的・対象者の一覧）　*227*
参考文献　*232*／索引　*236*

本文イラスト　you-mi

ボランティア活動の土台

 ボランティア活動とは何か。このことについては次の第1章で詳しく述べられる。ここでは、ボランティア活動を考える上で、学生にとって「ボランティア活動の土台」となるであろう①理解する（UNDERSTAND）こととは？、②市民参加と市民的自由について、③ボランティア活動を支えるボランタリズムの理念について、の3点について述べ、次につなぎたい。

1 理解する（UNDERSTAND）こととは？

 最初は、ボランティア活動とは少し離れたところから話を進める。
 定期試験が近づくと、試験範囲や試験内容を説明することになるが、学生たちに「大学生なんだから、丸暗記はいかんよ」とときどき言う。すると「えっ、なぜ暗記してはだめなんですか」と怪訝な顔で質問する者が何人か出てくる。そこで「丸暗記するんじゃなくて、納得するんだ」と言うと、さらに困った顔になる。困惑するのは、比較的勉強がよくできる学生である。

地図と時刻表と現実世界

 人間は言葉でコミュニケーションをはかる動物である。名詞のように直接具体的なものを示す言葉（単語群 words）や、意味や内容を説明する抽象化された言葉（概念 concept）を共有しながら相互にコミュニケーションをはかる。言語学では、このような言葉だけでなく、絵、図形、音符なども含めたものを「記号 symbol」といったりする。イメージは、これらの言葉と言葉、言葉と現実（実態）をつなぎ、われわれの思考や表現を豊かにし、文化創造の役割を果たしている。
 たとえば抽象化され、捨象化されてよく利用されているものに「地図」とか

「時刻表」とか「天気図」などがある。

　地図でいえば、それは現実の広大な地形を計測し抽象化し、それをハンディな形で縮図化して利用できるようにしている。時刻表は、全国で走っている電車の種類、路線図、駅名、発着時刻などを、図や数字などに抽象化することによって、誰でもどこでも利用できるようになっている。

　これらはみんな現実の姿や動きを、言葉や形や数字などに抽象化し概念化することによって、再び現実の生活に役立たせようとしている。つまり人間だけがもっている叡智であり、すばらしさである。ところが地図や言葉や概念は、必ずしも現実や人の思いを完全にそのまま写しだし、表現しているものではない。

納得するということ

　抽象化された言葉の世界と現実の世界を、一本の木をたとえにして考えてみる。木は、葉、枝、幹、根に分けられる。葉っぱの部分に属するのは言葉（言語群）である。上部の枝の先には高度に抽象化された言語群があり、下部の枝に行くほど具体的な物事を示す言語群がある。それらは、枝や幹を経由して現実世界である土中の根っこにつながっている。

　この場合、どんなに抽象化された言語群（概念）といえども、枝や幹という回路を通して必ず現実世界につながり、そこに根を張っている――そういった認識が必要なのだ。たとえ難しい哲学用語であっても、言語群だけが宙に浮いているのではない。

　われわれが「納得」するというのは、このように抽象的な言語世界と現実世界がつながり、そこに回路ができたときである。「わかった」「なるほど」という場合はそのことを示している。「丸暗記してはいかんよ」というのは、抽象的な言語群だけをおぼえて（つまり暗記したままで）、具体的な現実世界から切り離してしまってはいかんよ、ということなのである。

　この２つの世界の間に回路をつくり、それを太くし、強くするのが「学び」である。英語で「理解する」ことを understand という。概念化された言語群が、現実世界の基底＝under 部分と繋がり、そこに根を下ろしたとき、はじめて「わかる」とか「納得できる」ということになる。

　大学・短大・専門学校というところは抽象的な単語群（概念）で満ち満ちてい

る。高校と違ってそれが特徴である。研究というのは，社会科学の領域でいえば，言葉によって現実社会——経済，政治，社会，文化などの社会的営み——を分析し，理論化（理論化するために演繹法と帰納法がある）して役立てようとする。

　すぐれた理論は，これら現実世界を，歴史的視点からも分析し，概念化し（葉を茂らせ），そのことによって現実世界を客観化し，実践を支え，もしもそこに問題があれば批判し，警鐘を鳴らすことができるものなのだ。それは現実世界と向き合い，常にそれと緊張関係をもっているのである。

現実世界を知るには

　大学・短大・専門学校で学ぶ理論（抽象世界）は，それぞれ抽象の程度に差はあるものの，地図や天気図のように必ず現実世界を前提としているのだ。はじめに現実世界ありきである。であるから，納得できない点があるなら，「なぜ？」「どうしてそうなのか？」といった疑問をもって迫らねばならない。だから，疑問をもって誠実に近づくことによってのみ現実世界は自己を開示する。

　たとえば「ノーマライゼーション normalization」という言葉をあげてみる。この言葉は1981年の「国際障害者年」のころから言われだした。ところが，いい日本語訳がない。「正常化」「平常化」「常態化」などと抽象的に表現されているが，どうもぴったりしない。それで，「ノーマライゼーション」という言葉をそのまま使っている。同じように「ボランティア」という言葉も日本語に訳しきれない内容をもった言葉である。

　ノーマライゼーションには幾つもの定義がある。「障害者（知的障害者）の日常生活をできるだけ社会の主流となっている規範や形態に近づけるようにすること」（ニルジェ）と定義されているのが一番シンプルである[2]。しかし，このようなシンプルな定義は，たとえ立派なものであっても，実態を知らない人にとっては，「ほんとに，そうだなあ」と実感をもって理解するには限界がある。

　その理由は，障害者の生活——普通の人々と乖離している生活の実態——が見えないからだ。そのことが「理解」を妨げ，ネックになっている，と考えることができる。では障害者の生活実態を知るにはどうするか。

　そのためには，本（言葉・概念）や辞書などで調べたり，先生に聞くことも大事であるが，生活実態が「どんな状態なのか？」「なぜそうなのか？」を，直接，

障害者の生活から学ぶのが一番の近道である。ことわざで「百聞は，一見に如かず」というではないか。

障害者である彼女・彼は，どんな生活をしているのか，買い物，家事，就職，結婚のことなどなど，直接本人からナマの生活状態を聞くことだ。さらに事例研究をしたり，実態調査したりすることである。そのことによって，はじめて「ノーマライゼーション」という概念そのものが「見えて」くるはずである。

ボランティア活動をとおして現実世界を学ぶ

実際，入学したばかりで，社会福祉の授業を受けて，すぐそれが「わかった」と言える学生は極少数だろう。福祉の現実を知らないでわかるはずがない。私などもそうだった。

すべてではないにしても，「なるほど」と社会福祉がわかるようになったのは，積極的に福祉施設や地域でボランティア活動をすることをとおしてだったし，加えて，福祉実習をし，実際に福祉の現場で働くようになってから，問題点も含めて，だんだん福祉のしくみが見えてくるようになった。

講義で理論を聞いたり，本を読んで学ぶのは，それらの現実世界——あるいは体験——を裏打ちし，視野を広げ，イメージをふくらませ，考えを深化するためだと思ってよい。またその逆もあるが，重要なことは，自分なりに，抽象世界と現実世界の間に体験による「回路」をつくることだ。そこに根を下ろし，自分自身の考え方や生き方の枝葉を繁らし，幹を太くすることである。

それにはまず生活現場に出向くことだ。体験することだ。高齢者や障害者などの生活実態から直接学ぶことである。最近，このような現実にふれて学ぶ体験を，「体験学習」とか「ボランティア学習」といったりしている。

2 市民参加と市民的自由について

次に，ボランティア活動を考える上で，社会福祉の視点を中心に，市民参加とその土台となる市民的自由の関係について考えることにする。

序章　ボランティア活動の土台

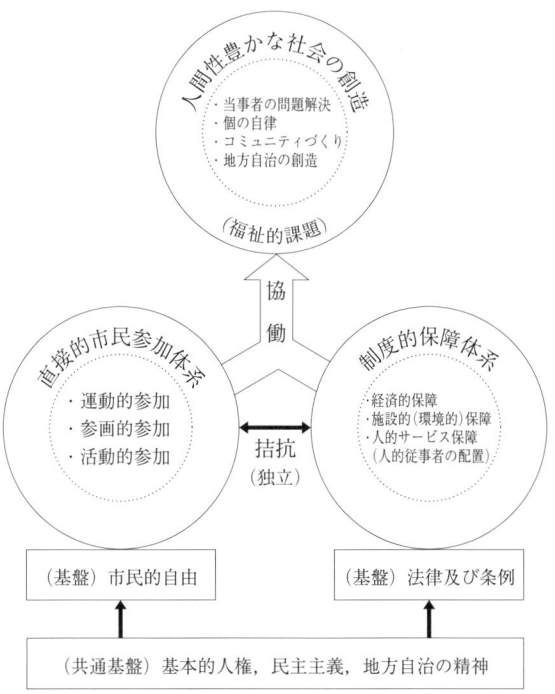

図序-1　制度的保障と直接的市民参加との関係
出所：大阪ボランティア協会編『ボランティア＝参加する福祉』ミネルヴァ書房，1981年，一部筆者修正。

制度的保障と市民参加

　大学・短大・専門学校で社会福祉を学ぶ内容のおよそ90％は，社会福祉の制度や考え方や，その仕事に専門的に従事するための学びではなかろうか。図序-1は，制度的保障体系と直接的市民参加体系の2つが拮抗（独立）し，あるいは協働して，人間性豊かな社会の創造を目指そうとする図である。
　この図は，岡村重夫が「法律による社会福祉」と「自発的な社会福祉」の2つをあげて説明しているものに近い。一般的に，よくいわれる「公」に対する「民」の構図でもある。これは，『社会保険および関連諸サービスに関する各省委員会報告』(1942年)によって，国による社会保障制度の確立を提唱した当のベバリッジ(Beverige, W.)は，その数年後(1948年)に，『ボランタリー・アクション』を書き，制度的な保障のみで福祉国家は完成しない，市民によるボランタリ

5

ーな参加が必要不可欠だと説いたこと[4]、あるいは、その後、ロブソン（Robson, W. A.）が強調した福祉社会論とも関わっている[5]。

　周知のように、制度的保障体系は第二次世界大戦後に確立された。社会福祉でいえば、憲法第25条を法源として、国民の健康や生活を守り支える重要な制度である。この「制度的」というのは、あくまでも制度（法律）にのっとってなされるもので、年金や公的扶助などの経済的保障、ハードな面での福祉施設の設置、福祉専門職の配置による福祉サービスの推進などを内容とする。したがって、民間ではあるが、社会福祉法人などが行う福祉事業（第1種、第2種）などもこの範疇に入る。

　これに対して、直接的市民参加体系は、選挙による代議員を選出する間接的方法とは異なり、言論の自由や集会・結社の自由など、後述する「市民的自由」の保障のもと、自由で主体的な市民による多様な参加――つまり活動、参画、運動の3つ――を意味している。

　ここでいう「活動」とは、ボランティア活動の主流である施設訪問や子供会活動、交流サロン活動、高齢者家庭への配食活動など、対人的なサービスを中心としている。「参画」は、審議会、公聴会、モニター活動など政策策定過程への市民の参加をいい、「運動」は、制度や施設の設置・改善運動、訴訟、請願、権利擁護などのアクション的な参加を指している。

　ここでは、ボランティア活動を「活動」を中心に置きながら、「参画」「運動」をも統合した意味で使いたい。

　付け加えておくが、この「市民参加」は「社会参加」とは異なる。「社会参加」は、家庭から一歩出て、働くとか、スポーツに参加するとか、学習活動をするとか、ボランティア活動をするなど、幅広い社会とのつながりを含む。これに対して、「市民参加」はそれより狭くとらえ、市民の自発的参加による課題解決性を特徴とする。

　ここで言いたいのは、人間性豊かな社会の創造は、制度的保障体系の確立のみによって終わるのではない、ということだ。制度的保障は重要ではあるが、それだけで動く社会は窮屈で潤いがない。それだけだと活力のない社会になっていく。市民はもともと当事者であり利用者であるのだから、既存の制度の改善はもとより、新しく生起する福祉課題に対しても、積極的な参加が必要なのである。それ

は市民の権利であると同時に義務なのだ。

「市民」の誕生と市民的自由

　先に「市民的自由」について少しふれたが，今日では，この市民的自由が，第二次世界大戦前とはまったく異なった社会的意味——ボランティア活動などに対して——をもって登場している点について考えることにしたい。

　そのひとつは，特に戦後，社会福祉のみならずすべての分野で「職業（有給＝会社人間）」と「市民参加（無給＝社会人間）」の分離が始まった点である。それは，ハンナ・アレント（Arendt, H.）がいうように，「職業（labor work）」と「活動（activity）」の分離といってもよいものである[6]。

　福祉の領域でいえば，戦後の社会福祉の制度化によって，それを担う有給の専門職と無給のボランティア活動が分離し始めたのである。地域社会に横たわる福祉課題を，制度＝専門職が対応する領域と，一般市民やボランティアが自発的に関与する領域の分離である。望めば，誰でも「二足のわらじ」を履くことが可能な社会になったのである。

　2つめは，ひとつめとも関わるが，結社や表現の自由などを含む「市民的自由」が，権利として国民に保障されたことである。市民的自由というのは，国家（権力）の統制から自由になることである。お上（官庁）の許可を得ても得なくても，公共に反しないかぎり，自由に団体やグループを結成したり，主体的に社会参加や表現活動や自己実現ができるということである。

　いわゆる「国民の市民化（市民として主体的に参加する）」の道が開かれたのである。これは憲法第89条の「公私分離の原則」とも深く関わる。こうして，戦後はじめて市民——個人あるいはNPOのような民間組織——が国家（行政）から分離・独立し，責任ある主体となったのである。

　「市民」というのは，このように国家とか行政から自由になった個人のことである。身分——職業，主婦，学生といった——や地位（役職）から自由になれる個人をいい，さらに，このような自由をもって，責任応答的な生き方が選択できる人間を指す。ボランティアは，国家からの自由（freedom from）に留まらないで，課題解決への自由（freedom to）を選択する人なのである[7]。

　こうして，戦後になって，国民すべてに，市民としての参加活動が可能となる

社会がスタートした。上下関係あるいは体制と一体化しやすい「奉仕活動」と区別して、戦後のこの種の活動を「市民参加」や「市民活動」とするのである。それは職業から「活動」が分離するとともに、国家からも「活動」が分離し、「自由となった市民」の活動だからである。

ボランティア活動とは、このように自由となった市民が、後述する「ボランタリズム」の理念に基づいて、責任をもった主体として、自ら選択的に課題解決に向かって参加することを指している。

市民的自由の理解と自覚

市民的自由は、民主主義社会をつくる上で、国民が「市民」になるための基本的な条件なのである。ところがこの市民的自由は、第二次世界大戦後の日本人にとっては「与えられた」もので、必ずしも「自ら闘い取った」ものではなかった。そのため、市民的自由の真の理解と自覚が、一般社会に根を下ろすのに時間を要することとなる。

この市民的自由と関わって、「市民参加」についての理解と自覚は、社会福祉では「住民主体の原則」が登場した1960年代、つまり高度経済成長期のころからではなかろうか。この1960年代から始まる高度経済成長期は、一般市民に２つの側面をもたらした。

ひとつは、公害の多発による健康や生活の破壊、コミュニティの崩壊といった「陰」の面での危機的状況を生んだことである。人々は、このような危機を前にして、行政や専門職におまかせした生き方は、決して自分たちの生活を守り、豊かにしないのだと気づきはじめる。生活の防衛、コミュニティづくり、人権の擁護、市民自治の創造といったことについて、市民には市民としての大きな役割があることを自覚しはじめるのである。

もうひとつは「光」の部分である。この高度経済成長期が、不十分ながらも所得の倍増と余暇を生み出し、さきにもふれた「労働」と「活動」を分離させる働きを加速させたのである。

ボランティア活動は、このような背景をもって、1960年代の半ばから次第に活発化しはじめる。公害のような社会的に矛盾を孕みながらも、歴史的には、この期が国民に「市民」として活動する条件を用意したといえよう。全国各地で、善

意銀行やボランティアセンターなど，ボランティア活動の「中間支援組織」が生まれるのは，ほとんどこの1960年半ばから80年代にかけてである。

2000年の「地方分権一括法」施行以来，地方分権化の時代に入った。対人福祉サービスなどの福祉施策も，国ではなくて，市民の生活に近接した自治体単位で推進される時代が到来した。それは「地域福祉」重視にみるように，中央政府まかせの福祉施策の時代は終わりを告げはじめたのである。今後，地域格差が次第に拡大する可能性があるが，市民参加が活発であるかどうかが，まちづくりや福祉サービス等の質を決める時代に入った。

市民的自由は，われわれが地域社会から国際社会にいたる広がりのなかで，生命の尊重や福祉の充実など，人間らしさ（human dignity）を維持・創造するために，国民に付託された「市民的権利 = civil rights」のひとつなのである[9]。

福祉社会，市民社会の創造は，この市民的自由と，次に述べる「ボランタリズムの理念」の結合を必要とする。

3　ボランタリズムについて

ボランタリズムを考える上で，まず，最近のボランティア活動の現状をみることにしよう。図序-2は，活動領域をABCDの4つにわけ，「ボランティア活動の現状」を俯瞰しようとしたものである。

Aは，地域における個人支援を中心とする対人的な活動を示し，Bは，広域でのサービス活動を示している。Cは間接的な，主として生活環境の整備に関わる活動であり，Dは，制度改善を含むアクション型のものをあげている。

最近のボランティア活動の現状

最近のボランティア活動の現状（2001年，概数）をみると，性別では女性が73％，男性が27％である。年齢では60歳以上が52％，50歳代が28％となっていて，中・高年齢層が全体の80％を占めており，職業や身分では，主婦が38％，定年退職者が26％となって大半を占めている。活動年数では，5～10年が31％と多く，10～15年が18％，20年以上が14％などとなっている[10]。

```
┌─ A  地域密着型サービス活動 ─┐   小地域での    ┌─ C  生活環境整備型活動 ─┐
 ●高齢者への配食活動●訪問    活動志向性    ●さわる絵本・拡大写本づくり●
 見まもり活動●在宅知的障害               資金集めバザー●福祉のまちづく
 児のおあそび会●独居老人緊急通報           り●独居老人家庭等の建物修理●ベビー
 委員●不登校の子ども訪問活動●介           ウォーカー●防犯活動●清掃活動●公民館
 護支援活動●ボーイスカウト活動●           等での会食運営●サロン活動（運営支援）
 虐待児の家庭訪問活動●運転ボラン           ●施設等のペンキ補修●老人クラブ運営●
 ティア●BBS活動●通院などの外出           緊急通報づくり●ボランティア貯金●公
 介助●いのちの電話（相談活動）●           民館・ボランティアセンター等での学習
 子育て訪問支援●病院ボランティア           支援●地域福祉計画策定への参画●ボラ
 活動●子ども会●病院や在宅ホスピ           ンティアグループの組織化支援●おもち
 ス活動への参加●福祉施設で              ゃの病院活動●共同募金活動等
┌─────┐ の訪問活動●里親                            ┌─────┐
│個人支援│                                   │生活環境や│
│やサービ│                                   │制度改善 │
│ス志向性│ ●広域介護サービス●手話ボ           ●介護保険を考える会（オンブ    │志向性  │
└─────┘ ランティア活動●キャンプ活            ズマン）●児童虐待を考える会    └─────┘
 動●要約筆記●人形劇で施設訪問●点           （オンブズマン）●ホームレス問題への取り
 字・録音ボランティア活動●非行問           組み●HIV（エイズ）支援活動●障害
 題相談●おもちゃ図書館活動●伝承           者の外出問題を考える会●障害者自助具
 遊び●虐待・引きこもりの子ども             研究会●DVシェルターづくりと権利擁護
 支援●広域ガイドヘルプ活動●難病患          活動（オンブズマン）●痴呆性高齢者問
 者の会支援●介護教室の開催●献眼・          題への取り組み●福祉施設づくり運動●
 献体・献血活動●災害救援ボランテ          ゴミ問題を考える会●福祉モニタリング
 ィア●広域移送・移動サービス●国           ●バリアフリー化の推進（オンブズマン）
 際交流活動●わたぼうし等の
 音楽祭                    広域での
└─ B  広域展開型サービス活動 ─┘  活動志向性   └─ D  制度改善・アクション型活動 ─┘
```

図序-2　福祉領域を中心としたボランティア活動の種類の例

出所：大阪ボランティア協会編（岡本榮一編集代表）『ボランティア・NPO用語事典』中央法規出版，2004年，91頁，一部筆者修正。

このような最近のボランティア活動の現状は，どのような特徴をもっているのだろうか。次にそれを4点ほどあげておきたい。

1．活動の多様化と拡大化

最近のボランティア活動は，全体的に福祉の領域での活動が主流であるとはいえ，そのほか子育て，教育，文化，人権，平和，スポーツ，環境，防犯など，多様な分野で，多様な活動に彩られるようになった。また，活動の範囲も，近隣での在宅福祉活動から，遠くはインドであるとかアフリカなどでの国際的な活動にまで拡大するようになってきている。

2．活動の協同化とエンジョイ志向

過去になされていた奉仕型の活動では，「与え手」と「受け手」を分けることが多かった。それが，最近では，当事者と一緒に活動する，一緒に楽しむといった傾向が強くなりつつある。特にこれらの傾向は，若い学生層や青年層に多く，また文化活動やスポーツ活動，環境改善活動などに顕著である。「活動の with 志向」とでもいえる傾向であろう。

3．活動の市民化

いまでも，伝統的な「奉仕型」のものも生きており，また行政と密着した保護司や民生委員などの「行政委嘱型」のものも一定の役割を果たしている[11]。しかし，行政とはやや距離を置きつつ，在宅福祉や防犯，環境や文化などの地域課題を，関心があるからとか，放っておけないから，あるいは楽しいからといった姿勢で，無理をしない形の活動が増えてきているのも事実である。活動の「市民化」とでもいえる傾向である。

4．活動の教育化

昨今，いじめ，不登校，非行など，子どもの発達にゆがみが多発するなかで，これらの発達課題に応えるため，「体験教育」の一環としてボランティア活動を推奨する動きが顕著になりつつある。小中高校では2002年度から導入の「総合的な学習の時間」との結びつきが強まっている。

ボランティアという言葉

以上，ボランティア活動の実態や動向を素描したが，次に，このような活動を支える理念・思想として，「ボランティア」とか「ボランタリズム」とは何かについて少しふれ，次の第1章につなぎたい。

ボランティア（volunteer）という言葉は，ラテン語の自由意志を意味する voluntas という言葉に，人名称の er をつけてできあがっている。辞書では，名詞として「有志者」「志願者」「志願兵」などとあり，動詞では「自ら進んでする」「自発的に申しでる」「志願する」などとなっている[12]。

日本では，阪神淡路大震災以降，ボランティアという言葉が広く知られるよう

になった感があるが，NPO や NGO やボランティア活動を支えている思想，理念として「ボランタリズム（voluntar(y)ism）」がある。

ボランタリズムについて

　このボランタリズムには，哲学や心理学で用いられる「自由意志」を強調する，いわゆる〈y〉のついていない voluntarism と，表現の自由とか結社の自由などを支える〈y〉のついている voluntaryism の2つがある。

　前者は，「主意主義」と訳され，「主知主義（intellectualism）」と対置されるものである。それは人間がもっている理性とか知性よりも，自由意志とか自由な精神を重んじる立場を表している。後者の y のついている方は，信仰の純粋性を守ろうと国家（権力）と闘い，それからの支配と援助を拒否し，分離・独立を求めたキリスト教会の姿勢やあり方を示す理念とされる。やがてこの「自由教会＝free church」をモデルとして，国家から独立した「自発的な結社＝voluntary association」が数多く台頭することになる。[13]

　この自発的結社は，今日の NPO, NGO などの民間組織の前身である。その意味で，ボランタリズムは，ボランティア活動のみならず，NPO, NGO の活動をも支える理念であり思想である。この理念なくして民主主義社会や市民社会はなりたたないのだ。

　ボランタリズムは，述べてきたように，「自由意志」を基本とするボランティア活動や NPO の母なる精神である。同胞の苦悩を見捨てない愛をかたちにする精神である。この自由性，主体性のゆえに，おのれの属する共同体成員のみならず，他の国々の人々が抱える苦悩や困難などの課題に対し，国家や制度を超えて行動し，参画し，提言し，組織化に向かうのである。[14]

　また，ボランタリズムは，このように法律や制度に依拠して動くものとは対極にあって，国家や行政施策に協力（協働）するが，またそれを相対化し，批判や提言を行ったり，独自に新たなプロジェクトの創造に向かわせる市民自治の思想を含んでいる。

　ボランタリズムは，わが国の歴史のなかで，――それが今日的な意味で，NPO とかボランティア活動といえるかどうかは別として――それぞれの地方で生きて働いてきた。有名・無名のさまざまな人々の「志」を鼓舞し，「官」の立

場からではなく「民」の立場から，文化や教育や医療や環境や福祉の進歩に寄与してきたのである。それは，「日本史」などではみえないが，「地方史」をひも解けば，このボランタリズムに生きた先達の姿がみえてくる。「官」の努力だけでなく，そのような有形・無形の数知れないボランタリーな人々の活動や運動によって，われわれの今日があるのだ。

「民」の立場から発したこのボランタリズムは，福祉問題のみならず，教育，環境，文化，人権，スポーツ，国際，平和などの幅広い領域にわたって生きて働いてきた。それは，自らが選択した課題に取り組み，時にはその重要性を仲間に知らせ，共に学び，共に楽しみ，さらに課題が大きければ，人々を組織化し，運動化して，それを解決しようとする連帯精神なのである。　　　　　　（岡本栄一）

注
1）町田健『ソシュールのすべて』研究社，2004年。言語学の本は，全体的に難解であるが，この本はわかりやすい。言語学では，話し言葉や文字，トイレなどの図形，文字標識，救急車のサイレンなど，知覚される対象を「能記」と呼び，それが示す意味を「所記」と呼んで，それぞれの「記号」がもつ性質を区別しようとする。
2）中園康夫他編『ノーマライゼーション理論の生成発展——欧米における精神遅滞者福祉の理論と実践』海声社，1992年。
3）岡村重夫『社会福祉原論』全国社会福祉協議会，1983年，3頁。
4）Beverige, W., *Voluntary action : a report on methods of social advance*, George Allen & Unwin & Ltd., 1948.
5）ロブソン，W. A.『福祉国家と福祉社会』(辻清明・星野信也訳) 東京大学出版会，1979年。ロブソンは，この論文で「国家による制度的施策がどんなに講じられても，市民の参加によって福祉社会が機能しなければ，本当の福祉は実現しない」といった内容を展開している。
6）アレント，H.『人間の条件』(志水速雄訳) ちくま学芸文庫，1994年。アレントはこの論文で，人間の「活動生活」を労働，仕事，活動に分類し，そのなかで「活動」の意義や「公共性」についても述べている。難解。
7）バーリン，I.『自由論』(小川晃一他訳) みすず書房，1971年。バーリンは，この論文で，「からの自由」を「消極的自由」とし，「への自由」を「積極的自由」としている。
8）山形県社会福祉協議会『地域福祉活動における住民主体の原則を考える＝山形会議40周年記念全国セミナー報告書』2001年。「住民主体の原則」についての歴史的な検証文献。この住民主体の原則——1962年に策定された『社協基本要綱』に謳われた——は，「社協の主役が行政や業界関係者ではなく住民にあることを示し，社協民主化への典拠となった」(井岡勉) とされ，地域福祉を推進する上で，この原則は重要な思想とされる。ところが，1992年に改定された『新・基本要綱』では，「原則」から「理念」に格下げされ，しかも，近年その理念の風化が目立つ。日本ではなぜそうなっていくのか。日本の地域民主主義を考える上で，公私分離の原則，市民的自由，ボランタリズムの3つの視点から，この思想を再検証する必要があるのではなかろうか。

9) マーシャル，T. H., ボットモア，T.『シチズンシップと社会的階級——近現代を総括するマニフェスト』（岩崎信彦・中村健吾訳），1993年。市民的権利は，集会や結社の自由，表現の自由などの市民的自由や所有権などを指す。この本で，マーシャルは，上位概念として「市民権」を置き，そのなかに，市民的権利，政治的権利，社会的権利の3つを含ませている。この論文が優れているのは，市民的権利は18世紀に，政治的権利（参政権など）は19世紀に，社会的権利（生存権，教育権，労働権など）は20世紀に確立されたとする歴史的分析にある。
10) 全国社会福祉協議会「全国ボランティア活動者実態調査報告書」2002年。この調査報告が今のところ一番新しい。
11) 田中義政編著『市民参加と自治体公務』学陽書房，1988年。少し古い文献であるが，「行政委嘱ボランティア」など，市民参加と行政の関係，課題を述べた論文が多い。
12) 大阪ボランティア協会編『ボランティア＝参加する福祉』ミネルヴァ書房，1981年，24-26頁。
13) 阿部志郎「キリスト教と社会福祉思想」嶋田啓一郎編『社会福祉の思想と理論』ミネルヴァ書房，1980年，83頁。
14) 岡本栄一「二一世紀福祉社会とボランタリズム」阿部志郎・右田紀久恵・宮田和明・松井二郎編『講座　戦後社会福祉の総括と二一世紀への展望Ⅱ　思想と理論』ドメス出版，2002年，248-251頁。

基礎編

第1章 ボランティア活動とは

　本章では，序章で述べられているボランティア活動の基本的精神を基盤に，ボランティア活動の理念・社会的役割・基本的性格・定義，および社会福祉の分野における史的展開について学んでいきたい。単に知識としての理解にとどまらず，より具体的で実践的な理解が深まることを期待する。

　本題に入る前に，筆者の体験を題材に「ボランティア活動とは何か」について読者自身が頭と心を使って考えてみてほしい。
《一時保護所の子どもたちとの出会いから》
　筆者は，社会福祉系の大学に進学したものの，当時ソーシャルワーカーになりたいという明確な気持ちはなかった。そんな筆者の考えを大きく変えたのは，大学2年生の夏に2カ月間を過ごした，児童相談所一時保護所の子どもたちとの出会いであった。最初のきっかけは，失恋した彼女と同じアルバイトをしたくないといった消極的かつ不純な動機であった。もちろん，そのときは自分がボランティアであるといった意識はまったくなかった（このように教師や両親に勧められてとか，友人に誘われてといった自発性とは異なるきっかけで活動に参加する場合も多い）。
　そこで出会った子どもたちは，生後すぐに親に放置され他者に反応を示せない女児，父親からの身体的虐待により情緒障害をきたしている男児，義父から性的虐待をうけその反発で非行を繰り返す中学2年生の少女などさまざまな問題をもった子どもたちだった。親に裏切られ，大人不信に陥っている彼らは，なかなか心を開いてくれなかった。最初，筆者の存在はまったく無視された。しかし，寝食を共にし，一緒に遊んだりするうちに徐々に心を開いてくれるようになった。筆者も，彼らとの生活がとても楽しくなり，より一層積極的に関わるようになった。コミュニケーションも自然に深まっていった。自分の過酷な体験を話してくれる子どもたちもおり，彼らの心情や行動の原因に共感した。彼らは外見からの

イメージとは大きくかけ離れた，一人ひとり心優しい子どもたちだったのだ。彼らとの出会いをとおして自分とは異なる生活実態を実感し，彼らへの共感や社会の矛盾に対する怒りが，自発性を誘発し積極的に関わっていくきっかけになった。

彼らの問題は彼ら個人の問題ではなく彼らを取り巻く家族や社会全体の問題だと実感した。そのころはまだ児童に対する対症療法的なアプローチが中心だった時代である。彼らをこのような状況に追いやった社会に強い矛盾を感じ，やり場のない怒りがこみ上げてきた。今の自分に何ができるかを必死で考えた。彼らと共に過ごした2カ月間は，筆者の人生を大きく変えた。筆者が，ボランティア活動に興味をもち，ソーシャルワークの仕事に進むきっかけとなった。

1 ボランティア活動の理念と役割
――ボランティア活動の目指すもの

まず，ボランティア活動を支える基盤となるボランタリズムの理念と，ボランティア活動の社会的役割について考察する。

ボランタリズムとは

ボランティア活動の精神的根幹をなす理念にボランタリズムがある。ボランタリズムは，序章で述べられているとおり「"voluntarism"：個のボランタリズム（主意主義）」と「"voluntaryism"：結社のボランタリズム」の2つがある（序章12頁参照）。「個のボランタリズム」は，自由意志や自由な精神を重んじる立場であり，個人の自発性や主体性を支える理念である。一方，「結社のボランタリズム」は，キリスト教の歴史のなかで，国家からの支配と援助を拒否する基本姿勢を示している。つまりあくまで「民」の立場から，国家や行政施策と協働はするが依存はしないといった，組織の民間性・独立性を重視する理念である。

両者は，個々ばらばらに存在するのではなく，「個のボランタリズム」は，個人の自発性や主体性を支え，「結社のボランタリズム」を生み育む原動力になる。一方，「結社のボランタリズム」は「個のボランタリズム」を育てる。このようにボランタリズムは，社会に対して市民の立場から，時には批判的に，時には積極的に協働して，社会を構成するすべての人々が安心して生活できるシステム創

りを目指す理念であるといえる。

岡本栄一は,ボランタリズムについて次のように述べている。

「時代の危機や苦悩,あるいは未解決な社会的な要請に呼応したり,さらには自己実現等の創造的意志となって,<u>市民（住民）の側から社会の側に働きかける精神であり理念である</u>。それは民族や共同体それぞれの歴史の中で<u>内発化し,生き働き</u>,医療や福祉や教育や文化などさまざまな領域で,市民（住民）サイドから,人びとを支え,つなぎ,守り,勇気づけ,抵抗し,事業を起こし,組織化し,制度化してきた連帯精神である。民間活動や運動（ボランタリー・アクション）が開発的・実験的・創造的な性格をもつといわれるのはこのことからきている。」(下線筆者)¹⁾

ボランティア活動に期待される社会的役割

ボランティア活動の意義を理解するために,ボランティア活動がもつ社会的役割について考察する。阿部志郎は,ボランティア活動に期待される役割として,①地域社会の福祉ニーズに積極的に応えようとする先駆的役割,②公的制度の不備を補う補完的役割,③制度や行政施設に対して建設的批判をする批判的役割,④行政施設と住民のあいだで理解・協力者として活動する架橋的役割,⑤地域の福祉を守り育てる相互扶助的精神を普及する啓発的役割の5つをあげている²⁾。

本章では,ボランティア活動を学ぶ学生に特に理解してほしい,1．ソーシャル・アクションの実践者としての役割,2．社会関係における自立の支援者としての役割,3．社会連帯意識を育む役割の3つの役割に整理して考察する。

1．ソーシャル・アクションの実践者としての役割

(1) ノーマライゼーション理念

直接ボランティア活動とは関係ないが,ボランティアについて考える際に,忘れてはならない理念としてノーマライゼーション理念がある。

ノーマライゼーション理念とは,障害の有無や年齢,性別,国籍,出身等か

かわらず，人格を尊重され基本的人権を保障される社会がノーマル（あたりまえ）な社会であり，そうでない社会は脆く弱い社会であるという考え方である。すべての人間がかけがえのない生命をもった存在として尊重しあう共生社会を目指すことが，ノーマライゼーションの理念である。この理念は，行政や専門職者から提唱されたものではない。1950年代当初のデンマークの知的障害者の親の会のサービス改革要求運動を起点にしている。

ノーマライゼーションの父と呼ばれているバンク−ミケルセンは，知的障害者施設での生活が，彼自身が体験したナチスによる強制収容所の悲惨な生活と同様の状況にあることを知り，親たちの切実な願いに共感し，ノーマライゼーション理念の浸透に努めた。サービス利用者や家族の切実な願いに基づくボランタリーな活動が，行政や専門職者の意識を変化させ制度を変える力となった（先駆的役割）。現在では，障害者福祉の分野だけでなく，社会福祉全体の基本的理念となっている。

「もしも一つの社会立法をつくったがために，ボランティアを失わねばならないとすれば，わたくしは最善の法律よりも百人のボランティアを選ぶ」。これは，大阪ボランティア協会の機関誌『月刊ボランティア』創刊号（1966年）の巻頭に掲載された，ケースワークの母とよばれているメアリー・E・リッチモンドの言葉である。

(2) 「サービス提供型」から「ソーシャルアクション型」へ

ボランティア活動に参加する場合，最初は「サービス提供型」の活動である場合が多い。これは，社会的課題の解決を図ることを目的として，ボランティアが自分のもっている知識や金銭等の能力や時間を，支援を必要としている人々に直接サービスとして提供することである。現行の行政サービスを補完し，福祉サービス利用者の生活を支える重要な役割である（補完的役割）。しかし，ここでとどまってしまえば，「ボランティアの資源化」や「行政の下請け的な活動」といった「安上がり福祉」の片棒を担ぐ役割で終わる可能性が高い。社会にはさまざまな矛盾が存在する。その矛盾を放置し，既存の法律や制度にとどまっていては，利用者の豊かな生活は望めない。

現状の法律や制度の問題点や矛盾点に対し，制度の改善や充実を目指し社会に対して働きかけていくソーシャル・アクションの役割はボランティア活動の重要

基礎編

表1-1　多様な自立

身辺自立	日常生活動作（ADL）の向上。身の回りの事が自分自身でできるようになる。
精神的自立	「自己決定」と「自己選択」が自分で行えるようになり，それによる結果に自分自身が責任（自己責任）がとれる。「リスクを冒す権利」。
独居生活	親の干渉や施設の規則から離れて地域でアパートや部屋等を借りて生活すること。介護が必要な者は，自分にとって必要かつ適切なサービスを介護人に依頼でき地域で自立生活を行うこと（介護者管理能力の獲得）。「障害者（要援護者）は，一方的に治療・保護される存在ではなく，ひとりの人間として尊重される生活主体者として自分の人生を生きていくことを保障される」。この考え方は自立生活運動としてアメリカで生まれた。
経済的自立	金銭の自己管理能力：障害等により，自分で就労することができなくても年金や生活保護費を自己管理できること。
社会的自立	個人がさまざまな形で社会参加し，自分を取り巻く人々や社会からもそれが確認できるようになること。人との交流等をとおして社会との豊かな関わりをもつこと。

な役割である（批判的役割）。ノーマライゼーション理念を少しでも浸透させるためにボランティア活動の果たす役割は大きい。

2．社会関係における自立の支援者としての役割

(1) 社会的存在としての人間

岡村重夫は，人間の7つの社会生活の基本的要求のひとつに「社会参加ないし社会的協同の機会」の要求をあげている[3]。これは人間が生活していくためには，社会との関係を切り離しては生きていけないことを示している。人間は閉鎖的な環境では，人間性や社会性の発達が阻害される。そして，障害・高齢・貧困等さまざまな要因で，社会的孤立を強いられている現状がある。家族機能が脆弱化した現在では，子育てが社会との関係を希薄化させる要因にもなっている。

社会的孤立は，人間としての「自尊感情（セルフエスティーム）」まで奪ってしまう。公的な福祉サービスが充実していても，サービスを一方的に受けるだけでは，当事者の不安感や孤立感は解消しない。ボランティアが，直接当事者の生活に関わっていくことで，このような孤立感を解消することが可能となる。ボランティアと当事者とのコミュニケーションをとおして，相互理解が深まる。ボランティアが当事者の現状を理解し，連携することで連帯意識が形成され，双方が社会的課題に向き合う力が生まれる（架橋的役割）。

(2) 多様な自立観をもつことの重要性

ボランティアが自立の支援者となるためには，利用者との相互理解を深め，双方が多様な自立観をもつこと（表1-1参照）や，自己実現の可能性を信じることが必要不可欠である。経済的に自立することや，自分のことを自分ですることだけが自立ではない。さまざまな社会関係のなかで支えあいながらも，自らの人生を主体的に生きることも自立である。多様な自立のなかから実現可能な自立を発見し，支援することが重要である。ボランティア活動は，同じ社会に生きる人間として，相互に支え合う関係を目指す。このような社会関係のなかでの相互依存関係を社会連帯と呼ぶ。

一番ヶ瀬康子は，自立について次のように述べている。

「人間は，まったく"孤立"していては，自立することはできない。たとえば"日常生活上の身辺自立"であっても，その力量形成のためには他とのかかわりがいる。また，現実の生活は，さまざまなあり方に応じた役割のもとで営まれている。経済的自立は，いうまでもないことである。さらに，精神的自立（律）においても，人間の関わり"出会い"のなかでこそ，主体としての自らが明確化する。他者との関わりのなかでこそ，自分が明らかになってくるからである。"福祉"における自立の展開は，現実には，他者との関わりである"連帯"を前提とし，さらに"連帯"をその条件とするのである。」(下線筆者)

このように，ボランティア活動は，社会連帯意識をもって自立を支援していく役割がある。

3．社会連帯意識を育む役割（福祉教育における体験学習としての役割）

ボランティア活動をとおしての体験学習（ボランティア学習）の役割は，福祉教育・生涯学習への社会的要請の高まりとともに重要な構成要素のひとつとなった。ボランティア活動をとおして，今までの自分の生活環境とは異なる他者との出会いを体験する。さまざまな出会いのなかから双方が多様な価値観の存在に気づき，社会連帯意識を育て，自分自身の生き方をふりかえるきっかけにもなる（啓発的役割）。

現在の日本は，核家族化や家庭の教育機能の脆弱化による「地域の福祉力・教育力の低下」や受験競争等にみられる学校教育の「知識教育への偏重」等が大き

な社会問題となっている。インターネット等の普及でバーチャル的には全世界から情報を入手することはできる。しかし，実生活をふりかえってみると子どもたちだけでなく社会全体が限られた狭い人間関係や社会関係のなかでの生活を強いられている。日々の生活のなかで，世代間交流や障害をもつ人々との関係が希薄化している。このような状況のなかで，ボランティア活動のもつ体験学習の果たす役割は大きい。

《高校2年生の活動記録》
　障害をもつ子どもたちの施設（肢体不自由児施設）で，5日間ボランティア活動を行った高校2年生の少女の記録をとおして考察する。

(第1日目)
　緊張してしまって，よく眠れないまま今日を迎えたためか，初めてで神経をすりへらしたのかとても疲れてしまった。子どもたちの元気さに圧倒された。正直に言ってしまうと，体が不自由な分，ちょっとひねくれたところがあると思っていたけれど，そんな風でもなくて，元気なところが印象に残った。
(第2日目)
　2日目ということもあって，だいぶん慣れてそんなにつかれを感じなかった。子どもたちとのコミュニケーションのとり方がだいぶんつかめるようになってきて，初日では何を言っているかわからなかった子とも話ができるくらいになった。それがすごく嬉しい。今日いちばん心に残っているのは，園にいるのが嫌と言いだした子がいたこと。理由を聞いていると，家族に会えないことが一番みたいで，ぬくぬくと育った私にはとても理解してあげられないさみしさを感じているのだなと思うと同時に，それでも笑顔を見せてくれることに感心した。また，一つ勉強したと思う。
(第3日目)
　今日お昼から，園外活動で近くの児童公園まで散歩にでた。すごく無邪気で葉っぱを拾ったり，草のにおいをかいだり，木のトンネルをくぐったり，のびのびとした表情がすごく印象に残っている。けれどちょっとした段差で困っていたとき，そばにいた人が様子をみていたのに助けようとしてくれなかったのが，少しさみしかった。私も今まで車椅子の人が困っているのをみても声をかけることもできなかったけれど，これからは声をかけたり，助けてあげることができると思う。今までの自分を反省しながらの一日だった。
(第4日目)
　今日の反省会で気づかされたことがたくさんあった。私と子どもたちとの関係が対

等になったということ。実際に子どもたちと遊んでいると，やっぱり視線が子どもと一緒になってくるのを感じる。
(第5日目)
　今日は書きたいことがたくさんありすぎて何を書きたいのかわからなくなってしまいそう。(略) 今まで先入観だけで人に話しかけていたりしていたと思う。いい例が「障害をもっている子はひねくれているかも」(活動記録1日目)と思ったこと。そんな先入観が子どもたちとの交流によってなくなったと思う。それと同時に人を見る目がかわった。今日，母と障害者の話をしていた。(本当は「障害者」という言葉は使いたくないけど) 母が「彼らも一生懸命に生きている」と言った。それって母と障害者は少し間隔があいてるのと違うかなと思った。1週間前の私なら，気がつかなかったと思う。

　今まで障害をもつ子どもたちと交流した経験のない少女は，活動前は子どもたちのことを「障害をもっている子はひねくれているかも」と想像している。先入観に基づく偏った見解を「偏見」と呼ぶ。少女は，子どもたちとの交流をとおして，自分の偏見に気づいた。園外活動の場面では，協力してくれなかった大人に対し，子どもたちと同じ視点に立ってさみしさを感じている。活動前は「私」対「障害をもつ子どもたち」という関係が，5日間の関わりのなかで「私」と「障害をもつ子どもたち」といった連帯意識をもった対等な関係に変化していることを示している。このような意識の変化が，社会連帯意識の芽生えの第一歩となる。

　ボランティア活動をとおして，障害をもつ人々や高齢者を実存として感じ，同じ人間として尊重できたとき，はじめてノーマライゼーション理念の意味を知識だけで覚えるのではなく，「わかる」「納得する」というかたちで，一人ひとりの心のなかに内面化するのである。ボランティア活動は，このような福祉教育（ボランティア学習）の役割ももっている。

基礎編

2　ボランティア活動の基本的性格・定義

ボランティア活動の基本的性格

　ここでは，ボランティアの基本的性格について「自発性・主体性」「公共性・福祉性・連帯性」「無償性・非営利性」「自己成長性」「継続性」の5つの視点から考察する。

1．自発性・主体性：さまざまな社会的課題に対して，自分自身の意志で積極的に関わっていくこと
　(1)　ボランティアという言葉の起源
　ボランティアという言葉の起源は，ラテン語の「volo（ウォロ，意志する）」から派生して名詞の「voluntas（ウォルンタス，自由意志）」となり，これに人を表す「－er」をつけて「volunteer」という単語になったといわれている。ボランティアという言葉は1647年ごろにイギリス社会で使われはじめた。17世紀当時の意味は，自警団や自衛隊の志願兵を意味していた。当時のイギリス社会は革命前の混乱状態で，自分たちの町は自分たちで守らなければならず，自らすすんで自警団に参加した人をボランティアと呼んだ。このようにボランティアは，本来，「自発的な人」という意味である。ボランタリズムのところでも述べたように「自発性・主体性」がボランティア活動の基本的・根源的性格である。
　(2)　体験活動・奉仕活動とボランティア活動の混同
　ボランティア活動を，日本では過去に「奉仕活動」と訳したこともあった。このため，現在も依然として「奉仕活動」のニュアンスが根強く残っている。学校教育においてもボランティア活動と「奉仕活動」の混同がみられる。ボランティア活動と称して全生徒を半強制的に動員して，校内清掃や河川の清掃に学校行事として取り組んでいるケースも多くみられる。このように，自発性をともなわない公益活動をボランティア活動と混同している事例も少なくない。これが，ボランティア活動の定義に混乱をもたらす要因のひとつとなっている。このような体験活動については，体験学習の目的をより明確化するために，社会貢献型体験学習（Service Learning）や地域貢献活動（Community Service）という名称を用いる

ことで，主体性を根源とするボランティア活動と区別する必要がある。

2．公共性・福祉性・連帯性：個人的な利益や楽しみのための活動ではなく，共に生きる豊かな社会の創造を目指すこと

　「公共性」とは，ボランティア活動が自己のみの利益ではなく社会的に意義（公共性）がある活動であることを示している。岡本栄一は，「自発性にもとづく行為が，自己のみの利益ではなく，共同体（コミュニティ）の成員や，苦難をもつ一人ひとりの人間の福祉を向上させるものでなければならない」として，「福祉性」と呼んだ[5]。

　「連帯性」とは，社会的役割のところでも述べたとおりボランティアと利用者が同じ社会に生きる人間として，相互に支えあい，問題を担い合う関係，つまり共生の社会を目指していることを示している。

　阿部志郎はボランティアの「福祉性」「連帯性」について次のように述べている。

　　「ボランティアは『自分にして欲しいと思うことを，その通り人にしなさい』という積極的倫理に立つのであり，上から押しつけられた『奉仕』とは異なる。<u>なにものにも強制されることなく行動する自発性に根ざし，行政に甘えず，真の自立を獲得しようとするボランティアは，相手の自立を尊重してやまない。ここに連帯が芽生え，福祉が育つ。福祉とは，自立を促す連帯的な行動を指す</u>からである[6]。」（下線筆者）

3．無償性・非営利性：金儲けの手段ではないこと。金銭面でのみかえりを期待しないこと

　ボランティア活動が，活動の対価としての金銭的報酬を期待しない活動であることを示している。あまり厳格に「無償性」を強調しすぎると，活動に参加する人を制限してしまう。最近ではより多くの人がボランティア活動に参加できるように，「無償性」の解釈の幅を少し広くするようになってきた。たとえば，経済的にゆとりがない人が，ボランティア活動に関わることで，自分自身の社会参加や生きがいづくりに寄与する場合などは，継続性を担保する上で食事代や交通費等の実費弁償程度は認めていこうという考えである。この場合，活動自体の有償・無償を問うのではなく，自発性や連帯性に根ざした活動であるか否かが，最

基礎編

も重要なのである。このようなことから「非営利性」という表現をする場合も多い。

4．自己成長性：ボランティア自身も成長していくこと

　自己成長性とは，ボランティアが活動をとおして自分自身が成長したと感じるものである。たとえば，活動をとおして「今まで気づかなかった社会福祉的課題にふれることができ，自分自身の考え方や生き方を変えるきっかけになった」といった自己発見や自己成長を感じることもある。「利用者のありがとうの一言で，ボランティアが"自分は価値ある存在なのだ"ということを再確認できた」といった自己有用感や自尊感情を感じることもよく経験する。今まで，存在すら知らなかった人々との出会いをとおしてネットワークや社会性の拡がりも期待できる。このように，ボランティア活動を行うことによって，結果的には金銭には換えがたい，多くの学びや生きるエネルギーを得ることで生きがいの発見にもつながっていく。

5．継続性：継続することによって相互の信頼関係が深まること

　ボランティア活動は，自発性に基づく公共（社会）的活動である。ボランティアは，ボランティアを必要としている人々に対し可能な自立支援を行う。課題解決のためには，一定の継続性が必要である。継続性を基に利用者とボランティアとの信頼関係が生まれる。ボランティアは，自分勝手な思いつきで活動を終結してしまうのではなく利用者の立場を十分配慮した上で活動を行うことを求められる。このようにボランティアは，活動相手に対し社会的責任を負うことも十分留意しておく必要がある。

ボランティア活動の定義

　ボランティア活動の原点は，たとえば社会的に不利な状況にいる人に出会ったときやその存在を知ったときに，他人事として見過ごせないといった，人間が誰でももっている他者への関心や共感・連帯の感情である。ボランティアは，自分の感じた関心や矛盾や怒りを他人事と客体化せず，自らの問題として考え，解決に向けて主体的かつ協同的に行動する人である。まず自分自身が，感じることが

ボランティア活動の始点となる。

　ボランティア活動は，さまざまな社会的課題や矛盾に対しての疑問や怒りといった気づきを原点にして行う，金銭面でのみかえりを期待しない「個人発」の主体的かつ社会連帯を基盤にした公共的活動であるといえる。

　本章では，一応上記のような定義を行った。しかし，ボランティア活動については，多くの定義が示されており，統一された定義はない。読者が，自分自身の活動体験をふりかえったり，他の文献を調べたりして自分なりの定義づけを行ってほしい。

3　ボランティア活動の歴史

　この節では，日本における社会福祉を中心としたボランティア活動の歴史的展開を考察する。

　岡村重夫は，社会福祉を「法律による社会福祉」と「自発的社会福祉」の2つに分けた上で，「自発的社会福祉」の役割を次のように述べている。

>　「一定の資本主義経済の発達段階における社会・経済的条件によって規定される社会福祉の典型は，『法律による社会福祉』（statutory social service）である。わが国の現状でいえば福祉六法である。しかし法律による社会福祉が社会福祉の全部ではない。いな全部であってはならない。<u>法律によらない民間の自発的な社会福祉（voluntary social service）による社会福祉的活動の存在こそ，社会福祉全体の自己改造の原動力として評価されなければならない</u>。」[7]（下線筆者）

戦前の社会福祉とボランタリズム

　第二次世界大戦前は，「家族扶助」「相互扶助」を基本とし，どうしても対応できない対象者に限定して公的救済が行われていた。たとえば明治維新後，1874年に「恤救規則」が策定されたが，慈恵的であり制限扶助を基にした前近代的な救貧法的な法律であった。国家的な積極的救済施策はほとんどとられていない状況であった。このような状況のなかで，石井十次や留岡幸助をはじめとする既成社

基 礎 編

表1-2　日本における社会福祉を中心としたボランティア活動の歴史的展開

第1期（1945〜59年）　戦後萌芽期 　ワークキャンプ運動やセツルメント活動等の学生・青年による活動を中心に展開される。子供会活動等の子どもの健全育成に関する活動や社会福祉施設への訪問活動もはじまる。
第2期（1960〜69年）　高度経済成長による急激な社会変動期 　公害問題やコミュニティの破壊に対する住民（市民）運動が活発化。大阪ボランティア協会（1965）や日本青年奉仕協会（1967）などのボランティア活動中間支援組織が誕生。徳島県と大分県の社会福祉協議会に現在のボランティアセンターの前身である善意銀行（1962）が誕生。1965年ごろには，全市町村社会福祉協議会の1/3にあたる約1,200カ所に善意銀行が開設されるが，まだボランティア活動の社会的認知は低かった。
第3期（1970〜79年）　コミュニティ政策の導入とソーシャル・アクション型活動期 　さまざまな社会的ニーズをもつ人々を，地域社会のなかで自立した生活が送れるように支援していくというコミュニティケアの考え方が導入され，住民参加によるボランティア活動が注目された。1975年，都道府県の社会奉仕活動指導センターの国庫補助金の開始により，社会福祉協議会の善意銀行がボランティアセンターへ組織変更された。 　わたぼうしコンサートや「誰でも乗れる地下鉄をつくる会」が行った地下鉄エレベータ設置運動などの障害者の自己実現を目指したソーシャル・アクション型のボランティア活動が活発になった時期。障害児・者の自立支援を目指す在宅ボランティア活動も活発化した。
第4期（1980〜89年）　政策としてのボランティア活動支援期 　ボラントピア事業（1985）や全国ボランティア大会開催（1989）などの行政による政策としてのボランティア支援が進められた時期。社会福祉協議会を中心として全国規模で整備された。在宅福祉重視の政策の流れと呼応して，地域福祉政策体系のなかに積極的に位置づけられ「住民参加型在宅福祉サービス」が盛んになる。「有償ボランティア」という呼称の是非をめぐる議論も起こった。
第5期（1990〜2000年）　ボランティア活動をめぐる環境が大きく変化した時期 　この時期は下記の4つの特徴に分類できる。 ①企業・労組の「社会貢献活動」への機運が高まった。 ②ボランティア活動の振興を図るための公的な支援が行われた。 　　1993年4月　「国民の社会福祉に関する活動への参加の促進を図るための措置に関する基本的な指針」（ボランティア活動基本指針）現：厚生労働省 　　1993年4月　「ボランティア活動推進7ヵ年プラン構想」全国社会福祉協議会 　　1993年7月　「ボランティア活動の中長期的な振興方策について」(意見具申)中央社会福祉審議会 　　1994年6月　「広がれボランティアの輪連絡会議」の発足 ③「阪神淡路大震災」によりボランティア活動の社会的役割が再認識され，中間支援組織やボランティアコーディネート機能の重要性を社会的に認知させる契機となった。 ④「特定非営利活動促進法（NPO法）」（1998）の施行により，NPOの社会的役割の認識が広まり，ボランティア活動が広く市民権を得た。 ⑤「社会福祉法」（2000）によって，地域福祉の推進主体として地域住民（利用者），サービス提供者と共に社会福祉に関する活動を行う者（ボランティア・NPO）が位置づけられた。

出所：大阪ボランティア協会編（岡本榮一編集代表）『ボランティア・NPO用語事典』中央法規出版，2004年，89頁，経済企画庁編『国民生活白書――ボランティアが深める好縁（平成12年度版）』2000年を参考に筆者が編集。

のあり方に疑問をもった社会改良を目指すボランタリーな情熱にあふれる民間人による慈善救済活動が多く出現してくる。また，キリスト教社会主義・社会改良主義による慈善事業の実践者として，セツルメント運動を実践した片山潜や日本救世軍を創設した山室軍平があげられる。

このように戦前においては，脆弱な公的救済制度のなかで，ボランタリズムを基盤とする「相互扶助」「慈善事業」「博愛事業」「救貧事業」といった民間活動が福祉，医療，治安，防災等に中心的に関わってきた。このように戦前の福祉は「自発的社会福祉」を中心に展開してきたといえる。

戦後の社会福祉施策の特徴と問題点

第二次世界大戦後の日本における社会福祉制度は，戦前の制度と比較すると質的に大きく変わった。戦後は憲法第25条により生存権保障および国家責任が明文化され公的サービスが中心となって展開されていった。終戦直後の社会福祉制度の基盤が脆弱な時期においては，公平・平等原理によって展開される行政による安定したサービス提供を実施する必要があったからである。このように戦後の日本の社会福祉施策の特徴としては，「法律による社会福祉」である措置制度を柱とする公的サービスを中心に展開されてきた点と，施設福祉サービスを中心に展開していったため分野別・対象者別の縦割りサービスを中心に展開した点の2点があげられる。

岡本栄一は，公的サービス中心の展開が「制度的閉塞化」をもたらしたと指摘している。行政的施策と専門職化の充実は，確かに福祉を充実させた反面，「住民の側に依存的・おまかせ的な体質」や「制度に名を借りた閉鎖社会やセクショナリズムにより結果的に対象者を隔離化していく」，といったマイナス面を顕在化させたと指摘した。岡本はこのような状況を「社会福祉の官僚化」と呼び批判した。[8] この弊害として，社会福祉は行政が行うものという意識が国民に芽生え，行政に対する依存意識が強くなり，市民の社会福祉に対する無関心が広がっていった。

このような経緯のなかで，戦後のボランティア活動は，表1-2のような展開をしていった。

基礎編

震災前後でのボランティア活動における社会的認識の変化

　表1-2の第5期②のとおり，社会福祉協議会を中心とするボランティア育成事業も積極的に行われたが，一般的には依然として奉仕活動や自己犠牲に基づく社会奉仕というイメージも根強く，その意義については認められている割に，実際に活動に参加する者の数は少ない，というのが当時の状況であった。

　このような状況を大きく変えたのが1995（平成7）年1月17日に起こった阪神淡路大震災である。この震災は6,433名もの死者を出し多くの犠牲をもたらした。地震発生直後の緊急事態に対して柔軟かつ敏速に対応できなかった行政や既存のフォーマルセクターに代わり，主体的に集まった多くのボランティアは初期段階での被災者の救援に大きな力を発揮した。それまで「無気力・無関心・無責任」といわれてきた若者や，時間的に余裕がなくボランティア活動に参加していなかった社会人がボランティア活動へ積極的に参加するきっかけにもなった。兵庫県の概算では，130万人以上のボランティアが活動に参加したと推計されている。このようにこの震災は，貴重な生命と引換えに，ボランティア活動の社会的意義を大きくクローズアップさせる結果となった。

地域福祉の推進におけるボランティア活動の役割

　2000年6月に改正された社会福祉法では，「地域福祉の推進」が明文化された。1951年に施行された「社会福祉事業法」が50年ぶりに改正されたものである。

　　第4条（地域福祉の推進）

　　「地域住民，社会福祉を目的とする事業を経営する者及び社会福祉に関する活動を行う者は，相互に協力し，福祉サービスを必要とする地域住民が地域社会を構成する一員として日常生活を営み，社会，経済，文化その他あらゆる分野の活動に参加する機会が与えられるように，地域福祉の推進に努めなければならない。」

　社会福祉法では，地域福祉の実践主体として「地域住民」「福祉サービス事業者」「社会福祉に関する活動を行う者（ボランティア，NPO等）」（カッコ内は筆者の注）をあげ，相互の連携を求めている。地域福祉計画の策定への積極的な参画をはじめ，住民参加が名実ともに求められるようになった。これからの社会福祉は，行政や専門職だけが関わっていくのではなく，地域住民やボランティアが主体的

第1章 ボランティア活動とは

に協働参画していくことが期待されている。

この章の終わりに

　この章では，ボランティア活動の理念・社会的役割・基本的性格・定義・歴史について学んできた。筆者の専門分野である社会福祉の視点からの考察に偏ってしまった点はいなめない。この点については，深くお詫びしたい。

　ボランティアを学び実践する読者には，より幅広い分野での学習を期待する。このテキストで学んだ知識をもとに，読者自身が実際のボランティア活動に参加して活動をふりかえってほしい。また，普段関わっているボランティア活動についてふりかえり，理論化を図るといったことも可能である。自分自身の考えや想いを友人と議論することで，幅広い視点や価値観の存在に気づくこともできる。このように，ボランティア活動のもつ理念や活動の意義を単に知識として理解するだけでなく，頭と心と身体を使って，感じ・学び・理解を深めることを期待する。

（新崎国広）

注
1) 岡本栄一「二一世紀福祉社会とボランタリズム」阿部志郎・右田紀久恵・宮田和明・松井二郎編『講座　戦後社会福祉の総括と二一世紀への展望Ⅱ　思想と理論』ドメス出版，2002年，248頁。
2) 阿部志郎『福祉の哲学』誠信書房，1997年，87頁。
3) 岡村重夫『社会福祉原論』全国社会福祉協議会，1983年，78-82頁。
　　岡村は，「社会生活の基本的要求」として次の7つをあげている。
　　(a)経済的安定，(b)職業的安定，(c)家族的安定，(d)保健・医療の保障，(e)教育の保障，(f)社会参加ないし社会的協同の機会，(g)文化・娯楽の機会
4) 一番ヶ瀬康子「福祉教育の理論」『福祉教育の理論と展開』光生館，1987年，6頁。
5) 大阪ボランティア協会編『ボランティア＝参加する福祉』ミネルヴァ書房，1981年，30頁。
6) 阿部前掲書，90頁。
7) 岡村前掲書，3頁。
8) 岡本栄一「第6章　住民（市民）参加とコーディネーター」大阪ボランティア協会編『ボランティア＝参加する福祉』ミネルヴァ書房，1981年，238-239頁。

第2章 ボランティア活動の範囲

　この章では、さまざまな人々による幅広い非営利的な活動をボランティア活動の広がりとしてとらえている。

　非営利的な活動の広がり、日本でのNPO法人とボランティア団体の活動概要、NPO・NGOのさまざまな活動概要をとおして、私たちの身近な生活課題から全地球的な課題に対して、非営利的活動の重要な役割を紹介している。

1　日本における活動団体の広がり

　第1章で学習したようにボランティアの定義にはさまざまなものがある。定義のなかで、どのようなボランティア活動団体にも当てはまるものはおそらく以下の3つであろう。それらは、第1に自発的な活動であること。第2に無償の活動であること。第3に自分や家族のためだけではない社会的な活動であること。この3つが狭義のボランティア活動の枠組みである。

　日本では、1980年代に、これまでのボランティア活動の3つの枠組みを超えるいろいろな人々による活動が生まれはじめていた。1990年代に入りその活動は私たちの生活に身近な活動のみならず、世界的な規模で広がりをもち、さまざまな目的をもった活動が登場のきざしを見せはじめていったのである。それらは、住民参加型在宅福祉サービスの担い手として、企業の社会貢献活動として、あるいは非営利や非政府の活動としての登場であった。さらに、これらさまざまな活動の重要性が広く認識され、活動が活発化するきっかけは、皮肉にも戦後最悪の大惨事であった阪神淡路大震災での活動であった。絶望ともいえる状況に直面したあまりにも多くの神戸市民の苦しみや悲しみを、自分自身の問題としてとらえて活動した自発的なボランティアたちの心そのものが、その後の多様な活動を生み

出す原動力となったのである。この年はボランティア元年といわれ、それまでどちらかといえばあまり社会的には注目されなかった人々の非営利の活動が、閉塞化しやるせない社会からの脱出の一条の光となった。そして1998年の特定非営利活動促進法（NPO法）の成立以降、多様な自発的な活動団体が急激に増えていった。その活動は、現在では新しい社会を創っていく活動として日本のみならず世界的にもその重要性が認知されている。

　この章では、狭い意味のボランティア活動だけではなく、人々の幅広い非営利的な活動を「ボランティア活動の範囲」ととらえて紹介していく。

ワーカーズ・コレクティブ

　ワーカーズ・コレクティブ（以下、ワーコレとする）は、アメリカで、若者が新たな社会参加をする市民事業として多種多様な課題を起業したことに始まっている。日本では1982年に生活クラブ生協・神奈川のデポー事業の発足と同時にデポーフロア業務の委託請負業契約を交わしたワーコレ「にんじん」が最初といわれている[1]。ワーコレは、地域に暮らす人たちが、営利を目的とせず、生活者・市民の視点から地域に必要な「もの」や「サービス」を生産する事業のために、ワーコレに集う人たち全員が出資し、経営に責任をもち、労働分配する市民による事業である[2]。

　神奈川ワーカーズ・コレクティブ連合会では、住みよい地域社会づくり、新しい働き方の拡大、新しい法令・制度の整備の3つを活動の目標としている。そして、2004年8月現在、在宅福祉部門、食部門、委託業務部門、情報文化部門、ショップ部門の5部門、19のグループ（その他も含めて）に分かれて216団体、5,995名が活動を行っている[3]（表2-1）。一方、ワーコレの全国ネットワーク組織である、ワーカーズ・コレクティブネットワークジャパンの資料によると、全国で463団体、約1万2,000人がワーコレで働いている[4]。

有償ボランティアへの疑問

　ボランティア活動は、無償の活動であるといわれてきた。しかし、1980年代には有償ボランティア活動という聞き慣れない活動が登場してきた。これは、在宅福祉サービスでの活動中心であるが、活動において交通費や謝礼、あるいは時給

基礎編

表2-1　神奈川ワーカーズ・コレクティブ連合会の活動部門とグループの活動内容

部門	グループ・活動内容
在宅福祉部門	食事介護グループ 　高齢・障がい・産前産後など利用者の必要にあわせた生活支援。介護保険の訪問介護サービス、生活介護用品の販売。 食事サービスグループ 　年齢や障がいの有無にかかわらず安心安全で栄養のバランスの良い食事を自宅に届ける。デイサービスや特養、ケア付き高齢者住宅などの施設での食事づくり。 デイサービスグループ 　介護保険の通所介護サービスや独自のデイサービス。特養やケア付き高齢者住宅等での介護、施設維持。 移動サービスグループ 　ケア付き外出支援サービス。 保育グループ 　月極保育、一時預かり、出張保育、学童保育や親子企画などの子育て支援。 健康支援サービスグループ 　漢方薬局、鍼灸治療院、健康相談、健康づくり講座の開催、エステ。
食部門	惣菜グループ 　添加物を使わない、手作りの惣菜や弁当、お菓子を生活クラブ生協の店舗に卸し、地域にも販売。 仕出しグループ 　食材の安全性にこだわった手作りの弁当やパーティー料理を地域に販売・配達。 レストラングループ 　地域の方をお客様に安全でおいしい食事を提供。 パングループ 　遺伝子組み換え食品を可能な限り排除し、添加物を使用していないパンや菓子を作り、生活クラブ生協、福祉クラブ生協に卸し、地域にも販売。 その他 　安全で素姓確かな食材の共同仕入れ。
委託業務部門	生活クラブ生協グループ（班・戸配） 　生活クラブ生協の委託・請負業務。 福祉クラブ生協グループ 　福祉クラブ生協の共同購入事業に関する委託・請負業務。 生活クラブ生協グループ（デポー） 　生活クラブ生協の委託・請負業務。 施設管理委託グループ 　生活クラブ生協関連施設や一般マンションなどの施設管理、清掃や受付業務など。
情報文化部門	情報グループ 　編集、ホームページ作成、印刷などをとおして、「情報」の発信に携わる。 文化グループ 　料理教室、カルチャー教室などの企画運営などの文化活動。
ショップ部門	環境・ショップグループ 　環境保全をテーマに、安全な住まいの設計、フェアトレード、展示会、エコグッズの販売、廃油をリサイクルした石けんの製造販売、石けんを使った出張清掃。 リサイクルグループ 　リサイクルショップの運営、エコグッズの販売

出所：http://www.wco-kanagawa.gr.jp/bumon/index.html より作成。

という形で活動の対価としての報酬を得るものである。有償ボランティア活動のなかには，ボランティアの活動を行った時間をため（時間の貯金），その貯蓄時間分の援助を会から得るという時間貯蓄制度（タイム・ストック制度）も登場した。ボランティア活動を純粋にとらえた人たちからは，「報酬を受け取ればそれはもはやボランティア活動とはいえない」との意見も出され，現在でも有償ボランティアという言葉は果たして存在していいのか，非営利活動の一形態とした方がいいのではないかという意見がある。しかし，ボランティア活動を弾力的にとらえた人たちの意見では，活動にともなう必要経費としての交通費や食事代などの報酬，あるいは活動に見合った若干の報酬などを受け取ってもボランティア活動の価値を損なわない。あるいは，ボランティア活動に協力する人々が今後増え，彼らが活動をとおして社会を支えていく主体（主役）に成長していくためには，より活動に参加できる基盤づくりのひとつとして，経済的負担の軽減と彼らの生活の一部を支えることは必要であるとの意見も登場した。さらに，ボランティア活動による援助を利用している人たちからは，ボランティアに報酬を支払うことによって，かえってボランティアに自分たちの要求を述べることができ，このことがボランティアと要援助者の対等な関係，さらには良好な関係が築けるとの意見も聞かれた。社会福祉の言葉でいうならば，与えられる福祉から，自分の生活にあったサービスを選択し利用する利用者主体としての意見も聞かれるようになったのである。

　このように，自発的かつ社会的な非営利な活動として有償ボランティアは活動を続けているが，有償ボランティア活動という枠組み自体に問題がある。

企業の社会貢献活動（フィランソロピーとメセナ）

　1990年代，企業の社会的責任，あるいは社会的役割に関心が高まり，企業の非営利的な公益活動が積極的に展開され注目されるようになった。フィランソロピーやメセナといった言葉もこの時期に登場した。フィランソロピーとは，アメリカ社会では，公益性の高い分野で行う寄付行為やボランティア活動の総称であるが，日本では企業が中心になって活動してきた分野である[5]。また，日本におけるメセナは，企業を中心とした民間による芸術文化支援を指すものである[6]。いずれにしても，これまでの自社製品の開発・生産・販売などによって自社の利益を追

基礎編

```
社会的責任の一環として     289社 (85.5%)
地域社会への貢献         244社 (72.2%)
社会とのコミュニケーション   146社 (43.2%)
利益の一部の社会還元       104社 (30.8%)
ブランドイメージ向上の一方策  65社 (19.2%)
社風の形成を促すための一方策  34社 (10.1%)
会社の社会的感度を高める一方策 25社 (7.4%)
社会への投資           24社 (7.1%)
会社の競争力向上の一方策    8社 (2.4%)
新規事業開発の種        7社 (2.1%)
リスクマネジメントの一方策   6社 (1.8%)
優秀な人材確保・維持の一方策  4社 (1.2%)
```

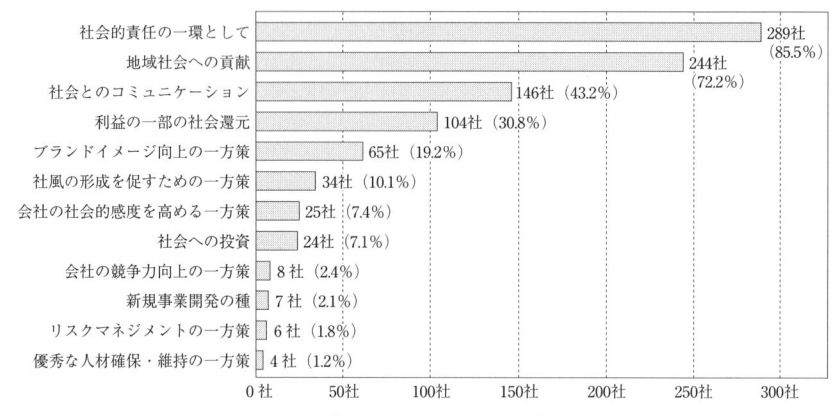

図2-1　社会貢献活動のとらえ方（複数回答）

注：基数＝全回答企業（N＝338社）
出所：日本経済団体連合会社会貢献推進委員会・1％クラブ「2002年度社会貢献活動実績調査結果」より作成。

求することによってもたらされる副次的な結果による社会貢献から，自社のイメージアップが企業利益につながるという副次的な効果はあるにしても，企業の社会貢献活動や社会責任を前面に打ち出した企業活動は注目に値する。

　(社)日本経済団体連合会では，1990年11月に「1％クラブ」を設立した。「1％クラブ」の会員は，法人会員と個人会員の2種類の会員がある。「1％クラブ」は，法人会員は経常利益の1％以上，個人会員は可処分所得の1％以上の拠出を目安にして，①社会貢献活動に努める企業および個人の支援，②すべての国民による寄付やボランティア活動が活発化するような時代を創っていく支援，③民間非営利組織と企業，個人を結びつけ，社会のニーズにあった社会貢献活動を推進することを活動目的にしている。2003年5月現在，法人会員273社，個人会員1,433名が会員となっている。「1％クラブ」が2003年8月から10月にかけて行った，「2002年度社会貢献活動実績調査（調査対象：日本経団連会員企業，1％クラブ法人会員の合計1,302社，回答数340社）」によると，「社会的責任の一環として（289社）」，「地域社会への貢献（244社）」，「社会とのコミュニケーション（146社）」として，企業が社会貢献活動をとらえている（図2-1）。

　また，同調査によると，回答のあった316社の2002年度社会貢献活動支出総額は1,190億円1社平均3億7,600万円であり，分野別の支出比率は，学術・研究（17.2％），文化・芸術（14.4％），教育・社会教育（13.3％）の順になっている。さ

第2章　ボランティア活動の範囲

表2-2　分野別の社会貢献活動支出比率

学術・研究	17.2%	環境	6.0%
文化・芸術	14.4%	健康・医学	4.5%
教育・社会教育	13.3%	史跡・伝統文化保存	1.7%
地域社会の活動	12.7%	NPOの基盤形成	0.9%
スポーツ	7.3%	災害救援	0.6%
社会福祉	7.1%	人権	0.2%
国際交流・協力	6.4%	その他	7.9%

出所：日本経済団体連合会社会貢献推進委員会・1％クラブ「2002年度社会貢献活動実績調査結果」より作成。

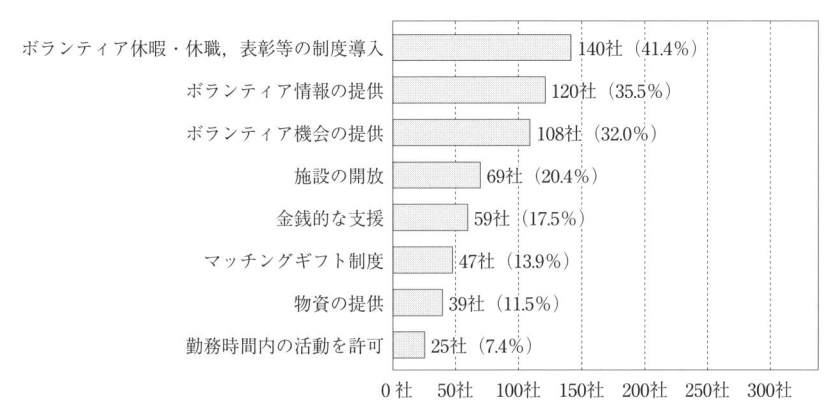

- ボランティア休暇・休職，表彰等の制度導入　140社（41.4%）
- ボランティア情報の提供　120社（35.5%）
- ボランティア機会の提供　108社（32.0%）
- 施設の開放　69社（20.4%）
- 金銭的な支援　59社（17.5%）
- マッチングギフト制度　47社（13.9%）
- 物資の提供　39社（11.5%）
- 勤務時間内の活動を許可　25社（7.4%）

図2-2　社員のボランティア活動に対する支援（複数回答）
注：基数＝全回答企業（N＝338社）
出所：日本経済団体連合会社会貢献推進委員会・1％クラブ「2002年度社会貢献活動実績調査結果」より作成。

らに，社員のボランティア活動を支援している企業は60.9％（206社），ボランティア休暇・休職制度，表彰制度の導入，ボランティア情報や機会の提供など，社員のボランティア活動への環境整備やきっかけづくりなどの支援を行っている（表2-2，図2-2）。

他方，(社)企業メセナ協議会によると，企業のメセナには，①文化事業の主催，②外部の組織や活動に「寄付」「協賛」といった形での資金援助，③マンパワーの提供や場所の提供などの非資金援助，④文化施設の開設・運営，⑤コンクールなどの顕彰事業，⑥企業が基金を拠出して設立する企業財団の6分野がある。[7]

2002年度の調査によると，メセナ実施企業は392社で活動総件数2,560件，活動

基礎編

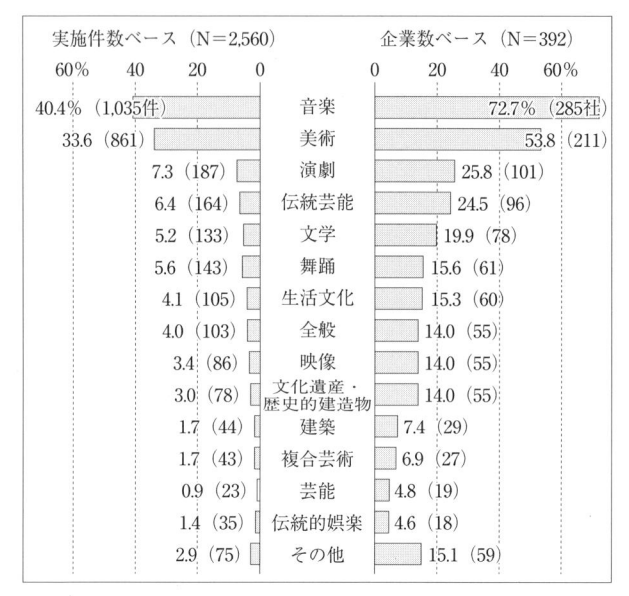

```
実施件数ベース (N=2,560)            企業数ベース (N=392)
   60%   40   20   0            0   20   40   60%
40.4% (1,035件)       音楽              72.7% (285社)
  33.6 (861)         美術              53.8 (211)
   7.3 (187)         演劇        25.8 (101)
   6.4 (164)         伝統芸能    24.5 (96)
   5.2 (133)         文学        19.9 (78)
   5.6 (143)         舞踊        15.6 (61)
   4.1 (105)         生活文化    15.3 (60)
   4.0 (103)         全般        14.0 (55)
   3.4 (86)          映像        14.0 (55)
   3.0 (78)       文化遺産・     14.0 (55)
                  歴史的建造物
   1.7 (44)          建築         7.4 (29)
   1.7 (43)          複合芸術     6.9 (27)
   0.9 (23)          芸能         4.8 (19)
   1.4 (35)          伝統的娯楽   4.6 (18)
   2.9 (75)          その他      15.1 (59)
```

図2-3　メセナ活動の芸術分野 [MA]（複数回答）

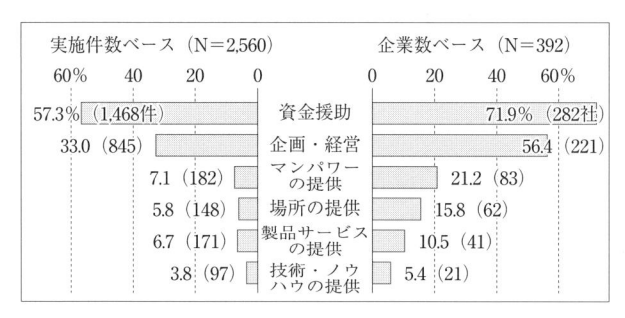

```
実施件数ベース (N=2,560)            企業数ベース (N=392)
   60%   40   20   0            0   20   40   60%
57.3% (1,468件)      資金援助            71.9% (282社)
  33.0 (845)         企画・経営          56.4 (221)
   7.1 (182)         マンパワー   21.2 (83)
                     の提供
   5.8 (148)         場所の提供   15.8 (62)
   6.7 (171)         製品サービス 10.5 (41)
                     の提供
   3.8 (97)          技術・ノウ    5.4 (21)
                     ハウの提供
```

図2-4　メセナ活動の方法 [MA]（複数回答）

出所：図2-3，2-4ともに http : // www. mecenat. or. jp / survey / corporations / 2002_01. html より作成。

費総額については320社より回答があり，活動費総額の合計は212億6,398万円，1社あたり平均6,645万円であった。メセナ活動の芸術分野として音楽や美術が多く，活動の方法としては資金援助や企画・運営が多くなっている（図2-3，図2-4）[8]。

NPO

　1995年に阪神淡路大震災が発生した。130万人以上ともいわれるボランティアが震災復興の活動を行い，その年をボランティア元年と呼ぶ人もいる。この震災を契機にボランティア活動を内包するNPO（Non Profit Organization あるいは Non-Profit Organization）に対する期待が，マスコミ，行政，政府，一般市民を中心に高まってきた。NPOとは，日本語では「民間非営利組織」と訳されている。非営利とはボランティア活動の原則で掲げた無償性を意味するのではなく，利益追求を目的としないことを意味し，利益が生じても構成員間で分配せずに活動のための費用に充てるという意味である。

　1998年の特定非営利活動促進法（NPO法）が成立し，これまでボランティア活動という分類に含まれない社会貢献活動が注目されるようになった。NPO法では，①保健，医療又は福祉の増進を図る活動，②社会教育の推進を図る活動，③まちづくりの推進を図る活動，④学術，文化，芸術又はスポーツの振興を図る活動，⑤環境の保全を図る活動，⑥災害救援活動，⑦地域安全活動，⑧人権の擁護又は平和の推進を図る活動，⑨国際協力の活動，⑩男女共同参画社会の形成の促進を図る活動，⑪子どもの健全育成を図る活動，⑫情報化社会の発展を図る活動，⑬科学技術の振興を図る活動，⑭経済活動の活性化を図る活動，⑮職業能力の開発又は雇用機会の拡充を支援する活動，⑯消費者の保護を図る活動，⑰前各号に掲げる活動を行う団体の運営又は活動に関する連絡，助言又は援助の活動の17種類に該当する活動がNPO法に該当する活動とされている。しかしながら，NPO法で規定される活動は，NPOのすべてを表しているのではない。NPOは，非営利の活動すべてを指し，広義のNPOの規定では学校法人，社会福祉法人，財団法人，社団法人，協同組合，労働組合なども含む広い範囲を指す（図3-1，53頁参照）。

NGO

　NGO（Non-Governmental Organization）とは，「非政府組織」と訳され，「国連では，難民問題や地球温暖化など国家間の協議だけでは解決しにくい問題に取り組むため，NGOと協議しながら問題解決にあたる仕組みが整備」されている。「日本では，特にNGOと呼ぶ場合，国際的な領域で活動する組織を指す」とと

基礎編

らえられているようである[9]。しかし，アメリカやカナダでは，NGO は日本の感覚でいう NPO を指し，日本のように海外での活動に限定されるものではない。むしろ，営利を目的とせずさらに行政ではないという位置づけが NGO だという[10]。

　地球規模の環境問題や国際的な紛争，南北問題，貧困・飢餓問題，児童問題，医療問題，人権問題など，一国の課題では済まされない地球規模のグローバルな活動を行うのと同時に，住民主体の地域に根ざしたローカルな活動の推進や教育活動を行っている。さらに，世界的規模で展開される市場経済社会の成長から生じるさまざまな問題に対して，市場の外の NGO ネットワークによる市場経済社会とは異なる新たな社会づくりのための活動・調査・研究・キャンペーン・提言などを行っている。

2　NPO 法人とボランティア団体の概要

　NPO のうち，NPO 法人の数は2004年3月31日現在1万6,160団体と急速に増加している。また，全国のボランティア団体の数は2002年4月現在10万1,972団体に上っている（図2-5）。ところが，NPO 団体については，「平成14年度民間非営利団体実態調査」は，17万7,000事業所を母集団に実施しており，先に示した NPO 法人を取得した1万6,160団体と11倍もの開きがある。この点については，

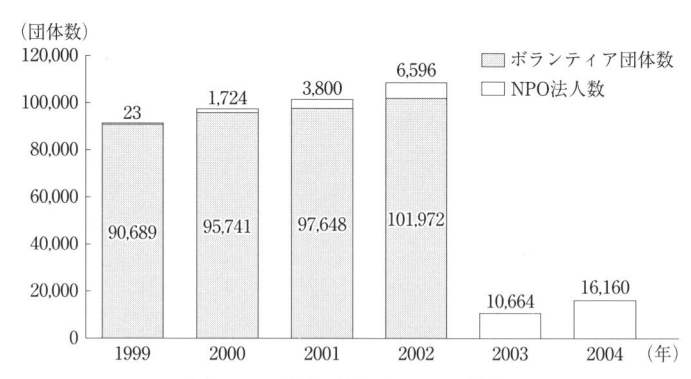

図2-5　急速に増加する NPO 法人

出所：内閣府『平成16年版　国民生活白書』より作成。

NPO団体ではあるが，NPO法人の資格を有していないものが大半であると理解すべきであろう。

　ここでは，日本におけるボランティア活動の概要を2002年4月1～15日にかけて行われた「全国ボランティア活動者実態調査報告書」をもとにボランティア活動の範囲に的を絞って概要を示していく。また，NPOについては内閣府国民生活局の「特定非営利活動法人の活動分野について」(2004年6月30日) をもとにNPOの概要を示していく。

全国ボランティア活動者実態調査報告書によるボランティア活動の範囲

　全国ボランティア活動者実態調査は，2002年4月1日～4月15日までに団体向け調査と個人向け調査の2つが実施されているが，ここでは主に団体向け調査結果を中心にボランティア活動の範囲を概観する。

　この調査では，活動内容によって9つの類型を行っている (表2-3)。また，全体では，「人との交流を行っている」団体が26.8％，「人に対して直接サービスを提供している」団体が25.3％，「社会的に不利な立場におかれた人々への支援活動」団体が25.2％となっている (表2-4)。

　次に具体的なボランティア活動の内容として，「混合型で対人直接サービス型と交流型と支援活動型の活動を行っている」団体と「テーマ・オリエンテッド型の活動を行っている」団体を取り上げることにする。

　「混合型で対人直接サービス型と交流型と支援活動型の活動を行っている」団体の全体では，その他も含めて12活動行っており，割合の多いものから「交流・遊び」が46.2％，「話し相手」が37.2％，「配食・会食サービス」が26.4％となっている。活動の対象者としてはその他・活動の対象は特に限定していないまで含めると10分類の対象者に対して活動を行っている。それらは多いものから「高齢者や介護者」が55.2％，「障害児・障害者やその家族」が52.5％，「子ども」が18.8％の順になっている。また，「高齢者や介護者」に対しては，「交流・遊び」が46.9％，「配食・会食サービス」が41.8％，「趣味・レクリエーション活動への支援・指導」が31.3％であった。「障害児・障害者やその家族」には，「交流・遊び」49.8％，「手話・点訳・朗読等のコミュニケーションの支援」41.3％，「話し相手」35.5％の活動が行われていた。「子ども」に対しては，「交流・遊び」が

基 礎 編

表2-3 活動内容の類型と活動内容 (N =1,539, 複数回答)

類型		活動内容の選択肢
単一の活動内容の場合	対人直接サービス型 13.3%	人に対して直接サービスを提供している。
	交流型 9.7%	人との交流を行っている。
	支援活動型 14.0%	社会的に不利な立場におかれた人々への支援活動。
	テーマ・オリエンテッド型 10.1%	特定の人々を対象とするよりは,テーマにそった活動を行っている。
複数の活動内容の場合	混合型(対人直接サービス型と交流型) 6.4%	人に対して直接サービスを提供している,および,人との交流を行っている。
	混合型(対人直接サービス型と支援活動型) 4.4%	人に対して直接サービスを提供している,および,社会的に不利な立場におかれた人々への支援活動。
	混合型(交流型と支援活動型) 5.3%	人との交流を行っている,および,社会的に不利な立場におかれた人々への支援活動。
	混合型(対人直接サービス型と交流型と支援活動型) 8.3%	人に対して直接サービスを提供している,人との交流を行っている,社会的に不利な立場におかれた人々への支援活動のすべてを行っている。
	混合型(テーマ・オリエンテッド型と対人・交流・支援活動型) 25.2%	特定の人々を対象とするよりはテーマにそった活動を行っている,および,人に対して直接サービスを提供・人との交流・社会的に不利な立場におかれた人々への支援活動のいずれかを行っている。

出所:全国社会福祉協議会「全国ボランティア活動者実態調査報告書」2002年より作成。

表2-4 活動内容別ボランティア団体数 (複数回答)

	直接サービスの提供	人との交流	支援活動	テーマにそった活動	無回答	合計
団体数 (%)	665 (25.3)	704 (26.8)	663 (25.2)	543 (20.7)	52 (2.0)	2,627 (100.0)

出所:全国社会福祉協議会「全国ボランティア活動者実態調査報告書」2002年より作成。

72.9%,「趣味・レクリエーション活動への支援・指導」36.3%,「話し相手」34.7%であった(表2-5)。

一方「テーマ・オリエンテッド型の活動を行っている」団体のテーマ内容をみてみると,先ほどの「混合型で対人直接サービス型と交流型と支援活動型の活動を行っている」団体と活動内容が大きく異なることがわかる。「テーマ・オリエンテッド型」の活動では,「まちづくり」が20.8%,「環境保全・自然保護」が15.1%,「伝統文化の継承や芸術の普及」が12.0%となっている(表2-6)。

第2章 ボランティア活動の範囲

表2-5 「混合型で対人直接サービス型と交流型と支援活動型の活動を行っている」団体の活動の対象者と具体的な活動内容（複数回答）

（単位：上段＝団体数，下段＝％）

活動の対象者 ＼ 具体的な活動内容	調査数	配食・会食サービス	外出の手伝い、移送サービス	話し相手	交流・遊び	手話・点訳・朗読等のコミュニケーション支援	趣味・レクリエーション活動への支援・指導	スポーツ活動	人の学習活動への支援・指導	簡単な日曜大工や庭仕事など	掃除や作業の手伝い	サロン活動	その他	無回答
全体	1,332	351 26.4	246 18.5	496 37.2	616 46.2	344 25.1	352 26.4	78 5.9	222 16.7	43 3.2	250 18.8	182 13.7	266 20.0	32 2.4
高齢者や介護者	735	307 41.8	188 25.6	376 51.2	345 46.9	88 12.0	230 31.3	35 4.8	83 11.3	37 5.0	186 25.3	144 19.6	161 21.9	17 2.3
障害児・障害者やその家族	699	129 18.5	167 23.9	248 35.5	348 49.8	289 41.3	200 28.6	50 7.2	143 20.5	26 3.7	122 17.5	77 11.0	121 17.3	12 1.7
子ども	251	42 16.7	36 14.3	87 34.7	183 72.9	60 23.9	91 36.3	22 8.8	78 31.1	9 3.6	46 18.3	37 14.7	56 22.3	7 2.8
子育て中の人	121	25 20.7	26 21.5	54 44.6	86 71.1	21 17.4	39 32.2	8 6.6	52 43.0	—	22 18.2	18 14.9	31 25.6	3 2.5
在日外国人・留学生	19	4 21.1	2 10.5	8 42.1	15 78.9	1 5.3	6 31.6	2 10.5	11 57.9	1 5.3	2 10.5	5 26.3	7 36.8	—
ホームレス	4	1 25.0	2 50.0	4 100.0	3 75.0	—	—	—	1 25.0	—	1 25.0	—	2 50.0	—
難病患者やその家族	57	19 33.3	28 49.1	40 70.2	31 54.4	8 14.0	19 33.3	1 1.8	14 24.6	6 10.5	18 31.6	8 14.0	19 33.3	—
海外の人々	14	5 35.7	1 7.1	7 50.0	10 71.4	—	5 35.7	3 21.4	6 42.9	—	3 21.4	3 21.4	9 64.3	—
その他	84	24 28.6	17 20.2	33 39.3	40 47.6	17 20.2	23 27.4	4 4.8	12 14.3	3 3.6	24 28.6	9 10.7	40 47.6	—
活動の対象は特に限定していない	77	18 23.4	6 7.8	18 23.4	27 35.1	3 3.9	25 32.5	5 6.5	16 20.8	1 1.3	17 22.1	9 11.7	17 22.1	3 3.9

出所：全国社会福祉協議会「全国ボランティア活動者実態調査報告書」2002年より作成。

表2-6 「テーマ・オリエンテッド型の活動を行っている」団体のテーマ内容（N＝543）

伝統文化の継承や芸術の普及	環境保全・自然保護	国際的な支援活動	まちづくり	防災・災害・安全	その他	無回答
12.0%	15.1%	3.1%	20.8%	2.9%	38.9%	7.2%

出所：全国社会福祉協議会「全国ボランティア活動者実態調査報告書」2002年より作成。

基礎編

表2-7 定款に記載された特定非営利活動の種類（複数回答）

号数	活動の種類	法人数	割合(%)
第1号	保健，医療又は福祉の増進を図る活動	9,965	57.19
第2号	社会教育の推進を図る活動	8,239	47.29
第3号	まちづくりの推進を図る活動	6,876	39.46
第4号	学術，文化，芸術又はスポーツの振興を図る活動	5,449	31.27
第5号	環境の保全を図る活動	5,092	29.22
第6号	災害救援活動	1,190	6.83
第7号	地域安全活動	1,530	8.78
第8号	人権の擁護又は平和の推進を図る活動	2,718	15.60
第9号	国際協力の活動	3,947	22.65
第10号	男女共同参画社会の形成の促進を図る活動	1,627	9.34
第11号	子どもの健全育成を図る活動	6,768	38.84
第12号	情報化社会の発展を図る活動	766	4.40
第13号	科学技術の振興を図る活動	367	2.11
第14号	経済活動の活性化を図る活動	956	5.49
第15号	職業能力の開発又は雇用機会の拡充を支援する活動	1,105	6.34
第16号	消費者の保護を図る活動	421	2.42
第17号	前各号に掲げる活動を行う団体の運営又は活動に関する連絡，助言又は援助の活動	7,364	42.26

注：1）ひとつの法人が複数の活動分野の活動を行う場合があるため，合計は100％にならない。
　　2）第12号から第16号までは，改正NPO法施行日（平成15年5月1日）以降に申請して認証された分のみが対象。
出所：内閣府国民生活局「特定非営利活動法人の活動分野について」（2004年6月30日）より作成。

NPOによる活動の内容

　表2-7は，特定非営利活動法の別表に掲げられた第1号から第17号までの活動の種類と法人数との関係をみたものである。定款に記載された特定非営利活動の種類では「保健，医療又は福祉の増進を図る活動」が57.19％，「前各号に掲げる活動を行う団体の運営又は活動に関する連絡，助言又は援助の活動」が42.26％，「まちづくりの推進を図る活動」が39.46％となっている。

3　NPO・NGOによるさまざまな活動

　ボランティア活動やNPO活動にはさまざまなものがある。ボランティア活動では，全国ボランティア活動実態調査報告書の分類ではその他も含めて12種類，活動の対象者別ではその他を含めて10種類に活動が分類されている（表2-5）。また，NPO法の分類では17種類に分けることができる。

　次に，NPOやNGOのさまざまな活動について，紹介していく。ここでは，便宜的に8つの分類を行ったが，たとえば災害時における医療活動を医療活動に分類するか，それとも災害・救援活動に分類するかといった問題が生じるが，全体としてさまざまな活動が世界各国で国境を越えて展開されていることをつかんでもらいたい。

NPOの支援活動

　NPOの活動を支援するNPO支援センターは，日本全体では150団体ある[11]。支援センターは，NGO事業の資金助成も行っている。

　たとえば日本NPOセンターは，「新しい市民社会の実現に寄与することを理念とし，分野や地域を越えた民間非営利組織（NPO）の活動基盤の強化と，それらと企業および政府・地方公共団体とのパートナーシップの確立を図ることを目的」とし[12]，その活動内容は，①情報事業，②相談・企画協力事業，③研修・交流事業，④調査・研究事業，⑤創出展開事業（組織を立ち上げ展開する場合に，その立ち上げに協力），⑥ネットワーキング事業（国内外のNPOとのネットワーク，企業や行政とのネットワークづくり），⑦制度関連事業（NPO制度の変更を実現するための事業）の7つの事業を展開している[13]。

災害・救援活動

　2004年の7月13日に新潟県，同18日に福井県で起こった梅雨前線による豪雨災害，10月20日から21日にかけての台風23号による災害，10月23日に本震が発生した新潟県中越地震災害でのボランティア活動は記憶に新しい。梅雨前線による豪雨災害では，全国のさまざまな団体や企業からの義捐金による援助活動をはじめ，

基礎編

多くの人々からの義捐金や見舞い金品が寄せられた。全国ネットで展開するグループ企業での募金をはじめ，災害にあった自社製品の修理を行う企業も登場した。また，タオル募金や活動を行っている NPO への支援，土砂の撤去作業や防犯のパトロールなどがボランティア団体によって行われた。さらに，全国のライダーがその機動力を活かして新潟・福井で救援活動を行ったのも記憶に新しい。

このように，災害に対して行う活動が災害・救援活動である。国内だけではなく，たとえばバングラデシュの洪水に対する援助，アフガニスタンの干ばつ被害への援助，フィリピン・ピナツボ被災少数民族への支援などがある。

また，戦争や紛争により厳しい生活を送っている難民や避難民への活動も含まれる。アフガニスタン，アンゴラ，イラク，エチオピア，旧ユーゴスラビア，ザンビア，ソマリア難民，クルド難民，ルワンダ難民などへの，緊急食料援助，毛布，台所用品，衣料品など救援物資の配給，緊急食糧輸送用車の提供，募金活動や復興支援，あるいは難民の定住化支援などである。

保健・医療活動

この分野で有名なのは，1999年度のノーベル平和賞を受賞した国境なき医師団である。国境なき医師団とは1971年にフランスで設立された民間援助団体で，医療援助を第一に年間約3,000人の医師，看護師，助産師らが80カ国で援助活動を続けている団体である。その活動は多岐にわたるが，医療援助，保健活動，予防接種，飢餓救済，そして大量の難民への援助や政権に対する非難活動などである。[14)]

保健・医療活動は，国境なき医師団が示すようにその活動は多岐にわたるが，エイズや HIV 感染者への救済や実態調査，予防教育，感染者のグループづくりやカウンセリングや電話相談，あるいは勉強会や保健教育活動なども行っている。また，病院の新設，医師や看護師などの研修活動，患者や家族らのワークショップを通して病気やけがの治療や診療技術の向上，教育を通しての病気に対する知識の向上，病気への差別や偏見に対する取り組み，ケアのための教育や病気の予防活動等を行っている。さらに，医薬品の配給，妊産婦検診，助産師への指導や妊産婦への指導，寄生虫予防，栄養改善，避難民や難民に対する緊急診療などもこの分野の活動である。

国内では，外国人が集まる地域での出張医療相談会や電話相談会，医療通訳ボ

ランティアの養成，医療従事者への啓発活動なども行われている。

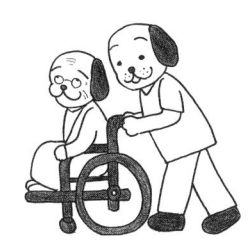

平和活動

　この分野のNGO活動では，地雷廃絶活動や地雷処理活動で，対人地雷禁止国際キャンペーンが1997年にノーベル平和賞を受賞したことが有名である。また，核廃絶運動や核実験の反対運動を行っている団体や武器輸出に反対している団体も活発な活動を行っている。地雷被害者の支援として，地雷被害者の職業訓練やリハビリテーションによる支援活動や，紛争による障害者の雇用促進，地雷被害に遭わないための教育活動も行われている。さらに，民族，宗教，文化などの違いによる地域紛争の予防もこの分野の活動である。具体的には紛争発生に至る事態の回避，差し迫った紛争の発生の予防，紛争拡大の予防と紛争の早期終結，紛争再発防止，地雷被害に遭わないための教育や，平和教育も平和活動の分野に入る。

環境活動

　環境活動と一言でいっても，その活動はじつに幅広い。①海・湖・河川の水辺の汚染を防ぎ環境や動植物を守る活動，②森林や里山といった日本での身近な活動から，植林や造林あるいは熱帯雨林の保護や砂漠化に対する活動，③ダイオキシン，環境ホルモン，フロンといった環境破壊物質に対する放出防止や回収分解といった活動，④ゴミ，産業廃棄物，核廃棄物の処理や不法投棄をなくしていく活動，⑤化石燃料や核燃料に代わる代替エネルギーの開発や自然エネルギーの活用を目指した活動，⑥騒音や振動あるいは悪臭の防止や規制の活動，⑦自分たちの身近な食の問題から，安全な食料の生産を目指して遺伝子組み換え食品に対する研究や反対運動，あるいは有機農業への取り組み，⑧野生動物の保護活動，⑨地下水採取の規制と地盤沈下の防止活動，⑩環境に対する研究・調査・広報・教

育，さらには新たな環境基準を提案しそれを広め，実践していくことなどが環境に対する活動である。

このように，環境に対する活動は，自分たちの生活に身近な生態系を考え活動することから，地球温暖化やオゾン層破壊といった地球規模の環境問題に対する地域や国を越えた活動までさまざまである。また，環境破壊を行っている企業への反対運動や，発展途上国の人々が生活するために仕方なしに生み出されてしまう環境破壊に対して，環境破壊をできるだけ防ぎながら，なおかつ彼らの生活も成り立つような方法を実践している。

児童への活動

自然災害や地域紛争，あるいは深刻な貧困問題などによる子どもの生命の危機は大人に比べても非常に大きい。また，常に弱い立場にある子どもたちは，大人の都合によって虐待を受けたり，養育放棄されたり，あるいはまともな教育を受けられずに労働力として使われたりということもある。子どもが将来社会を担っていく人材として成長・発達していくよう，また子どもにとっての最善の利益が生み出されるよう，子どものために今できることを行っているのがこの分野の活動ではないだろうか。

発展途上国に対しては，子どもの栄養・発育促進事業，給食活動，健康診断活動，保健器具などを送る事業といった生命維持や身体の成長に必要な活動をはじめ，孤児やストリートチルドレン，母子家庭への支援，保育所の建設と運営，生活環境の改善の活動などが行われている。また，貧困のために教育を受けられない子どもたちに対して，その教育費を負担する里子事業や奨学金の支給，子どもの発達にあわせた文房具・遊具・教材の開発と製作，幼児教育者を育てる研修活動，そして，経済的な自立を目指して職業訓練やトレーニングを行う活動が行われている。

日本国内においては，子どもの権利保護を行っている活動，児童虐待防止や実態調査の活動，児童虐待による心的外傷後ストレス障害（PTSD）児への活動，保育サービスの提供や学童保育，保育室あるいは保育所の運営などの保育に関係する活動，身体障害児・知的障害児・学習障害児などの障害児に対する活動などが行われている。

第2章 ボランティア活動の範囲

地域開発活動

　生活基盤の整備および自立した地域社会づくりがこの活動の主要な目的である。したがって，井戸掘りなどによる飲料水や生活用水の確保，食糧自給のための支援，農業復興や開発支援，農業技術の提供，畜産支援，果樹栽培支援，魚礁の設置・運営などのインフラ整備事業がこの活動の第1の活動となる。第2は所得向上による経済的自立を目指したプロジェクトである。具体的にはフィリピン・ネグロス島での養蚕の支援，マレーシア・サバでの食品加工技術への支援，伝統手工業の育成支援，プランテーション居住者生活改善事業，支援地域がつくり出した製品や伝統工芸品の買い上げと販売などがあげられる。第3は教育と職業訓練に関する活動である。たとえば，学校建設や教員のトレーニングなどによる教育の向上への支援，成人識字教育事業，女子教育奨学制度事業，移民教育事業，成人教育への支援，職業訓練の支援，生業資金の貸し付け事業，などによって経済的に自立した生活を目標とした支援を行っている。さらに，低価格の住宅供給や循環型農業の推進，女性の自立支援や協同組合づくりなどによって，現在・未来の生活状況の改善や向上に向けての地域開発の取り組みを行っている。また，生活主体者として地域で豊かな生活を送り，住み慣れた地域を自分たちで築いていくための「むらづくり，まちづくり，くにづくり」にもこの活動は貢献している。日本でも，自分たちの住んでいる地域を自分たちの手でよりよいものにしていく活動も行われ，住民主体の地域づくりの活動，住民自治の活動として幅広い活動展開が行われている。

人権擁護の活動

　国際的な人権擁護団体として，1977年にノーベル平和賞を受賞したアムネスティ・インターナショナル[15]（以下，「アムネスティ」とする）が有名である。アムネスティは，政治的，宗教的な党派にも属さず政府からの援助を一切受けないいわば中立を貫いている団体である。世界人権宣言が守られる社会の実現を目指し，世界中の重大人権侵害をなくすため人権保障の促進，人権教育，人権への意識の喚起などの活動をしている。全世界の政府に対し人権基準を批准することを求め，財界や企業，非政府機関，個人団体に働きかけている。

　また，人権擁護の活動には，女性の地位と能力の向上，女子への識字および算

基礎編

術教育，社会的要因による性差の障害と差別に対する取り組み，人種差別の廃絶の取り組み，障害者・少数民族・薬物依存者・性同一性障害者・犯罪被害者・ギャンブル依存症者・ゲイやレズビアン・アルコール依存症者などのマイノリティの人々が共存できる社会の実現を目指した活動が行われている。　　（藤原久礼）

注
1）今野聰によると，「デポーとはフランス語で『荷さばき所』。『店舗ではなく，組合員が使いこなす生活用具であり，地域密着型の共同購入方式』と説明される」とされている。http.//www.jacom.or.jp/shir117/shir117s04071306.html より引用。
2）日本地域福祉学会編（三浦文夫・右田紀久恵・永田幹夫・大橋謙策編集代表）『地域福祉辞典』中央法規出版，1997年，120頁。
3）http.//www.wco-kanagawa.gr.jp.
4）http.//wnj.gr.jp /
5）フィランソロピーとは，ギリシャ語の philos（愛する），authropos（人類）を語源とする言葉である（山内直人編『NPO データブック』有斐閣，1999年，284頁）。また，現代用語の基礎知識によると，「フィランソロピーは『博愛』『慈善』などと訳されるが，アメリカ社会では，企業のさまざまな社会的貢献活動や慈善の寄付行為などをさす。一般に社会の問題解決や人びとの生活向上のための公益活動をいう」とされている。
6）同上書，289-290頁。(社) 企業メセナ協議会によると，メセナ（mecenat）という言葉は，芸術文化支援を意味するフランス語で，古代ローマ時代の皇帝アウグストゥスに仕えた高官マエケナス（Maecenas）が詩人や芸術家を手厚く庇護したことから，後世「芸術文化を庇護・支援すること」を「メセナ」というようになったという
（http.//www.mecenat.or.jp/about mecenat.html）
7）http.//www.mecenat.or.jp/about mecenat.html
8）http.//www.mecenat.or.jp/survey/corporations/2002_01.html
9）大阪ボランティア協会編（岡本榮一編集代表）『ボランティア・NPO 用語事典』中央法規出版，2004年，8頁。
10）大阪ボランティア協会編『ボランティア活動研究』第9号，1998年，53-54頁。
11）①NPO の支援（主に団体・組織の支援）を行っており，②分野を特定せず，③常設の事務所があり，④日常的に NPO に関する相談に応じることのできる職員がいる，という4つの条件をすべて満たしている団体について，日本 NPO センターが作成したもの。http.//www.jnpoc.ne.jp /
12）日本 NPO センター定款第3条。
13）http.//www.jnpoc.ne.jp/activity/index.html
14）http.//www.msf.or.jp/msf/msf.php
15）http.//www.amnesty.or.jp/aboutai.html

第3章 ボランティア活動の推進

　本章は,「ボランティア活動の組織」「ボランティア活動の振興策」「ボランティア活動の調整」の3つを柱として構成されている。ボランティア活動の推進に関わる事業,組織,制度,あるいは専門職の役割などについて,必要な用語解説も交えながら紹介するものである。

1　ボランティア活動の組織

ボランティア活動組織の2つの性格

　ボランティア活動の担い手となっているのは,多くの場合,ごく普通の地域住民であり,一般市民である。そのなかには,いわゆる主婦であったり,仕事を退職した中高年者であったり,あるいは,児童・生徒ないしは学生も含まれていたり,じつにさまざまな人たちが参加している。また,それ以外にも,それぞれの知識や専門技術を活かしてボランティアとして関わっている専門職や,職域を単位としてボランティアに参加する勤労者(労働組合員含む)がいたりすることは,今日では珍しいことではなくなった観がある。

　ただ,意識の上では「ボランティア活動に『自発的に』参加してきた」人もいれば,所属する組織の指示などにより「ボランティア活動に『義務的に』参加してきた」人がいることも否定できないだろう。

　さて,私たちがボランティア活動の組織を意識するのは,実際には,ボランティア活動に参加することになったきっかけをつくった所属組織の活動として見ていることが多いのではないか。つまり,女性会活動が地域の清掃活動などを行っている際は,女性会が「ボランティア活動も行う」組織のひとつとして見られていることであろう。街頭募金に関わったカブスカウトは,本来は社会教育活動が

基 礎 編

主たる活動目的であるが，ここでも同様にボランティア活動も行う団体として見られている。さらには，社会貢献活動という名目でボランティア活動に参加してくる企業などの場合，その傾向は特に顕著であろう。

一方で，視覚障害者を対象とした音声訳ボランティアグループの活動や，ろうあ者を対象とした手話ボランティアグループの活動などは，明らかに「ボランティア活動を主たる目的とする」団体として，社会的に認知されている。

すなわち，ボランティア活動の組織には，「ボランティア活動を主たる目的とする」団体と，「ボランティア活動も行う」団体とに，まずもって大きく2つの性格に分かれるものを包括していることをおさえておきたい。

ボランティア活動組織とNPO団体

さて，上記のような事情を踏まえた上で，ボランティア活動の組織にはどのようなものがあるのかを考えてみたい。まずはNPOすなわち「民間非営利組織」の枠のなかで，いわゆる「ボランティア団体」とはどのような比較ができるかについて，次の図3-1を参照されたい。

これにより，一般にボランティア団体としてとらえられている組織と，NPOとして位置づけられているいろいろな組織との距離関係が見えてくるであろう。すなわち，特定非営利活動法人とボランティア団体は，定義上は重なり合う部分を含んでおり，また，町内会や女性会のような地縁団体とボランティア団体とは，市民活動団体という定義のなかではかなり近い関係にある組織だということなどがうかがわれる。

今日では，法人格を取得して，組織・団体としての財産を保有できるようにしたり，あるいは組織・団体名での契約を可能にしたりするなど，従来の任意団体ではできなかった基盤整備を進める団体も見られるが，本章では取り上げないこととする。

第3章 ボランティア活動の推進

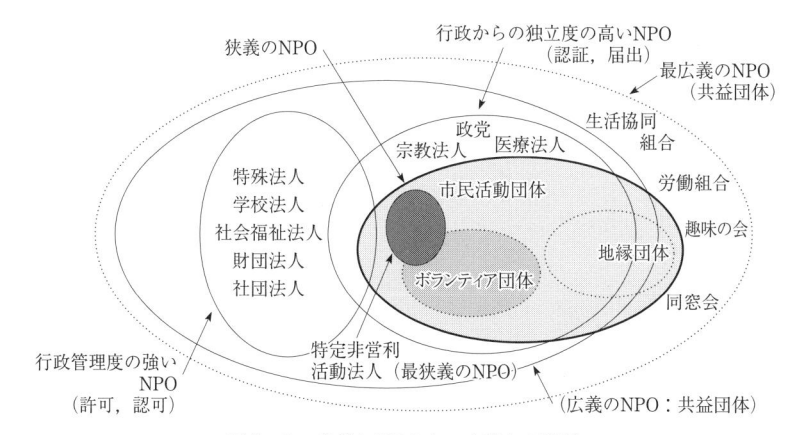

図3-1 多様なNPOと，定義上の関係
出所：大阪ボランティア協会編（岡本榮一編集代表）『ボランティア・NPO用語事典』中央法規出版，2004年，9頁。

ボランティア活動組織の実像

　では，全国でどれだけのボランティア団体が活動しているのだろうか。全国社会福祉協議会・全国ボランティア活動振興センターの調べならびに同事務局長の和田は，2000年4月現在でのボランティア団体は9万5,741，その団体に所属するボランティアは675万8,381人にもなることが明らかにされている（表3-1参照）。

　さらに，その主な活動分野を見ると，「保健・医療・福祉」が43.1％にもなり，それに次ぐ「まちづくり」11.1％，「環境保全」9.8％，「文化・芸術・スポーツの振興」6.9％，「国際協力」5.4％という他の分野に比べ，ぬきんでていることが特徴的である。[1]

　ただし，これは社会福祉協議会による調べであるため，次に述べる「任意団体型のボランティア組織」中心の内訳でなかろうかと思われる。社会福祉協議会内のボランティアセンターに登録されるボランティア組織の基準は，じつは全国共通の厳密な基準はなく，たとえば「行政委嘱型」のボランティア組織に登録を呼びかけるかや，さらには，「ボランティア活動も行う」組織の登録をどうするかなどは，それぞれの社協・ボランティアセンターに委ねられている現状があることを理解しておきたい。また，歴史的に「保健・医療・福祉」の分野以外の登録が低調である傾向も，否めないだろう。

基礎編

表3-1　ボランティアの推移（把握人数）

(単位：団体，人)

調査時期		ボランティア団体数	団体所属ボランティア人数	個人ボランティア人数	ボランティア総人数
1980（昭和55）年	4月	16,162	1,552,577	50,875	1,603,452
1984（昭和59）年	4月	24,658	2,411,588	144,020	2,555,608
1985（昭和60）年	4月	28,462	2,699,725	119,749	2,819,474
1986（昭和61）年	4月	28,636	2,728,409	147,403	2,875,812
1987（昭和62）年	4月	32,871	2,705,995	182,290	2,888,285
1988（昭和63）年	9月	43,620	3,221,253	164,542	3,385,795
1989（平成元）年	9月	46,928	3,787,802	114,138	3,901,940
1991（平成3）年	3月	48,787	4,007,768	102,862	4,110,630
1992（平成4）年	3月	53,069	4,148,941	126,682	4,275,623
1993（平成5）年	3月	56,100	4,530,032	159,349	4,689,381
1994（平成6）年	3月	60,738	4,823,261	174,235	4,997,496
1995（平成7）年	3月	63,406	4,801,118	249,987	5,051,105
1996（平成8）年	3月	69,281	5,033,045	280,501	5,313,546
1997（平成9）年	4月	79,025	5,121,169	336,742	5,457,911
1998（平成10）年	4月	83,416	5,877,770	341,149	6,218,919
1999（平成11）年	4月	90,689	6,593,967	364,504	6,958,471
2000（平成12）年	4月	95,741	6,758,381	362,569	7,120,950

出所：全国社会福祉協議会全国ボランティア活動振興センター『ボランティア活動年報2000年』2001年。(63頁参照)

任意団体型のボランティア組織

　それでは，どのような組織が，どのようなきっかけで，どのような活動を展開しているのかを見ながら，ボランティア組織のいくつかの分類分けをしてみたい。

　私たちが普段，ボランティア活動をしている団体として見ているものの多くは，任意団体としての小規模なグループが多いのではないだろうか。たとえば，市区町村社会福祉協議会のボランティアセンターに登録して活動しているようなボランティアグループがある。これらのグループのなかには，社会福祉協議会主催のボランティア養成講座を契機として結成されたグループや，何らかの目的でつくられたグループがその後ボランティアグループとして性格を変え，ボランティアグループとして活動を続けるケースなどがある。たとえば，手話通訳講習会から手話サークルへ展開したり，音訳ボランティア養成講座から音訳ボランティアグループが結成されたりすることは，珍しいことではなくなっている。あるいは，地域の見守り活動の延長などから，配食ボランティアグループに活動の広がりを見せている地域もある。

　こういったグループは，えてして会則をもたないことも多く，比較的緩やかな

写真3-1　高齢者宅に昼食の弁当を届けるボランティア
（博労校下社会福祉協議会提供）

結合体としての性格が顕著である。また，活動エリアも小学校区ないしは，せいぜい市町村内という点も特徴的である。

行政委嘱型のボランティア組織

　次いで，ボランティア組織とはあまり意識されずにいるものに，行政委嘱型ボランティアがあげられる。その代表的なのが，民生委員・児童委員であろう。行政委嘱型ボランティアとは，「法令に依拠し，行政長による委嘱行為を伴なう制度化された民間奉仕者のこと。活動に要した費用の一部は実費弁償として行政から支給される。ボランティアは自発性を旨とすることから，委嘱され，活動範囲や内容，期間が定められたものをボランティアと称するのは矛盾との指摘もあるが，無給で主体的，継続的に課題解決に取り組む姿勢は『ボランティア』に共通するものがある」とされるボランティアないし，ボランティア組織である。

　同様の性格を有する組織には民生委員のほかに，保護司，青少年指導員，人権擁護委員などがある。

福祉団体としてのボランティア組織

　行政による委嘱行為はないが，地域で住民が安心して暮らせることを目的に活動している住民組織がある。それが一般的に「校下・地区社会福祉協議会」と呼ばれているものである。おおむね，小学校区や中学校区ぐらいまでを活動範囲と

基礎編

写真3-2　高校生がふれあいサロンに手作り弁当を持って訪問
（定塚校下社会福祉協議会提供）

し，住民参加によるいわゆる「小地域福祉活動」を，市区町村社会福祉協議会とともに展開している団体である。

　市区町村社会福祉協議会を構成するボランティア組織でありながらも，通常は社会福祉協議会内ボランティアセンターへのボランティア団体としての登録はされておらず，どちらかというと地縁団体的なとらえられ方をしていることがうかがわれる。

　今日では，ところによっては「福祉推進員」とか「福祉活動員」といった名称で呼ばれる地域住民のボランティアを組織しながら，「ふれあい・いきいきサロン」のような事業を民生委員らと協働で実施している。また，役員は地域の各種団体長や民生委員によって構成される場合が多い。

その他のボランティア活動組織

　先に述べたように，今日ではいろいろな分野において，さまざまなボランティア活動が行われており，その担い手もじつに大きな広がりを見せている。企業の社会貢献活動として，また，社員の自己実現の場として，全社員が労使協調のもとでひとつのボランティアグループをつくっている会社もある。あるいは，一般的には当事者団体のように思われているかもしれないが，老人クラブは毎年定期的に「社会奉仕の日」を設け，ボランティア活動も行っている組織である。ただし，老人クラブも先の社会福祉協議会と同様に，地縁による福祉団体としてのと

らえ方も可能である。

その他によく知られたところでは，児童生徒や学生らによる社会貢献あるいは，ボランティア体験学習の一環としての組織もある。この場合は，児童会や生徒会がボランティア活動の組織であったり，ボランティア委員会やボランティア部がそれに該当したりする。

2　ボランティア活動の振興策

1970年代におけるボランティア活動振興策

1970年代に入り，家族機能や地域社会が衰退したため，コミュニティ政策が推進されるようになった。[3]福祉の分野では，イギリスからコミュニティケアの考え方が導入され，地域の住民参加によるボランティア活動が注目された。そして，家電製品の普及による家事の省力化を背景に，主婦のボランティア活動が盛んになった。また，ボランティア活動の対象も，高齢者や障害者へと広がっていった。

1971（昭和46）年に，文部省（現，文部科学省）は「社会教育審議会」答申でボランティア活動の重要性を強調し，「婦人ボランティア活動促進事業」等の育成策を展開した。1973（昭和48）年度には，厚生省（現，厚生労働省）が市区町村の社会福祉協議会に「社会奉仕活動センター」（現在の「ボランティアセンター」）の設置を奨励し，1975（昭和50）年度には，都道府県の「社会奉仕活動センター」に国庫補助金の交付を開始した。このことにより全国の「善意銀行」が「ボランティアセンター」へと組織替えし，社会福祉協議会がボランティア活動の中心的な機関として位置づけられるようになった。翌年には，全国社会福祉協議会に「中央ボランティアセンター」（現在の「全国ボランティア活動振興センター」）が発足した。

ボランティア活動振興策としてのボランティア保険

1977（昭和52）年度から全国社会福祉協議会の全国ボランティア活動振興センターに国庫補助が開始されるようになり，同時期，全国社会福祉協議会で「ボランティア保険制度」も創設されている。

基礎編

　ボランティア保険制度は,「安心の中で活動を」続けられるように設けられたボランティア活動用の保険で,建前的にはボランティア活動者の自己責任の意識を高める意味合いを兼ね備えた制度である。年間を通じた活動を補償する「ボランティア活動保険」と,単発の行事での事故を補償する「ボランティア活動等行事用保険」がよく知られている。ボランティア自身が活動中にけがをした場合の「傷害事故」と,ボランティアが活動中の偶然の事故により,他人の身体や財物を損壊させ,法律上の賠償責任を負った場合の「賠償事故」の2つの補償内容からなる。

　このボランティア活動保険への加入については,掛け金の一部を社会福祉協議会で負担する助成制度を設けている所もあるなどして,現在150万人ものボランティアが加入している。

1980年代におけるボランティア活動振興策

　1981(昭和56)年に入り,経済企画庁が『ボランティア活動の実態』を刊行,翌1982年には全国ボランティア活動振興センターが「コーディネーターの養成と配置に関わる実態調査」を行い,1983(昭和58)年に市町村社会福祉協議会が法制化されるなど,いくつかの大きな動きが続いた。

　そして,高齢化社会に対応することなどを目的に,1985(昭和60)年に,厚生省(現,厚生労働省)によって「福祉ボランティアのまちづくり事業」(通称「ボラントピア事業」)が始められた[4]。これにより,行政主導で市区町村の社会福祉協議会にボランティア活動推進協議会が設置され,ボランティアの育成を開始した。そして,社会福祉分野では在宅福祉サービスが重視され,在宅福祉ボランティアの役割が重要になっていった。民間においても,83年から「全国民間ボランティア活動推進関係者懇談会(民ボラ懇)」が開催され,行政主導だけでないボランティア活動を推進している。

> ●ボラントピア事業
> 　昭和60年度から平成5年度までの間,ボランティア活動の啓発,養成研修,登録斡旋,組織化,活動基盤の充実等を図るために,市区町村社会福祉協議会を実施主体に行われた事業で,指定期間は2か年。指定個所数は累計で607か所[5]。

1990年代におけるボランティア活動振興策

　1991（平成3）年には，文部省（現，文部科学省）によって「生涯学習ボランティア活動総合推進事業」が始まるとともに，郵政省によって「国際ボランティア貯金」が創設され今日に至っている。[6]

　1993（平成5）年には，厚生省（現，厚生労働省）が「国民の社会福祉に関する活動への参加の促進を図るための措置に関する基本的な指針」（厚生省告示）を発表した。さらに，厚生省（現，厚生労働省）の中央社会福祉審議会が「ボランティア活動の中長期的な振興方策について」を発表した。このなかでは，①児童生徒のボランティア活動への関心を高める，②高年齢者のボランティア活動の振興を図る，③企業の社会貢献の一環としてのボランティア活動を普及する等を提唱した。それを受けて，全国社会福祉協議会は「ボランティア活動7カ年プラン構想」を示した。

　また，同年には，勤労者のボランティア活動への参加促進を目的として，労働省（現，厚生労働省）が勤労者ボランティアセンターを開設した。

●ボランティア活動推進7カ年プラン
　1993（平成5）年4月厚生省告示の「福祉活動参加基本指針」を受け，ボランティア活動の振興を図ることを目的として全国社会福祉協議会全国ボランティア活動振興センターが策定したものである。中央社会福祉審議会の審議において提案され，かなりの部分が意見具申に取り入れられた。国民の過半数が自発的にボランティア活動に参加する参加型社会をつくることが基本目標として掲げられ，そのための具体的方策として，①ボランティアアドバイザー30万人，ボランティアコーディネーター3万人を配置する構想，②ボランティアライフサポートプログラム構想（ライフステージに応じて，国民がいつでも，どこでも，気軽に，楽しく参加するための機会提供），③世論形成による評価の向上と社会的支援の体制づくり，④ボランティアセンターの整備および全国ネットワークの構築，という4つの構想が提案されている。[7]

その他のボランティア活動振興策

　大きな流れとしては，1992（平成4）年のボランティアへの厚生大臣表彰の開始や，全国社会福祉協議会による「第1回全国ボランティアフェスティバル」の開催がまずあげられる。そして，1993（平成5）年には，文部省（現，文部科学

省）生涯学習局婦人教育課に「ボランティア活動推進専門官」が配置されるようになった。

1994（平成6）年には、厚生省（現、厚生労働省）が「ボラントピア事業」を発展解消し、「市町村ボランティアセンター事業」を開始した。同じく、全国社会福祉協議会でも「ボランティア活動推進7カ年プラン」を開始させている。

そして、特定非営利活動促進法（NPO法）が制定されたのは、1997（平成9）年3月のことである。

なお、ボランティア活動を政策的に推進していく上で、一貫して社会福祉協議会がほぼ独占的にボランティアセンターとして育成・支援が図られてきたことも書き加えておきたい。

ボランティア活動振興策とキーワード

また、いくつかのキーワードから近年の振興策を振り返ってみたい。

(1) 「ボランティア活動歴の評価」

学校の学習指導、入試、企業などの採用・昇進において、過去のボランティア活動の経歴を評価の指標に加えようとするもの。1992（平成4）年の生涯学習審議会答申において、公的にその必要性が指摘されると、文部省（現、文部科学省）は、1993（平成5）年の事務次官通達「高校入試の内申書におけるボランティア活動歴の積極的評価」など、とりわけ学校における活動歴の評価に注目するようになった。[8]

(2) 「ボランティア休暇・休職制度」

企業が社員のボランティア活動を支援する制度のひとつ。休暇制度は、ボランティア活動のために、年間5日から1週間程度、有給で休暇を提供するものである。一方、休職制度は半年から2年という長期にわたってボランティア活動に参加する場合に、活動終了後の復職を保証するものである。休職中の給与・賞与相当の全額もしくは一部を企業が負担する場合もある。[9]

(3) 「ボランティア基金」

ボランティア活動を支援する目的で創設された基金であり、自治体からの出捐に加え、一般市民や地域団体、企業からの寄付金、ボランティア活動関連事業による収益金などを積み立てて運用している。基金から生まれる利息は、ボランテ

ィアの育成やボランティアグループの支援に関する相談援助，学習・研修の機会の提供，活動環境の整備，ボランティア活動の情報提供などに活用される[10]。

(4)「ボランティア養成等事業」

2001（平成13）年度から始まった事業で，「地域福祉推進事業」という国庫補助事業のなかの一つ。2000（平成12）年度まで「市区町村ボランティアセンター事業」という名称で取り組まれてきた事業を改正したもの。事業内容は，従来からの「ボランティア情報誌発行事業」「相談，登録あっせん事業」「入門講座開催事業」「福祉救援ボランティア活動促進事業」の4事業に，新たに「ボランティア活動拠点づくり支援事業」が加わった。事業の実施主体は市区町村社会福祉協議会であるが，事業の効果的推進を図るため，広く関係者で構成される「推進協議会」を設置し，ボランティア活動者数の目標設定や事業推進方策の策定を行うことなどが定められている。実施期間は3年間で，「ボランティア活動拠点づくり支援事業」のみ5年間となっている[11]。

3　ボランティア活動の調整

ボランティアコーディネーターの3つのタイプ

一般的に，ボランティア活動の調整にあたる業務を担当している者を，ボランティアコーディネーター（volunteer coordinater）と呼んでいる。よく，ボランティア活動（者）を求めている人・団体に対し，そのようなボランティア活動（者）を紹介する仕事のように思われがちだが，それは一面にしか過ぎない。筒井は，所属組織によって3つの類型に分類をしている[12]。

上記のタイプは「中間支援組織型」ボランティアコーディネーターとしてとらえられるが，社会福祉協議会などの活動内容を限定しないボランティアセンターに求められている機能がこれである。「活動内容も活動希望者も非限定的である」という特徴がある。

このほかにも，施設などのボランティア活動の場で調整にあたるのが，「ボランティア受け入れ組織型」ボランティアコーディネーターと呼ばれるタイプである。こちらは，「組織の目的や事業内容により，活動者や活動内容がある程度限

定される」のが特徴である。
　また，学校，企業など自らの設置目的と事業をもちつつ，構成メンバーがボランティア活動にも参加する団体で，メンバーを活動の場に送り出すタイプもある。「ボランティア送り出し組織型」ボランティアコーディネーターと呼ばれ，メンバーの自発性を引き出すための情報提供や働きかけが重要な役割となる。

ボランティアコーディネーターの定義と役割

　求められる役割，あるいは活動する場によっていくつかのタイプに分けられるボランティアコーディネーターであるが，筒井は次のように説明している[13]。「市民のボランタリーな活動を支援し，その実際の活動においてボランティアならではの力が発揮できるよう，市民と市民または組織をつないだり，組織内での調整をおこなったりするスタッフ」とし，「市民社会の構築あるいは成熟に欠かせない存在」として位置づけている。

　ボランティアコーディネーターの主な業務としては，次の7つが考えられている[14]。①組織におけるボランティア活動受け入れ・推進に関わる方針の立案，②ボランティア活動に関する情報提供や相談，③ボランティア（活動希望者）やボランティアからの支援を求める人・団体との面接やマッチング，④ボランティアによるサービスや活動プログラムの開発とこれにともなう研修，⑤ボランティアへの活動支援のための助言や学習・交流プログラムの提供，⑥組織内の各部署や職種との調整，⑦関連する他機関との調整・連携・資源開発，これらの役割が十分に機能することで，ボランティア活動の調整もスムーズにいくといえよう。

ボランティアコーディネートの課題

　ボランティア活動を調整する上で気をつけなくてはいけないいくつかのことがある。代表的なものをひとつあげるとすれば，「ボランティアが関わる意義をきちんと説明できているか」ではないかと思う。

ボランティア活動の調整においては，単なる「需要と供給」の調整にとどまらず，ボランティアが参加することで両方にメリットが生まれることが大事である。ボランティアの応援を求める側は，ボランティアを決して安上がりの労働力として見なすことなく，かといって「お客さん扱い」するのでもなく，やりがいが感じられ，ある程度の責任も任されるような仕事を用意すべきであろう。その上で，「なぜ，ボランティアの力を必要としているのか」を説明し，共感が得られなければ，ボランティア活動は成立しないだろう。

また，ボランティアとして活動を希望する者（団体）にとっても，「いいように使われただけ」という印象が残るような活動であれば次には続いていかない。「お金のためではないけど，頑張れる」など，自発性を引き出すような働きかけこそ，ボランティアコーディネートの要として認識しておきたい。　　（関　好博）

注
1) 雨宮孝子・小谷直道・和田敏明編著『福祉キーワードシリーズ　ボランティア・NPO』中央法規出版，2002年，48-49頁。
2) 大阪ボランティア協会編（岡本榮一編集代表）『ボランティア・NPO用語事典』中央法規出版，2004年，131頁。
3) 経済企画庁編『平成12年版　国民生活白書』2000年。
4) 同上書。
5) 「中央社会福祉審議会地域福祉専門分科会小委員会資料」1995年より。
6) 経済企画庁前掲書。
7) 大阪ボランティア協会前掲書，176頁。
8) 同上書，176頁。
9) 同上書，177頁。
10) 同上書，177頁。
11) 同上書，179頁。
12) 同上書，61頁。
13) 同上書，60頁。
14) 雨宮・小谷・和田前掲書，124頁。

付記

ボランティアの推移（把握人数）　　　　　（単位：団体，人）

調査時期		ボランティア団体数	団体所属ボランティア人数	個人ボランティア人数	ボランティア総人数
2001（平成13）年	4月	97,648	6,833,719	385,428	7,219,147
2002（平成14）年	4月	101,972	7,028,293	367,694	7,396,617
2003（平成15）年	4月	118,820	7,406,247	385,365	7,791,612

出所：全国社会福祉協議会全国ボランティア活動振興センター『ボランティア活動年報2003年』2004年。

第4章 ボランティア学習

　本章は、ボランティア活動をとおして、ボランタリズムを基本とする社会貢献型体験活動の学習方法について概説する。主な視点は、①ボランティア学習の意義、②福祉教育とボランティア学習の関係、③ボランティア活動の学習方法・学習評価、④ボランティア学習のあり方である。

1　ボランティア学習の意義

ボランティア学習の背景

　昨今、家族形態の縮小化、生活様式の複合化、急激な情報化の進展により、「社会」を支える地域の連帯感や相互扶助を基本とした社会関係が脆弱化している。また、社会を構成する「個人」は、人間関係の希薄化、表現能力の低下、感動体験の不足など、発達段階のゆらぎが見え隠れする。

　そこで、初等中等教育機関では、完全学校週5日制、総合的な学習の時間、教科「福祉」の導入など、「生きる力（豊かな人間性や自ら学び、自ら考える力等）」をひとつの基軸として、ボランティア活動やふれあい活動が積極的に醸成されている。また、地域社会においても、自治体、社会福祉協議会、民間団体、企業など、住民参加型福祉社会の形成にともなう実践活動が、総合的・横断的・学術的な視点から敷衍されている。その範囲は、国際交流・協力、福祉・保健、スポーツ、情報、環境、地域振興など多岐の分野に広がる。

　こうした実践活動を含むボランティア学習の視点について鳥居は、[1]「人間理解学習」、「体験学習」、「自己発見学習」、「イメージ学習」の4つが、学校教育の課題とマッチングするキーワードであることを指摘している。人間理解学習は、地域社会で共に生きることを学習するために、人間関係をどのように育んでいくか

という視点をもつ。また、体験学習とは、ボランティア活動を通じて、自己と他者の感動体験を共有することにより、新たな課題に向かって成長していくという視点をもつ。さらに、自己発見学習は、自らを知り自らを変えるため、自分自身と向き合い確かめていくという視点をもち、イメージ学習においては、グローバルな想像力を培うことにより、鋭く研ぎ澄まされた感応力を増幅するという視点をもつ。

その際実践活動を図る官・民・学の関係機関は、知識や技能の深化、資質や能力の成長・発達、自己のあり方や生き方の発見、他人を思いやる心、自ら考え自ら学ぶ力など、全人的な人格形成・自己形成・主体形成の創造を目指すことになる。

ボランティア学習の位置づけ

ボランティア学習とは、社会的な課題や個人のあり方など、ボランタリズムを基本とする社会貢献型体験学習を通じて豊かな学びを創造することであり、一時的な善意や学習者満足で自己完結するものではなく、学習という視点を重視する学習活動である。特に、学校教育で実践するボランティア学習は、一人ひとりの主体性を育むという視点に立ち、地域に根ざした継続的な活動を目指している。

しかし、学校教育におけるボランティア学習は、自律的な社会貢献や相互扶助を内在化する活動ではなく、ボランタリズムの前提を損なう他律的な活動であるという声もある。このことについて、中央教育審議会の見解は、「個人の自発性は重要な要素であるが、社会に役立つ活動を幅広くとらえる観点からすれば、個人が様々な契機から活動をはじめ、活動を通じてその意義を深く認識し活動を続けるということが認められてよいと考えられる。とくに、学校教育においては、『自発性は活動の要件ではなく活動の成果』ととらえることもできる」[2]としている。

ここでは、ボランティア学習を、「ボランティア＝自発性」という関係に、「学習」というキーワードを内包した他律的な社会貢献型体験学習と位置づけ、社会的事象に対する問題意識や心情の発達など、自発性の芽を育む手段・方法のひとつとする。

ボランティア学習の推進

2001年、中央教育審議会は、「青少年の奉仕活動・体験活動の推進方法等につ

いて」でボランティア活動を通した活動が，人の意識や行動に何らかの変容を導くことを示唆する発表を行った。主な視点は，「今なぜ『奉仕活動・体験活動』を推進する必要があるか」，「奉仕活動・体験活動をどのように推進していくか」である。

なかでも，
① 初等中等教育段階における青少年の奉仕活動・体験活動の推進
② 高等教育段階における正規のボランティアに関する講座や科目等の開設
③ 企業，社会人に対する奨励・支援
④ 個人が参加できる多彩なプログラム等の開発・支援

など，ボランティア学習への期待の大きさがうかがえる。

小・中学校（2000年度から）や高等学校（2003年度から）では，「総合的な学習の時間」のテーマとして，「国際理解，情報，環境，福祉・保健等」が例示され，生徒が興味・関心，進路等に応じて設定した課題について，「知識や技能の深化，総合化を図る学習活動」と「自己の在り方生き方や進路について考察する学習活動」が行われている。

また，大学，短期大学，高等専門学校，専門学校には，科目の目標や内容について基準となる事項を示す学習指導要領はないが，正規の教育活動として，学生が行うボランティア活動等を積極的に奨励するため，ボランティア講座，サービス・ラーニング科目，NPOに関する専門科目などの開設が進んでいる。また，インターンシップを含め学生の自主的なボランティア活動に対して単位認定するなど，多様な学習環境が形成され，大学・短大の福祉関係学部（学科）においては，新たにボランティア学習をキーワードとした科目を開講するところが増加している。[3]

2 ボランティア活動の関連施策

わが国のボランティアの活動者（ボランティア団体に所属するボランティアの人数と，個人で活動するボランティアの人数を合計）は，全国社会福祉協議会全国ボランティア活動振興センターによると738万6,617人であり，[4] ボランティア活動者の総

第4章 ボランティア学習

人数の調査が始まった1980年から2005年までの25年間で，約4.6倍となった。以下に，ボランティア活動者の増加にともなう背景として関連する施策の進展について整理する。

[1971年]
・「急激な社会構造の変化に対処する社会教育のあり方について」社会教育審議会答申
　　家庭教育，学校教育，社会教育の三者の有機的な協力関係を促進するため，地域団体の組織運営の改善や地域社会の実情に応じた地域活動の展開など，生きがいや充実感という視点と民間人による意欲的なボランティア活動に注目があつまった。

[1981年]
・「生涯教育について」中央教育審議会答申
　　広く社会全体が生涯教育の考え方に立って，学習者向上の努力を正当に評価するため，学歴偏重の社会的風潮から適切かつ豊かな学習社会の方向を尊ぶことを目指すことが示唆された。

[1992年]
・「今後の社会の動向に対応した生涯学習の振興方策について」生涯学習審議会答申
　　ボランティア活動を行うための基礎的な学習機会の充実，学習成果と能力を生かした活動の場の開発，ボランティア活動の相談体制の整備など，誰もが社会の一員としてボランティア活動を行うための条件整備の必要性が明示された。

[1993年]
・「国民の社会福祉に関する活動への参加の促進を図るための措置に関する基本的な指針」厚生省告知第117号
　　ボランティア活動等に取り組みやすいようにするため，養成研修・保険の普及，ボランティアセンターの整備充実，地域における福祉活動推進体制の整備とモデル事業の推進，社会福祉施設等の受け入れ支援体制の整備など活動基盤の整備が進められた。

67

基礎編

[1994年]
・「豊かさとゆとりの時代に向けての青少年育成の基本的方向——青少年期のボランティア活動の促進に向けて」青少年問題審議会意見具申
　　青少年期のボランティア活動は，豊かな人間性を育むための有効な手段であるという考え方から，その振興のための諸施策の進展が重要であることが提言された。
・「福祉活動への参加の促進について」厚生省社会・援護局　社援地第86号
　　ボランティア活動の推進を図るための条件整備として，都道府県・指定都市レベルのボランティア活動を振興するための拠点である「都道府県・指定都市ボランティアセンター」に対する積極的な支援が行われることになった。

[1995年]
・文部省「高校入試の内申書におけるボランティア活動歴の積極的評価」について通達

[1996年]
・「地域における生涯学習機会の充実方策について」生涯学習審議会答申
　　地域社会の教育力の活用と地域社会への貢献や施設におけるボランティア参加・支援を促進するため，ボランティアグループや団体への支援，ボランティアコーディネーターの養成，情報の提供など，ボランティア活動の拡充と施策の整備が進められた。
・「21世紀を展望したわが国の教育の在り方について［第1次］」中央教育審議会答申
　　生きる力を育むためには，学校，家庭，地域社会の役割と連携のあり方を明確にするとともに，環境保全を含めたボランティア活動を展開していくことが，地域社会の一員としての認識を高めることになるとされた。

[1997年]
・「21世紀を展望したわが国の教育の在り方について［第2次］」中央教育審議会答申
　　「総合的な学習の時間」の効果的な指導方法の工夫や改善，入学試験による

ボランティア活動経験の有無，指導者養成や研修段階における福祉領域の介護体験，盲・聾・養護学校等でのボランティア活動などが奨励された。
・文部省「教育改革プログラム」発表

[1998年]
・「新しい時代を拓く心を育てるために」中央教育審議会答申
　　社会貢献の心を育むボランティア活動の振興，教師採用におけるボランティア活動の経験，学校支援ボランティアの人材バンク化，スポーツ・文化活動への積極的な参加など，地域におけるボランティア活動を通じた心の教育が注目された。
・「社会の変化に対応した今後の社会教育行政の在り方について」社会教育審議会答申
　　社会教育推進のための方策として，社会教育主事の機能の強化，公民館の専門職員等の資質と能力の向上，NPO・町内会等による民間団体とのパートナーシップの形成など，関係機関の連携と協力体制の必要性が明らかになった。

[1999年]
・「学習効果を幅広く生かす——生涯学習の成果を生かすための方策について」生涯学習審議会答申
　　個人のキャリアをボランティア活動で生かすため，多様な活動の発見・創造，社会的責任，学習者評価の促進，生涯学習ボランティアセンターの促進，ボランティアバンクの構築，ボランティアコーディネーターの養成・研修の必要性などが提言された。

[2001年]
・文部科学省「21世紀教育新生プラン」
　　「多様な奉仕・体験活動で心豊かな日本人を育む」ことが7つの重点戦略の一つとして列挙された。
・学校教育法，社会教育法改正
　　学校教育と社会教育の連携，奉仕活動・体験活動の充実について明確化された。

基礎編

［2002年］
・「青少年の奉仕活動・体験活動の推進方法等について」中央教育審議会答申
　奉仕活動・体験活動を通じて、初等中等教育段階における奉仕活動・体験活動の推進、大学等におけるボランティアに関する講座や科目等の開設、企業、社会人に対する奨励・支援、個人が参加できる多彩なプログラム等の開発・支援などの方策が明記された。

3　ボランティア学習の体系化

教育と学習の概念整理

　カントは、「人間は教育によってはじめて人間になることができる」（『教育学講義』1803年）、と言った。教育は人間社会のなかで重要な役割をもっている。一方では、学習、学び、という言葉もある。福祉教育とボランティア学習について述べるにあたり、まず、教育と学習という言葉の概念や考え方の整理をしておきたい。

　最近、「生涯教育から生涯学習へ」と言われるようになった。これは、生涯学習社会の構築を構想する主張の台頭であるが、教育概念に代えて、学習概念を対置し、そこでは教育と学習の概念や意義について、あるいは、その相互の関係性について曖昧なものにしているのではなかろうか、と考えられる。そもそも、教育と学習は有機的に関連し合う、いわば、その両者は車の両輪的な存在であり、教育と学習の関係は、教育から学習へと移行する概念としては考えられない。わが国では、教育に重点がおかれ施策展開されてきた。生涯学習の流れは、学習者の視点を重要視しているといえよう。

　ここで、教育と学習の意味をいくつか確認しておこう。まず、教育の意味からみてみよう。諸橋轍次『大漢和辞典』（大修館書店、1996年）では、「教」という漢字は、「かるくたたいて注意する、上から施す」と「ならう、一説では学の古字」との合成語であるとされ、この一字には、「おしえ」と「ならう」という2つの意味が含まれている。また、「育」という漢字は、「子をさかさまにしたもので、子どもが母親の胎内から出てくるさま」と「肉や身体をしめす字をつくるにくづき」の合成語である。教育は英語で education にあたりラテン語の educatio

を語源とし，その原義は植物や動物を育てる，大きくすることであり，ここから人間を含む万物の養育を意味し，教育の意味が加えられた。「教育」の訳をわが国で手がけた人は，箕作麟祥であり，その書『百科全書教導説』（文部省（現，文部科学省），1873年），とされている。今野喜清他編『新版学校教育辞典』（教育出版，2003年）では「教育とは，一定の社会において個人に他から意図的に働きかけて，社会生活に必要な能力や資質を発達させる営みである」とし，「教育は，学習の教育的価値による指導であり，指導された学習である」としている。新村出編『広辞苑』第5版（岩波書店，1998年）では，教育は，「教え育てること」とあり，学習は，「学び習うこと」とある。金田一春彦他監修『日本語大辞典』第2版（講談社，1996年）では，教育は「教えて知識，能力をのばすこと。また，それによって身についたもの」とあり，学習は，「知識や技術などを学び習うこと」とある。学習について，細谷俊夫他監修『新教育学大事典1』（第一法規出版，1990年）では「学習とは，経験によって新しい行動傾向を獲得したり，既有の行動パターンに熟達したり，あるいはそのような行動の変化を可能にするような内的過程を獲得したり組織化，再組織化したりすることをいう」とある。学習は英語でlearningにあたり，心理学上の意味をもつ。また，1990年代から使われ始めた「学び」という言葉がある。佐藤学「学びの対話的実践」佐伯胖他編『学びの誘い』（東京大学出版会，1995年）では，学びとは「対象と自己と他者の関わり語りを通して意味を構成し関係を築きなおす実践である」としている。

　次に，「教育をする権利」と「教育を受ける権利」について，教育と学習の関係をみてみよう。ここで注視するのは「教育を受ける権利」であり，それは，すなわち学習者の側からとらえ，学習者の権利として，その自発性や能動性など学習主体としての教育権がある。

　海後宗臣は，教育の基本構造を3つの要素に分けて整理している。具体的には，「教育の主体」と「媒体」と「教育の客体」の関係性から，「陶冶」，「教化」，「形成」の3つの要素で体系化している。「陶冶」は「教育の主体」と「媒体」と「教育の客体」の関係が目に見えるものをいう。たとえば，学校では，教師という「教育の主体」と教科書の「媒体」物により，生徒である「教育の客体」の関係が目に見える。また，「教化」は，「媒体」と「教育の客体」の関係が目に見えるものをいう。これは「自学方式」であり，図書館などで，自ら主体的に図書館

基礎編

に行って学習する，という行動に見られる。「形成」は，「教育の客体」として「…らしさ」というように，校風や社風などがそれにあたる。

以上のことからも，教育と学習は，それぞれの意義をもち，教育という大きな体系のなかで相互関係が成り立っているし，その相互関係が有機的なつながりをもてば，その効果を期待することができる。福祉教育には福祉学習という視点が求められてもよいし，ボランティア学習にはボランティア教育ということがもっと聞かれてもよいのではないか，と考える。また，教育行政という言葉は聞かれるが学習行政は聞かれないし，教育委員会はあるが，学習委員会は聞いたことがない。教育と学習は，車の両輪のような関係であると先述した。その両輪がうまく回転しないと進まないのである。どちらか一方が進められても，その有効性は低いのではないか。教育という，「教え育てること」と，学習という，「学び習うこと」については，施策や法・制度による整備や，機能的かつ組織的な社会システムの体系的なネットワークの構築など，多くの課題がある。

福祉教育とボランティア学習の関係

わが国の学校教育におけるボランティア学習に大きな影響を与えたのは，イギリスのアレックス・ディクソン（1914-1994）である。ディクソンは，1962年にイギリスで民間ボランティア機関 CSV（Community Service Volunteers）を創設し，ボランティア活動を学校教育の一部として実践することの有効性について言及してきた。そこには，「サービスと学びが１つになるとき，サービスは学びの過程を豊かにし，逆に学びはサービスを豊かにし，人びとの成長をより可能にすることができる」[5]という「社会」と「個人」の共有する課題に対して，社会的役割や自己啓発を創造する意義が含まれている。

このような意義をもつボランティア活動であるが，さまざまな目的によって多様な学習方法が展開されているため，それらの用語の関係性について整理しておく必要がある。ここでは，ディクソンのいう学校教育で実践するボランティア活動の位置づけについても「教育」と「学習」の交わる部分に注目し，これからの福祉学習の理論化と体系化を図る（図４-１参照）。

まず，福祉教育とは，「地域の『社会福祉問題』を個々の住民の具体的な生活意識や生活実態とのかかわりにおいてとらえ，学習する。そのなかで，高齢者や

```
         福祉教育              ボランティア学習

    ┌──────────────┬──────────┬──────────────┐
    │              │          │              │
    │ 「専門福祉教育」│「基礎福祉教育」│「ボランティア教育」│
    │              │          │              │
    └──────────────┴──────────┴──────────────┘
                    ↑ ↑ ↑ ↑ ↑
              ┌─────────────────┐
              │   福 祉 学 習    │
              └─────────────────┘
```

福祉従事者　⬅　サービス・ラーニング　➡　ボランティア活動者
　　　　　　　　（Service Learning）

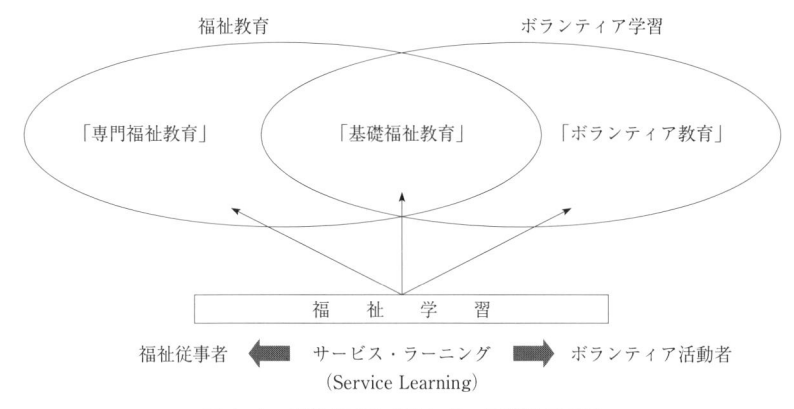

図4-1　福祉教育とボランティア学習の関係

障害者をはじめその地域で生きる生活主体・権利主体として住民とのかかわりを重視する」[6]。また，専門福祉教育は，専門知識，専門技術，職業倫理を身に付け有給の福祉従事者になるため，社会福祉士国家試験の指定教科や多様な関連教科を学ぶことである。

　次に，ボランティア学習は，「家庭や地域社会における社会生活上の身近な課題から『地球社会』にある多様な社会的課題を学習素材とする。具体的には，『社会福祉，教育，文化，スポーツ，国際交流と協力，自然と環境，保健医療，消費生活，人権，平和，地域の振興』などと多岐な分野にわたる」[7]。また，ボランティア教育のねらいは，地域社会に内在化する社会問題・生活問題に対し，意図的な手段や方法によって，無給のボランティア活動者の育成と自己の再発見を目指す。

　そして，福祉教育とボランティア学習が交わる基礎福祉教育とは，福祉教育とボランティア学習が共有するボランティア活動を，意図的・計画的・組織的な学習方法により実践する社会貢献型体験学習のことであり，「社会」と「個人」に内在化したボランタリズムという，根源的な問いに応える福祉の心を育む福祉学習のことである。なお，福祉学習には，ソーシャル・アクションの実践者，社会関係における自立の支援者，社会連帯意識を育むというねらいを内在化している（第1章18頁参照）。

基礎編

基礎福祉教育

1. 基礎福祉教育のねらい

　大橋は学習者の理解というものをふまえた上で，発達段階において，「小学生段階が心情の進化，問題関心の進化であり，中学生が問題理解の知識の進化であり，高校生レベルが問題解決の実践力向上である[8]」と子ども・青年に応じた獲得すべき課題について整理した。ここでは，このような発達段階を経た者が，基礎福祉教育を通じて，社会福祉従事者という専門職の立場とボランタリズムを有する実践者の育成を目指す高等教育機関が行う福祉学習のねらいに視点をおく。

　福祉学習の範囲は，家庭や地域社会における社会生活上の身近な課題から地球社会にある多様な社会的課題までを学習素材とする。そして，福祉学習のひとつである基礎福祉教育は，人権学習，専門職の経験，マンパワー確保，地域社会への貢献など，学習者の価値・倫理観に問いかけ，個人の意識・行動の変容，普遍化する能力の向上，問題解決能力の育成を基本とする「参画・運動」を含めた共生社会を支える人格形成を目指している。つまり，基礎福祉教育は，地域共同体の成員が社会貢献活動を行うことによって，ボランティア活動者と福祉従事者の福祉の心を育む福祉学習といえる。

2. サービス・ラーニングの導入

　サービス・ラーニング（Service Learning）とは，地域社会のニーズに応じた社会貢献活動に学習者が実際に参加・参画することで，地域社会に対する責任感等を養う教育方法である。アメリカ等においては，大学の正規のカリキュラムのなかにボランティア活動等の社会貢献活動を導入し，学校教育と社会貢献活動の融合を目指している。

　言い換えると，サービス・ラーニングは，「従来のボランティア活動のように，提供する側からの一方的な奉仕活動（サービス）だけではなく，奉仕活動を通してそれを受ける側からまたは活動自体から学ぶ（ラーニング）という双方向的要素が大きな特徴である[9]」。

　このような意味を有するサービス・ラーニングのねらいは，「①コミュニティにニーズがあり，地域社会や関係機関との連携に基づいて行われる。②学問との関係性や教科教育としての位置づけを明確にし，その内容を深め発展させる。③

子ども自身が課題について考え，実践し，個人やグループが振り返る時間を設ける。④教室や学校内での活動にとどまらず，学びが地域社会で展開していく発展性をもつ。⑤他者への思いやりなど豊かな感性を育むことを通じて，社会性や市民性を身につける」ことである。このサービス・ラーニングの考え方を導入した[10]基礎福祉教育は，車いす体験，アイマスク体験，施設訪問，交流活動など，一過性の体験学習で終えるのではなく，ボランティア活動を通じてマンパワーを提供する「社会」へのサービスと，ボランティア活動を通じて学ぶ「個人」のラーニングという相互補完的関係を含んでいる。

4 基礎福祉教育の実践

学習方法

1．学習過程

基礎福祉教育の目的は，社会貢献活動を行う前・後の教育を行うことにより，自立（自律）的な学習，共有・共感する視点を身に付け，客観化・相対化した課題を自他共に創造することである。その目的は，「基礎知識（専門福祉教育およびボランティア学習における知識を得ること）」，「気づき（主観的に自らの学習課題を顕在化すること）」，「ふりかえり（自他の経験から見出す規範に気づくこと）」，「課題設定（行動の客観的な評価による目標設定を行うこと）」を実践するところにある。つまり，内面化する意識・行動や社会的事象に対する他律的な視点・視座を発見し，自律的・主体的・協働的な価値観の変容を目指すことが，基本となる。

学習過程においては，学習，活動準備，活動，記録，報告，討議，反省を繰り返し，指導者の立場にあるものは，個人・ふりかえりのなかから学習者の気づき，学び，成長を導き出すことが要求される。

〈活動前〉

①「学習」
　講義形式の要素が強いが，視覚教材の利用，ゲストスピーカーによる講演などにより，ボランティア活動を行うための基礎知識を得る。
②「活動準備」

基礎編

> ボランティア活動を行うための計画として，5W1H（Who 誰が），（What 何を），（When いつ），（Where どこで），（Why なぜ），（How どうやって）を明確にする。

〈活　動〉

> ③「活動」
> 学習目標を達成するため，それぞれの領域に応じた主体性，公共性，無償性などを基本としたボランティア活動を行う。

〈活動後〉

> ④「ふりかえり」
> グループ学習を通じて，自己と他者の意識を表出し，新たに発見する気づきや共有・共感する課題を意識化する。
> ⑤「課題設定」
> 学習者が自ら設定した学習目標に対する反省と自発的なボランタリズムに対して行動様式を明文化する。

2．指導者の役割

　指導者の役割は，学習者の自己形成や主体形成を導く効果的な学習環境をつくることであり，「行動を通じて良いところを指摘する」，「言葉を通じて良いところを賞賛する」など，系統的・計画的・組織的な指導を行うことである。特に，基礎福祉教育では，肯定的な方向へステップアップさせるため，ティーチングという教え育む関係ではなく，学び習うというコーチングという学習関係を展開することが大切となる。指導者に望まれることは，責任ある行動力，対人関係能力の発達，地域の社会問題など，学習者を意識化する技能が要求される。

　また，教育機関であれば，ある程度の教育効果を目指さなければならないが，基礎福祉教育は，成長過程のひとつと解釈すべきであり，短期的・即時的な変容の効果を見出すことや，教育効果を表面化することも一律に立証することはできない。そのため，基礎福祉教育を教育機関で実践するとき，各学校の目指す教育的な視点や学習方法に対する考え方，社会貢献活動に対する文化的な環境によって望まれる指導者の役割に相違が現れてくることになる。

第4章　ボランティア学習

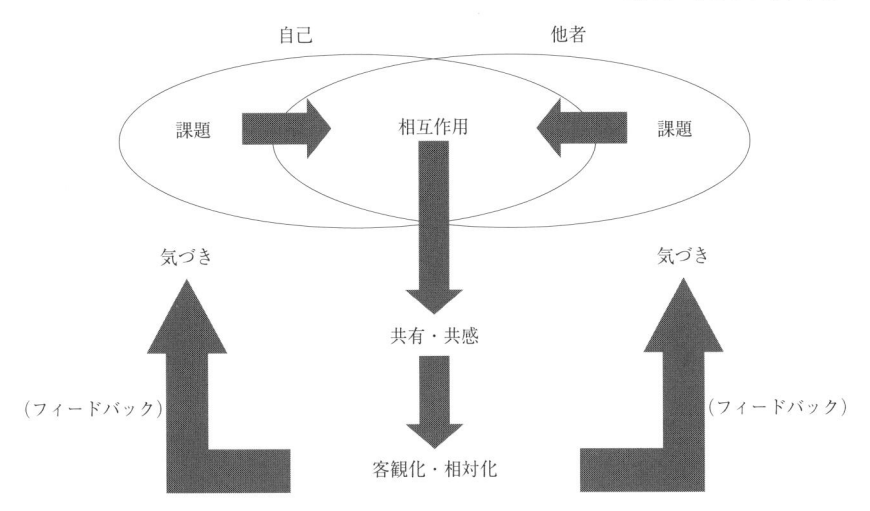

```
        自己           他者
    ┌─────────┬─────────┐
   │  課題  →  相互作用  ←  課題  │
    └─────────┴─────────┘
                ↓
  気づき      共有・共感      気づき
    ↑           ↓            ↑
(フィードバック)              (フィードバック)
            客観化・相対化
```

図4-2　ふりかえりの効果

3．グループ学習

　グループ学習は，自己と他者の相互に内包された価値観や倫理観を共有・共感することにより，客観化・相対化された社会的課題に「気づき」という効果を目指している（図4-2参照）。その基本は，「個人→集団→個人…」という循環学習により，学習者（自己と他者）が気づかなかった課題を意識化することである。学習者の潜在的な意識に問いかけることにより，普遍化する能力の育成，問題解決能力の育成など，人権感覚を養う教育実践が図られる。また，学習効果を上げるため，ティームティーチングの体制，ゼミ学習における縦割り教育の実施，グループ学習のリーダーとして上位学習者の補助など，ひとりの指導者にかぎらない指導体制は有効な手段である。時には，教員や他の学生の誘引によるサポートも意識的に行い，常に発展的な課題が発見されるよう導くことも必要となる。また，課題を常に追い求めるための援助方法として，グラウンデッド・セオリー，プロンプティング，会話分析法など，多様な研究法による有効性を検証し，学習過程の各場面に必要とする指導方法を探求することも必要である。

　ともあれ，社会貢献活動を行えば効果的な学習になるものではなく，学習者の学習に対する認識を意図することが肝要である。学習者を受け入れる現場職員や利用者・家族の協力，教職員間での意識改革や共通理解など，地域社会で育む学

基礎編

習の連携と協働をすすめる実践力が望まれる。

学習評価

1. 学習評価の必要性

　高等教育機関における学習評価は，定められた学力の水準に依拠した試験，レポート，出席状況，授業態度，学習意欲などにより判断される場合がある。

　しかし，ボランティアは，自分自身の意志で積極的に関わることであり，他律的な環境にある学校教育で行うボランティア学習は，ボランタリズムという視点から外れるという考え方がある。さらに，ボランティア学習を評価することに対して，学習内容の特殊性から絶対評価（学習の到達目標を設定して評価する），相対評価（グループのなかでの位置づけとして評価する）など，学習内容の特殊性から測定することについて批判的な意見がでるところである。一方では，学習するための活動や活動の結果としてボランタリズムが見出せるのであれば，学習方法の見解の違いであり，人生の学習過程のひとつのきっかけとしてとらえることもできる。

　ここでは，学習評価を行うことを否定せず，社会貢献活動，相互形成の機能，学習者形成を有する学習目標に準拠する評価として，活動課題に対する学習や活動後の学習を肯定的にとらえ，サービス・ラーニングの考え方を導入した学習評価の方法論を目指すこととする。

2. 学習評価の事例

　ボランティア学習における評価方法について，栗田の報告[11]によると，亜細亜大学で教養選択科目として開講している「ボランティア論」では，授業評価を9つの評価項目に設定し評価している。9つの評価項目は，①学習目標設定シート，②出席（3分の2以上），③質問票（内容），④活動計画書，⑤ボランティア活動報告書（15時間以上の活動量とふりかえりの内容），⑥活動受入れ先評価シート（時間を守ったか，積極的に活動したか等），⑦レポート（2,400字以上の分量と内容），⑧自己評価シート（内容），⑨学習報告会で発表（内容と態度）である。ただし，成績評価はボランティア活動についての評価ではなく，受講生の自己評価を最大限に尊重し，ボランティア活動で学んだ内容を評価することを基本としている。また，

教員と評価が食い違った場合は，受講生の納得いく形で最終評価を決定することとしている。

また，富山大学の「人間と福祉」では，5つの評価基準に基づいて100点満点の素点を出し，それぞれ優・良・可・不可の4段階に当てはめる成績評価の方法を行っている。5つの評価基準は，①活動計画書の提出，②中間セッションでの活動計画と試験的な活動体験の報告，③ボランティア活動（月1回以上で継続的に最低6回を期待），④活動報告書の提出，⑤学期末に行う反省セッションでの報告と討議である。学習プロセスを評価するという立場から，受講生は県ボランティアセンターに登録し，活動計画を立て，ボランティア活動を行い，そうしたプロセスを通じた学習の成果を評価している。

3．学習評価の方法

(1) 学習評価者の関係

ボランティア活動を含む学習評価において，人の価値観や人間観は一律に判断することはできない。また，指導者が一方的に設定する基準で一様に評価することは教科の特性からみて適していない。さらに，意識や行動の変容が学習評価に加わるとき，科目の設定状況，指導者の評価に対する考え方，学習方法の相違により一般化できるものでもない。つまり，個々の成長過程で何が正しく，何が間違いであるかを明文化できるものでもないため，個別の成長段階に応じた判断基準が要素として加わる。

しかしここではあえて，基礎福祉教育に対する学習評価を行う教育環境に準じて，教員による評価，学生による自己評価に加えて，社会貢献活動を実践する受入先の現場職員による評価まで組み入れた，地域社会で行う学校教育の実践を想定した考え方を紹介する（図4-3参照）。

まず，評価者は，学習者評価，受入先評価，指導者評価に分類する。

〈評価者〉

①「学習者評価」

　学習者が設定した学習目標の成果を評価する。

②「受入先評価」

基 礎 編

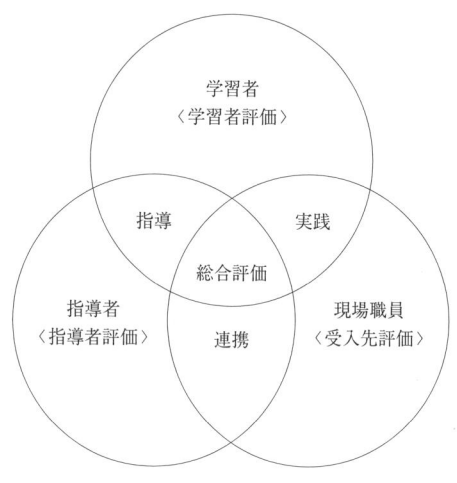

図4-3 学習評価の関係

　現場職員と指導者で作成した評価基準に準じて評価する。
③「指導者評価」
　指導者の立場で学習者の成長段階を評価する。

①＋②＋③「総合評価」
　知識・技能の理解・習得の優劣をもって学力と把握するのではなく，思考力，判断力，表現力なども含め総合的に評価する。
　ただし，評価者には，以下のような環境が考えられる。

〈学習者と指導者〉
　知識・技能の伝達を基本とするティーチングではなく，コーチングを前提とした関係であるため，絶対評価や相対評価を前提とした評価方法より柔軟性が高い。しかし，学校教育という環境のなかにある学習者と指導者には，指導する立場と指導を受ける立場が存在する。

〈学習者と現場職員〉
　学習者と現場職員の関係は，授業の一環として参加する立場と実践現場の実務者として受け入れる立場の違いがある。ただし，社会貢献活動に対する現場職員による評

表4-1　学習目標と学習評価

	基礎知識	気づき	ふりかえり	課題設定
学習者評価	×	○評価表	△意見交換	○報告
指導者評価	○試験	△観察	△教育	○総合的評価
受入先評価	×	△観察	△教育	×

○数値的評価，△非数値的評価，×評価せず

価は，系統的な学習方法が確立された実習評価と異なり，理念や行動を評価する基準が未開拓な部分がある。

〈指導者と現場職員〉

　指導者と現場職員は，学習，活動準備，活動，記録，報告，討議，反省という学習過程を協働するため，現場の職員・利用者・家族の理解と相互作用的な連携が必要となる。そこには，社会貢献型体験学習の視点として，社会貢献活動における実践力の育成と地域社会をつくっていく連携と協働という共通認識が前提となる。

(2) 学習評価の方法

　基礎福祉教育において学習評価を実践現場に求めるとき，学外の教育現場として学内外に明確な評価方法を示すことになる。ここでは，学習評価の方法として，「総合的な学習の時間」でいう個人内評価を行うことを想定した「ねらい」の達成ではなく，数値的な評価やポートフォリオ評価に焦点を絞って行うものでもない。あくまで，基礎福祉教育の独自性と実践レベルでの評価について，単位や成績として明示しなければならない環境にある場合を想定する（表4-1参照）。

〈評価者：縦軸〉

　①学習者評価
　②指導者評価
　③受入先評価

〈評価項目：横軸〉

　①基礎知識

基礎編

　②気づき
　③ふりかえり
　④課題設定

〈評価基準〉
　①数値的評価（○）
　②非数値的評価（△）
　③評価せず（×）

〈学習者評価〉

①基礎知識
　知識の取得に限定すれば学習者による評価はない。
②気づき
　指導者が設定した規定項目と学習者による任意項目からなる評価表に準じて評価する。
③ふりかえり
　自己と他者における共有・共感を基本として，数値的な評価は求めず所感として残す。
④課題設定
　個人の目標設定に応じた学習成果に対する個別の評価を導き出す。

〈指導者評価〉

①基礎知識
　学習者に対して，知識の有無を試験形式で数値的な評価を求める。
②気づき
　学習者が設定した学習課題に対して客観的な視点で評価する。
③ふりかえり
　グループにおける討議内容や発言状況を評価する。
④課題設定
　自律的な活動状況や社会的な課題の認識など総合的な評価を行う。

〈受入先評価〉

①基礎知識
　実践から学ぶ知識はあるが，予備的な学習を基本とするため評価は行わない。
②気づき

受け入れ先側として観察を中心とした評価を非数値的に評価する。
③ふりかえり
　　実践で学ぶ知識や技術の成長を集団討議のなかから変容に対する意見を評価する。
④課題設定
　　活動後の報告という形式で指導者側との連携のみである。

5　ボランティア学習の課題

連携・協働について

　日米のボランティア活動の特徴について佐々木は，日本は，体験活動を中心に個人的な満足，社会への献身的な態度を育成する利己的・啓発的な要素が強く，ボランティア大国といわれる米国は，社会貢献活動として，人の尊厳と権利を保障する担い手を育成する利他的・地域貢献的な要素が見受けられると表現している。[12] その背景には，米国で行うボランティア活動の一部は，正規のカリキュラムに組み込まれ，実利的活動として社会的に高い評価を受けるという教育的な環境の違いがある。

　このような相違を有するわが国のボランティア活動の実践においては，社会貢献型体験学習としての送り出し側と受け入れ側の互恵性を前提とした，パートナーシップを確立することが課題となる。そのとき，教育目的，教育目標，学習目標が脆弱であれば，自分とは異なるという外在化した比較価値により，「かわいそう，つらそう，さみしそう，不便そう」からくる，「気の毒，大変，同情，憐憫」，「だから私は……，何かをしてあげる，優しくしてあげる，声をかけてあげる」という，上下関係，一方通行，学習者犠牲など，恩寵・慈恵を助長する危険性が高まる。

　ボランティア活動が共に生きる社会の形成を図る一部として機能するには，受け入れ側の学習プロセスへの参画，指導方法や学習評価のあり方など，共生的，双方向的，相互学習的な協働実践プログラムが必要である。つまり，学習者と現場職員，指導者と学習者，指導者と現場職員を結ぶコーディネーターは，双方において一過性のものではなく，学校と地域社会の住民参加型の支援活動という認識が必要であり，継続的な関係を維持する役割をもつ。

基 礎 編

　保田井は，そのキーとなる住民参加について，7つの要素が必要であることを述べている[13]（図4-4参照）。

　①信頼関係をつくる
　　　真実を共有する課題に向かいその解決に共に取り組む
　②対象を理解する
　　　言語または非言語的に表現することにより課題に対峙する
　③ケアプランを立てる
　　　課題の背景にある全体像を理解し支援方針と手順を決める
　④自立を支える
　　　主体的に問題解決が図れるようにエンパワメントや自己決定を重視する
　⑤情報を伝える
　　　生活者として必要な情報や社会資源を活用する
　⑥ネットワークをつなぐ
　　　地域社会における公民の社会資源を統合的に活用する

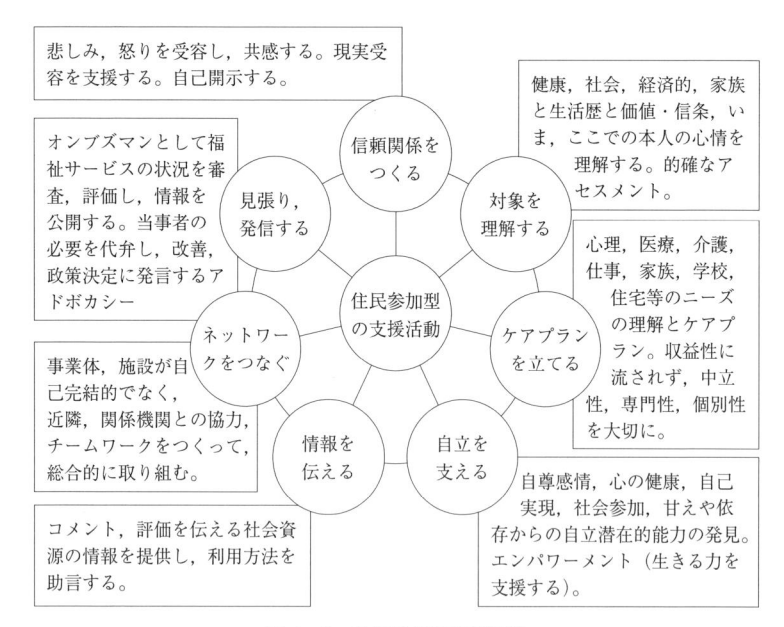

図4-4　住民参加の支援活動

出所：保田井進「住民参加の支援活動」『福祉社会を支える主体形成』ミネルヴァ書房，2002年，27頁。

⑦見張り，発言する
　サービスの質・量およびサービス提供者に対して発言する

パートナーシップ

　学校教育が行うボランティア活動は，学習者のみにかぎらず，家族，知人，友人，地域社会にも福祉観，人権意識，平和問題などが啓蒙される。また，公共の社会に「参加・参画」することにより，地域社会のコミュニティエンパワメントを高め，総体的な福祉社会の形成へと発展する可能性をもっている。大橋は[14]，これからの学校教育における学習課題として，①教員側を含む感動体験の必要性，②気づき・発見する感性の養成，③自己表現における思考訓練のあり方，④人権教育と他文化との交流，⑤社会思想的に裏づけられた博愛の精神の獲得，の5点を提示している。

　このような課題をもつ学校教育は，教育行政の地方分権化，学校の自主性・自立性の促進を図るため，地域とのパートナーシップによるボランティア情報の提供，身近な地域社会のなかでの活動，ボランティアに関する専門性の確保，継続的なボランティア活動の維持など，地域社会における「連携・協働」というキーワードを前提とした実践が鍵概念となる。特に，22の大学・短大で開設されるボランティアセンターは[15]，①情報収集提供活動，②アドバイザー活動，③マッチング活動，④学習支援活動，⑤プログラム提供活動，⑥ネットワーキング活動，⑦拠点提供活動，⑧マネジメント支援活動，⑨調査研究活動，⑩アドボカシー活動など，学校と地域とを結ぶ重要な役割を担っているといえる（表4-2参照）。

これからのボランティア学習

　ボランティア学習は，主体的・能動的に行うボランティア活動へ発展するための社会貢献型体験学習であり，学習活動に参加する者，参加を促す者，参加を受け入れる者の人間尊重と社会連帯意識の向上が期待できる。

　しかし，学校教育で実践するボランティア学習には，
　① 　小・中・高等・大学等で進められるカリキュラムの一貫性の問題
　② 　学校教育，家庭教育，社会教育の連携・協働の問題
　③ 　ボランティア学習の具体的な方法論の研究

表4-2 ボランティアセンターの活動内容

活動の分類	活動の内容
①情報収集提供活動	ボランティア活動の参加プログラム情報，活動団体や受け入れ先に関する情報，支援センターや援助財団の情報，活動の成果を高めるために必要な学習情報などを，多様なメディアを活用して提供する。
②アドバイザリー活動	活動を行いたい学生や学内サークル，ボランティアを受け入れたい人や団体・施設のために，効果的な活動方法や受け入れ方法などについて，電話や対面などで相談助言にあたる。
③マッチング活動	活動を行いたい学生等のニーズと，ボランティアを受け入れたい人や団体・施設のニーズを的確に掌握し，よりよい需給調整によって学生の力を社会に還元させる。
④学習支援活動	ボランティア活動をはじめるために必要な基礎的講座，フィールド学習，活動を高めるための技術や組織運営のためのマネジメント・トレーニング等を企画し提供する。
⑤プログラム提供活動	学生の参加のきっかけづくりや，活動領域の拡大のために，学生の個性やライフスタイルなどに合わせた，実践活動プログラムを開発し提供する。
⑥ネットワーキング活動	活動領域を同じくする学生や団体，異なる領域の学生や団体の交流と相互学習・協力を促進し，その成果を個々の学生の活動の発展に寄与する。
⑦拠点提供活動	学生のために利用しやすい拠点を整備し，事務局，会議室，資料や機材などを提供する。
⑧マネジメント支援活動	活動に参加する学生の参加意欲を満たし，活動の目的を達成し問題解決へ導くために必要な効果的な組織運営，人材活用法，会計処理，財源の開発，広報啓発などについて助言したり学習の場を提供する。
⑨調査研究活動	学生のボランティア活動の実態や社会のニーズ等を調査し，その動向を分析して，学生や関係諸機関に提供し社会に提言する。
⑩アドボカシー活動	学生が活動をとおして得た成果や問題意識を，行政や関係諸機関に政策提案したり，社会に提言したりするために必要な情報，資料などを提供するなど，ボランティア活動の成果を社会に還元するために必要な支援を行う。

出所：財団法人内外学習者センター『学習者のボランティア活動推進に関する調査研究報告書』2001年，26頁を参照に一部修正。

など多くの課題が残されている。

また，基礎福祉教育におけるボランティア活動の実践では，

① 学習方法

② 学習効果

③ 学習評価

④ リスクマネジメント

⑤　学内を含む関係機関の連携・協働体制
⑥　教科に対する位置づけ
など理論化・体系化すべき課題が山積みとなっている。

　今後のボランティアに関する研究・開発は，学習者の短期的・即時的な意識や行動の変容を測定する研究，量的・質的な分析で有意差を実証する研究も必要であるが，学習方法や学習効果を高める実践，学習評価に関する公平性・妥当性・客観性を確保する実践，気づき教育の方法論など，理論化・体系化の枠組みを構築し，共生社会の形成と個人の価値規範に準ずる地域ぐるみの福祉学習が発展することをもとめてやまない。
　　　　　　　　　　　　　　　　　　　　　　　　　　　　（立石宏昭）

　　　本稿は，日本ボランティア学習協会編『日本ボランティア学習協会研究紀要　ボランティア学習研究』（第5号）日本ボランティア学習協会，2004年，56-63頁所収の論文「ボランティア学習の評価方法に関する研究――地域社会と学校の協働を目指して」をもとに，加筆・修正したものである。

注
1）　鳥居一頼『福祉教育のキーワードと指導のポイント』大阪ボランティア協会，1999年，104-105頁
2）　「青少年の奉仕活動・体験活動の推進方法等について」は，2001年4月11日に中央教育審議会に対し諮問され審議が行われた。2002年4月18日に中間報告，同年7月29日に答申があった。
3）　長沼豊『「大学・短大におけるボランティア関連科目についての実態調査（2002年度）」報告書』学習院大学教職課程長沼研究室，2003年。全国の大学・短大1,222校の教務担当者およびボランティア関連科目の担当教員に対する調査結果（787校：回収率64.4％）によると，福祉関係学部（学科）を有する大学でボランティア学習をカリキュラムに導入しているところは53.5％である。また，短大は34.8％が開講している。なかでも，2001年度から開講した大学が43.6％，短大が23.5％を占め，高等教育機関によるボランティア学習の導入が増加していることがうかがえる。
4）　全国社会福祉協議会全国ボランティア活動振興センター『ボランティア活動年報2005年』2006年，3頁。
5）　アレックス・ディクソン『世界はいまボランティア学習の時代』JYVA日本青年奉仕協会，1995年，57頁。
6）　阪野貢編著『福祉教育の理論と実践――新たな展開をもとめて』相川書房，2000年，12頁。
7）　同上書，12頁。
8）　大橋謙策「福祉教育・ボランティア学習の理論化と体系化の課題」日本福祉教育・ボランティア学習学会機関誌編集委員会編『福祉教育・ボランティア学習の理論と体系』東洋堂企画出版，1997年，10-40頁。
9）　佐々木正道編著『大学生とボランティアに関する実証的研究』ミネルヴァ書房，2003年，

基礎編

358頁.
10) 池田幸也・長沼豊編著『ボランティア学習』清水書院,2002年,29-30頁.
11) 栗田充治「大学における事例報告」『小・中・高等学校・大学におけるボランティア学習の評価のあり方についての調査報告書』日本ボランティア学習協会,1999年,40-43頁.
12) 佐々木前掲書,267頁.
13) 保田井進『福祉社会を支える主体形成』ミネルヴァ書房,2002年,26-27頁.
14) 大橋前掲論文,10-40頁.
15) 社団法人日本青年奉仕協会（JYVA）『ボランティア白書2003——個がおりなすボランティア社会』2003年,211-214頁.東北福祉大学ボランティアセンター,桜の聖母短期大学ボランティアセンター,信州大学学生ボランティアネットワーク,特定非営利活動法人長野大学ボランティアセンター,早稲田学生ボランティアセンター,早稲田大学平山郁夫記念ボランティアセンター,明治学院大学ボランティアセンター,亜細亜大学ボランティアセンター,淑徳大学学生ボランティアセンター,淑徳短期大学ボランティア情報室,立教大学ボランティアセンター,東京工芸大学ボランティア支援センター,名古屋学院大学ボランティアセンター,龍谷ボランティア・NPO活動センター,桃山学院大学ボランティアビューロー,神戸大学総合ボランティアセンター,関西学院ヒューマンサービスセンター,西宮市大学交流センター,関西福祉大学学生ボランティアセンター,高梁学園ボランティアセンター・国際協力プラザ（吉備国際大学）,福岡教育大学ボランティア支援システム,長崎大学学生ボランティアネットワーク（2002年8月現在）.

実践編

第5章 ボランティア活動の実践

　本章は，ボランティアに関心ある人や活動を始めたいと思っている人が，活動を始めるためのボランティア情報や，自分に向いている活動や形態を探すときのポイントを紹介するとともに，活動するなかでの問題点とその克服方法，そして自分自身が楽しく生き生きと活動していくために必要な基本的なマナーを紹介している。

1　ボランティア活動を始めるには（計画）

　ボランティア活動を始めるきっかけや動機はいろいろである。ある人は小学校のクラスメートに障害をもつ人がいて，手助けをするのが当たり前で，そのままボランティア活動を意識しないままやっているという人もいる。あるいは，友人に誘われてだとか，ボランティアグループに入れば友達ができるだろうと思って活動に入ってきた人もいる。

　しかし，ボランティアに関心をもっていても，きっかけがないと参加しにくい。どうすればボランティア活動を始められるのかについて考えてみよう。

ボランティア情報

　各地のボランティアセンターやNHKなどは，インターネットでボランティア・NPO情報を市民に提供している。また，提供体同士のリンクも進んでおり，団体やグループのなかにはホームページを立ちあげたり，メールを公開しているところもある。手軽にいろいろな情報を得ることができるので，活用してほしい。

体験講座

　ボランティアセンターや多様な団体・グループが，ボランティアの養成講座やスクールを開催している。初級的なものから車いすでの介助方法，視覚障害者の手引きの仕方，日曜大工，歌体操，パソコンなどの活動内容別のもの，精神障害者・知的障害者の生活をサポートするもの，福祉関係だけでなく自然環境・国際協力・文化などの各種の分野の講座などが開催されている。趣味や特技をいかしたい，また障害のある人や高齢者，ホームレスの人などと交流したい人は，まず講座やスクールを受講してみてはどうか。「講座までは……」と躊躇する人は，一日体験や三日間体験などの体験講座が適している。夏休みや春休みに子どもたちだけでなく，社会人も対象とした体験講座が始まっている。また，ボランティアセンターや団体だけでなく，公民館や生涯学習センター，図書館などでは，ボランティア活動だけでなく多様な講座が開催されている。

　講座で学ぶなかで，いろいろな活動を理解・体験して，仲間・友人をつくり，自分にあった活動を見つけていくことができるだろう。

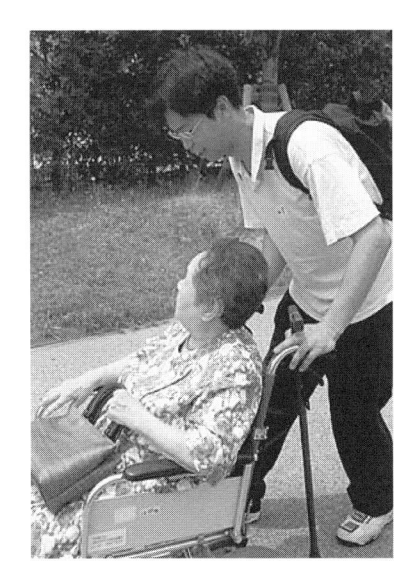

写真5-1　車いす介助　　　　写真5-2　ボランティア情報センター

実践編

ボランティアセンター

　ボランティアセンターに行くと，相談にのってくれるだけでなく，そこには，いろいろな情報やパンフレットなどが満載。ボランティアセンターはボランティア情報の宝庫といえる。

　しかし，ボランティアセンターに行って，いろいろな活動を聞いてみようと思っても，話を聞くと「断りにくい」「活動して，合わなかったら，やめにくい」「経験もないのにできるのか，自信がない」など，いろいろなプレッシャーを感じて，行きにくいとか，聞きにくいと思っている人も多い。ボランティアセンターでは，活動希望者を「援助する人」「助ける人」とはとらえず，「活動を求めている人」「協働で活動を考え，実践する人」ととらえられるようになってきた。安心して，ボランティアセンターに行ってみよう。

　また，ボランティアセンターはボランティア活動の展示場でもあるので，自分が求めている情報を探し，ほかに何かいいものはないかと見て回る，ボランティアショッピングを楽しむという気持ちで行ってみるのがいいだろう。

グループ活動

　自分たちの身近なところにはボランティアを求めている人がいるだろう。その人をみつけて活動することもできる。また，社会福祉施設や，地域にはいろいろな団体が高齢者や障害のある人，子どもたちなどのボランティア活動をしている。近隣の情報を集めてみると，自分がやってみたいと思う活動があるかもしれない。そのグループに参加して活動するのもいいだろう。ひとりで活動するのはやりにくいというときは，ボランティア活動をしたいという友人を募りグループをつくってみよう。人数は多くても10人程度までがいいだろう。自分たちの身近なところに，どのような施設や団体があるのかを調べて訪問してみよう。そして，そこに関心のあることやできることがあるのか，それを活動としていくことができるのか，その相手方（受け入れ先）と相談しながら，自分たちのボランティア活動をつくっていくということもできるだろう。また，ボランティア情報や資料は図書館や市役所，市民センターなどにもおかれるようになってきた。多様な情報があるとはいえないが，身近な公共施設で情報を得ることもできる。また，ある地域では，駅のフリーペーパー書架やコンビニエンスストアにおかれている。

第5章　ボランティア活動の実践

　以上，いろいろなボランティア活動の計画やきっかけを紹介してきたが，紹介してきたものとは違う自分の計画をもっている人もいるだろう。大事なことは，どのようなきっかけであっても一歩踏み出してみることである。そして，そこでいろいろな人や活動と出会い，ボランティア活動を楽しむことである。

2　ボランティア活動の方法（形態）

　次はどのような活動を選ぶのか，どのような方法（形態）でやるのか，また，活動する（続ける）なかで起こる問題などを考えてみよう。

活動を選ぶ

　「この活動がしたい」「この施設・団体で活動したい」と，希望や意思が明確であれば，活動はすぐ決められるが，多くの人はどのような活動をしたいのかわからない場合の方が多い。活動をしたことのない人にとっては，「何か活動したい」と思っても，その「何か」は今までの自分の生活のなかにはなかった未知なものなので，わからないのが当然だといえる。また，活動する自信がない，不安だということも当然といえる。

　そのなかで活動を選ぶのは，自分の趣味や特技を生かした活動をするのか，その活動が学びたいことにつながっているのか，また友人に誘われたとか，ボランティア仲間や依頼者などに親しみを感じた・共感したなど，何らかの理由がある場合が多い。

　そういう理由はなく，なんとなくボランティアコーディネーターに勧められたから活動を選んだという場合もあるが，その場合もコーディネーターは「この人ならこれがいいのではないか」と判断しているときが多い。

　選ぶときは自然と自分ができると思うことを選んでいる場合が多いのだが，ポイントは，「社会に役に立つことをしなければ」と大層に考えて活動を選ばない方がいい。自然に興味をもてる，また，こういうことを知りたかったというよう

93

実践編

な活動を選ぶことである。無理をすると活動は続かないし，楽しくないものになる。自分の興味や関心を起こせる（活動だけでなく，人間も含めて）・楽しめる・共感できる，このなかのひとつの理由で活動を選んでもよい。気軽に活動を選んでみよう。また，活動場所・活動時間・その活動に関わっている人たちなどの事柄も，活動を選ぶ過程で考慮していくことが大切である。

事例　ボランティア活動を通じて新しい活動や人の輪を広げたAさん

　拘置所に勤めている国家公務員の27歳の男性Aさんが，活動したいとボランティアセンターに相談にこられた。話を聞くと，転勤して大阪にきたところで，住んでいる地域には友人はおらず，職場も同年代の同僚は少なく，しかも交代勤務である。また，地方出身のAさんは方言が強く人見知りして，なかなか友人ができにくいとのこと。友人ができるボランティアグループを紹介してほしいということであった。帰られた後，相談員同士で話し合ったが，グループに紹介しても，うまくなじめるだろうかという不安がだされたものの，適当なグループを探すことになった。そんなところに，左半身が不自由なBさんから「木曜日か金曜日に入浴介助をしてくれるボランティアを紹介してほしい」という依頼があった。Bさんは営業の仕事をしているサラリーマンで，1年ほど前に，障害のあるCさんと結婚している。お風呂が好きなBさんは，毎日でもお風呂に入りたいと思っているが，妻のCさんにも障害があるので，Bさんの入浴介助ができない。日曜日と火曜日は友人が入浴介助してくれるので入浴しているが，週の後半は介助者がおらず，入浴できないとのことである。Bさんの依頼を受け，相談員がAさんに連絡したところ，Aさんの返事はやってみるということで，活動は始まった。そして3～4カ月後，Aさんがボランティアセンターを訪問されたが，Aさんの表情が生き生きと明るくなっていた。「入浴介助の後，BさんCさんご夫妻といろいろ楽しく語り合ったり，テレビをみています。時には夕食もご馳走になって……。また時には夫妻の友人がやってきて宴会になるときもあるんです。BさんCさんのサークルに入って日曜日にピクニックなんかにも参加するんですよ」と話された。AさんはBさんの入浴介助という活動をとおして，Bさん，Cさん，そしてその友人やサークルと交流し，それらの人々が自分の友人となり，自分が参加できる場所や居場所を得て，自分の世界が広がったのである。

ボランティア活動は，ひとつの活動から始まって，いろいろな人と出会い，交流し，そのつながりから新しい活動や人間関係が広がっていく。

子供会のリーダーをしていたEさんは，子どもとおとしよりとのふれあい活動を子供会でやろうと，地域の老人クラブに相談し，子どもと高齢者のふれあい会が始まった。Eさんがその会を始めようと思った動機は，今は高齢者と同居している子どもが少ないということからであった。その会を数年開催していたところ，去年は参加していた高齢者が身体が不自由になって参加できないということが何度かあり，そこで身体が不自由になった高齢者たちが，どのように暮らしているのかと気になり，訪問するようになった。そこでEさんは，高齢者の不安や淋しさ，そして家族の疲労というような問題に直面するのだが，また一方では，家族のなかに「他人」が入ることの拒否感やしんどさを感じたという。その後，Eさんは地域でふれあい食事サービスのボランティアを始めるだけでなく，友人とグループをつくって，特別養護老人ホームで週1回，ボランティアが，コーヒーを点てたり，ジュースをつくって，施設の高齢者に楽しんでもらう喫茶活動をするようになった。

▷ 事例のふりかえり

活動を選ぶということは，選んだ活動は続けていかなければならないという絶対的なものではなく，自分の生活や身体の変化，年齢を重ねていくこと，関心が変化していくことなどから，変わっていったり，広がっていったり，縮小したり，休止したりということがある。自分が共感する活動を続けていくことが，ボランティアを楽しんだり，長続きしていくことにつながっていく。

しかし，活動を選ぶ動機には「あの人に頼まれて」「勧められて」などの理由もあるが，活動を始めてからも「他人に頼まれてこの活動にしました」といつまでも言っていると，自分が選んだ活動ではなく，自分としては不本意あるいは仕方なくやっているということで，「活動を選んでいない」ということになる。

「この活動をして，よかったなぁー」と思える「時」や「事」がある活動を選びたいものである。「活動さがし」は「自分さがし」ともいえるだろう。

実践編

■ **事例　ボランティア数も活動も年々広がる小地域での福祉ボランティアグループH**

　Hグループの結成は1979年。地域内の一人暮らし高齢者への友愛訪問活動や次年には週2回夕食を配食するふれあい型食事サービスが始まった。

　H地域は大阪市内の南に位置する，ほぼ住宅が中心の小学校下を範囲とした地域で，地域のほぼ中央部に川が縦に流れている。川の西側は駅に近く戦前に開発された住宅地で，東側は戦後開発された住宅と倉庫・工場などが混在する地域。この地域で活動が始まったきっかけは1979年に大阪市社会福祉協議会の地域福祉活動モデル地域の指定を受けてからである。指定を受けたので何かしなければということになり，地域の西側は高齢者世帯が多く，一人暮らしの高齢者も多かったので地域団体の女性役員による友愛訪問を始めた。しかし，訪問される高齢者からは「気を遣うので訪問してほしくない」とか，高齢者のなかにはボランティアは無料の家政婦と勘違いをし，訪問の度にいろいろな用事をいいつけるなど，ボランティアのなかからも「必要でないのではないか」「迷惑をかけているのではないか」などの意見がでてきて活動は暗礁に乗り上げた。そこで，翌年に食事を配達することで，自然に安否確認や話し相手になれるのではないかと，友愛訪問も兼ねて高齢者食事サービス活動を始めることになった。そして，地域内でボランティアスクールを開催して，ボランティアの養成とグループづくりを進め，活動が始まった。

　その後，地域ボランティアは高齢者と接するなかでいろいろな「気づき」をしていく。一人暮らしの高齢者のなかにはお誕生日を祝ってくれる人がいない人もいる，緊急時や身体が不調なときは誰に言えばいいのかという不安をもっている人もいることなどなど……。その「気づき」のなかから以下のようないろいろな活動が生まれてきた。

　車いすの貸し出し，一人暮らし高齢者お誕生会，非常ベルの取り付け，夕涼み会や鏡開き会などの高齢者と子どもたちの交流会，文庫，友愛訪問，週2回のふれあい型食事サービス，区社会福祉協議会と特別養護老人ホームとHグループが連携した週5日昼食を配食する生活支援型食事サービス，車両をもっているボランティアによる移送サービス，支援の必要な人への介護や家事援助サービスを提供するレモンの会の発足（有償も実施），週3日朝から夕方まで開いているボラ

ンティア喫茶，地域全世帯配付のボランティア広報紙の発行，小学校3年生を毎週月曜日に受け入れ，一緒にボランティア活動をするワンダーランド活動等々……。その活動を支えている資金は，1983年に地域独自で実施した一円募金（現在の名称は「愛のふれあい募金」）で，年に約85万円が集まる。

　活動は年々拡大していっているが，これを可能にしたのがリーダーのNさんの存在である。Nさんは地域女性団体の代表で，キーパーソンとなって活動をリードしてきたが，1984年に従前の地域組織のメンバーだけでは忙しくて活動が十分できないということから，自発的なボランティアや若手の参加を得ていこうと，地域社会福祉協議会ボランティア部を結成し，町会ごとにボランティア部長を配し，部長は町会女性部長ではなく若手が就いて，近隣のボランティアによるきめこまやかな活動をそれぞれでできるようにした。また，前述した活動についても，それぞれやりたい活動を選択できるようにして，ボランティア部のなかに活動ごとの委員会を設け，その活動についてはその委員会で決定するなど，機能的に動けるように組織改変した。ボランティア数は当初の15人から現在は150人を超えている。その半数以上は地域組織で活動していなかった人たちで，なかには働いていて地域のことはまったく知らない人が定年退職後に活動を始めたという人もいる。年齢も20歳代から70歳代という幅の広さである。

　また，このなかでユニークなのは在宅高齢者・障害者への支援活動をしている「レモンの会」である。この会は，食事の配達をしていて倒れている高齢者がいたが，夕方の時間帯でもあり，若いボランティアは子どもが学校から帰ってくるなど忙しく，十分な対応ができなかったという事件があり，そのようなときに対応できる，時間的に少しゆとりのある60歳以上の人たちの会である。この「レモンの会」ができて，活動は通院介助や外出介助，家事援助，介護など，支援を求めている個人のニーズに対応できるようになるとともに介護保険サービスや社会福祉施設・病院・制度サービスにもボランティアが繋いでいくなど，個別性や福祉性の高い活動が実践されることになった。また，お誕生会の食事づくりなど，Hグループで実施している活動の縁の下の力もち的な役割を果たすグループとなっているとともに，レモンの会は，60歳以上の人たちがボランティア活動を通じて，今までの人生で培われたいろいろな経験や知恵を活かす「場」となっている。

実 践 編

▷ 事例のふりかえり

　以上，Hグループの事例を通して，リーダーの資質や運営の工夫などを報告してきたが，グループ運営の問題は，グループが安定期を迎えるころから，グループの硬直化や縦型組織への変化が始まるといってもいいだろう。この硬直化を防ぐための方策は，まずグループが開放的であるということと，民主的な運営ということである。この2点が確保されていなければ新しいメンバーの確保は難しい。なぜかというと，新しいメンバーは，ボランティア活動は上下関係や肩書きのない世界と思って入ってくる。しかし，言われたことだけをやってくれということになると，自分をいかしたいという思いが実現できない。新しいメンバーが入ってこないということは，年月を経ると必然的に高齢化をむかえるということである。

　一方，グループの開放はできても，民主的な運営はどのようにすべきなのか。小人数のグループであれば，これは心がければすぐ可能となる。しかし，30人以上の中・大グループとなると，全員の意見を聞いていると何も決まらない。それらの中・大グループで運営をうまくやっていこうとすると，役割や活動ごとの小人数のグループ分けが必要となる。そしてその小グループにその部分を責任をもってまかしていくことで，やりがいが生まれてくる。しかし，個々ばらばらになるのではないかという懸念もある。これらの小グループを繋ぐ，調整するコーディネーターの役割をするボランティアやその担当部署が必要となる。Hグループには総務という部署があり，ここには各委員会のリーダーと町会ボランティア部長（兼任者も多い）が所属し，大きな事業や，ボランティアスクールの企画，総会，活動の課題などを話し合い，全体的な取り組みを検討し決定している。

　個人・グループ活動

　活動方法としては，大きく分けると個人で活動することと，グループで活動するということに分けられる。それぞれの活動方法と問題点などについて考えてみよう。

1．個人で活動する場合

　ひとりだけで活動するというのは，やりたい活動や活動時間など自分の自由に

やっていて，気遣いすることもなく，良いように思われるが，活動の選択・決定・継続などに課題がある。

　また個人で活動していると，活動日に急に用事ができて行けなくなり，相手に迷惑をかけてしまったり，相手との信頼関係をどうつくっていくのか悩んだり，信頼関係ができて反対に頼られすぎて困ったり，活動するたびにお土産を渡されたり，反対にボランティアは何でもやってくれる人だといろいろな用事をいいつけられたりと，すべての問題やリスクをひとりが受け止めなければならない。問題が起こったときは本当に大変である。個人で活動する場合は，ボランティアセンターやコーディネーターを介してやっていく方が望ましいこともあるだろう。それを介しないのであれば，問題が起こったときのサポーター，調整者が必要。必ず相談できる人を見つけよう。自分自身のネットワークやブレーンをつくっていくことが大事である。

2．グループで活動する場合

　グループで活動するということは，メンバーが共有できるものがある，活動やメンバーのためにグループでやる必要性があるからグループで活動するといえる。たとえば，「自然環境保全の活動がしたい」「音楽を通した活動がしたい」「手話の活動がしたい」というような「活動」の共有，「子どもの活動を」「高齢者の……」「障害者の……」「外国の人の……」というような共有，「〇〇地域で……」「〇〇学校生徒の……」というように「所属」の共有という，「共有」がある。また活動を分担できる，交代できる，多様に対応できる，メンバー同士で補完できる，相談できる，活動を大きくできるというように，複数のボランティアが必要という場合や複数いることで活動がよりよくなっていくと思われる場合に，多くはグループで活動するという方法がとられる。

　しかし，グループとなると，個人で活動しているときとは異なる問題が起こってくる。複数のボランティアが一緒に活動するのだから，個人の資質・性格，グループ内の人間関係などの問題はでてくる。それだけでなく，グループとして必ず考えていかなければならないことは，リーダーの役割や資質，メンバーの高齢化なども含めたグループの硬直化，そしてグループを運営していくための諸課題（活動費・活動拠点・活動方法・活動上の約束など）がある。これらの問題は，活動年

数が長いグループの多くがもっている問題である。

　まず，いろいろな課題はあるが，個人や人間関係のことはボランティアだけの問題ではないのでここではふれず，諸課題について考えてみよう。

　活動費についてであるが，本来ボランティア活動は「手弁当で」という性格のものであり，メンバーの会費で運営することが原則である。また，相手側の希望による活動の費用は相手側に負担してもらうこともあるだろう。その他，特別な事業を実施したいときには，事業内容にもよるが，共同募金や社会福祉協議会，民間の基金に助成金の申請をするなどの方法がある。活動拠点については，ボランティアメンバーの自宅やボランティアセンターのグループ室を利用する（ボランティアセンターでは部屋だけでなく，活動に必要な資機材の貸し出しもできるところがある。地元のボランティアセンターに問い合わせを）。活動方法・活動上の約束などについては，後で記するマナーを参考にして，メンバー同士が話し合い，理解を進めながら合意していくことが大切である。

　次に，リーダーの役割・資質，グループに新しい活動者が加入しない，ボランティアの平均年齢が高くなっているなどについてであるが，グループのなかには，70歳代から80歳代の人ばかりというグループもある。それらのグループの代表者等から寄せられる相談には，「若い人が入ってこない」「若い人は入ってきてもすぐに辞めていく」「若い人は辛抱が足りない」「若い人は自分のやりたいことしかやらない」等，いろいろな愚痴や苦言も含めたものが多くある。そしてグループがこれからどうなるのかという心配を話される。これらの問題はリーダーとしての役割・資質にもふれる問題である。この問題を以下の事例を通して考えてみよう。

活動の問題点

　活動を始めると，いろいろな問題に直面することがある。

　活動内容に問題がある場合，活動の形態や方法に問題がある場合，活動相手（依頼者）に問題がある場合，ボランティア自身に問題がある場合，活動環境や社会的に問題がある場合などいろいろ問題は起こってくる。これらのなかから，活動相手・ボランティア自身という個人的なものや活動方法・環境等については他章でのべられているので，ここでは活動する（続ける）ための問題点について考

第5章 ボランティア活動の実践

えてみよう。

1．「活動内容」に問題がある場合

　活動内容は，そこに課題や必要性があって，その内容となっているものであるが，それらは変化することもある。

　文芸小説をテープで聞きたいという視覚障害の人たちのニーズに応えて，音訳・朗読テープづくりをしてきたKグループのリーダーが「最近，依頼がなくて，どうなっているんでしょう」と相談にこられた。そこで視覚障害者情報センターや図書館等に問い合わせると，有名な俳優たちによる文芸小説の朗読テープが市販されていて，視覚障害者情報センターや図書館等にも設置している。ボランティアのテープは必要なくなってきているとのこと。そして，それらのテープが市販されるようになってきたのは，本を読みにくくなった高齢者が朗読テープを希望するようになり，需要が大きくなると採算が取れるようになり，企業が朗読テープを売り出すようになってきたからだという。

　そこで，リーダーと相談し視覚障害者との話し合いをしたところ，「文芸小説のテープはいらないが，『この本を……』という少数の人たちが希望する本のテープは売り出されていない，個人の依頼に応えてほしい」，また，「行政や警察・消防署・学校・地域団体などからのいろいろな情報や連絡が日々あるが，それらの情報はすぐに知っておく必要性が高いのだが，それらの情報・連絡を得るのに苦労している，必要時に対面朗読してほしい」というような要望であった。Kグループでは，それらの要望に応え，その後は対面朗読を中心に活動していくことになった。

　活動が，本当にニーズや要望にあったものなのか，相手が望んでいることをキャッチできる心遣いや柔軟さをもつとともに，社会の動向にも目を向けていくことが大事である。

2．活動へののめり込みと燃え尽き症状について

　一生懸命に活動しているボランティアほど，活動にのめり込んでいき，課題や問題をひとりで抱え込み，どうしようもなくなって，ボランティアをやめていく場合がある。あるいは，目標に向かってがむしゃらに突き進んでいたボランティ

実践編

アが,その目標を達成すると,「やる気」が失せて,やめていく場合がある。これらのボランティアの多くはリーダー的な立場の人で,しかもひとりで活動を引っぱっている人が多い。「自分しかできない」「自分がやらなければ進まない」という使命感が原動力となっているのだが,何かの障害や目標（自分の）に達すると,投げ出すことになるわけである。これをよく「燃え尽きる」などというが,この状態を防ぐには,ひとりの人にすべての責任が集中するのではなく,リーダーの複数化や役割を分担すること,そしてひとりで頑張っている人には,一緒に活動する仲間をつくることが大事。また,活動については,いつもせっぱつまった悲壮感が漂っているよう雰囲気から,「楽しく活動する」という要素を入れていくことが大切。たまには活動から離れて,ボランティア同士の懇親会（時には,おいしい食べ物や景色のいい所で……）を開催するなどの「遊び」をいれていくことが,「気持ちのゆとり」を生み出す。そして「ゆとり」は余力となって活動を豊かにしていく。

　また,ボランティアには協力してくれるサポーターやブレーンが必要。ボランティアは主体的に活動をしているが,ボランティア自身が学びながら活動を進めていくことが大切で,相談したいときにすぐ相談できる専門家や関係機関・施設をサポーターやブレーンとしてもっていることは,活動をやりやすくし,次の展開を図りやすくする。それは,燃え尽きることやマンネリになることを防ぐとともに,視野が広くなることにつながっていく。

3　基本的なマナー

　活動相手（依頼者）とのよりよい関係がなければ活動も活きてこないし,ボランティアも「やりがい」や「共感」も感じられない。そのような状態が続くと,活動は苦痛になってくる。活動や活動相手に対する意識（無意識）を見つめなおし,活動の基本的なマナーを理解し実践しよう。

　ボランティアのなかには「してあげている」という意識の人がいる。そんな人は「来てほしくない」「活動をしてほしくない」というのが活動相手の本音である。また,この裏返しのように「活動させていただいています」という人がいる。

これは謙虚な姿勢ととらえられがちであるが、ボランティアと相手は対等の関係であるということにまだ気づいておらず、相手からは厳しい目でみられている場合が多い。ボランティア活動の原則は「人権の尊重」であり、ボランティアはその原則から学んでいかなければならない。

　また、相手のことを考えず自分の考え方ややり方を押し付ける人もいる。「私はそうではない、押し付けていない」と思って善意でやっている（言っている）ことが、相手を傷つけていることもある。相手の話や言いたいことをきかず、自慢話や家族や職場の話など自分のことばかりを話す人もいる。ボランティア活動には積極性が求められるが、謙虚さも必要である。ボランティアは活動の主体者であるが、相手にとっては、ボランティアは協力者であり脇役である。ボランティアも活動相手も、それぞれが主人公であることを理解し、謙虚になり、相手に合わせていく、その姿勢が信頼を育てていく。

　次に、基本的なマナーをあげてみる。

① 約束や時間を守る——これは基本の基本である。約束や時間を守ってこそ信頼をかちえて、活動もやりやすく、また楽しくなってくる。
② 活動にけじめをつける——けじめをつけて活動することが大切である。また、けじめをつけることで客観的な視点も生まれる。
③ 記録をつけ、活動の評価をする——活動を客観的にみてふりかえることが大事である。そのなかで自らの活動、そしてグループでの活動が評価できる。そのなかで、課題や新しい活動が見えてくる。
④ 学習する——学習することで一人よがりな活動が防げられ、活動の質が高まり、自らの成長が助けられる。
⑤ 家族や職場の理解を得て活動する——周りの理解があって活動は続けていける。社会にボランティアの理解を呼びかけていく第一歩が家族や職場である。
⑥ 相手の秘密を守り、相手が何を求めているかを知ろう——活動をとおして知る秘密は、必要なこと意外は決して他言してはならない。秘密を守ることが信頼につながり、実りある活動になっていく。

　ボランティア活動を続けていくためには、相手に対する気遣いや、自分自身の生活との調整など、いろいろ努力や学びが大事であり、以上のことを心がけて楽しく活動を始めてみよう。

(竹村安子)

第6章 地域分野のボランティア活動

今日,地域におけるボランティア活動は,さまざまな取り組みが展開されている。ここでは2つの事例をあげている。ひとつは,住民に身近な地域の社会福祉協議会(以下,「社協」という)を中心に展開されている「ふれあい・いきいきサロン」の住民の活動事例であり,もうひとつは,住民参画の必要かつ重要性がいわれている「福祉のまちづくり」計画のための委員会活動の事例である。

事例1 「ふれあい・いきいきサロン」の活動

フェイス・シート

(1) 活動の対象

   A市Z地区に暮らす人々およびこの活動に関心ある人

(2) 活動する上でのキーワード

   住民主体,連携・協働,住民組織活動

(3) 活動のねらい

   Z地区の住民が主体的かつ組織的に連携と協働を図り,地域に暮らす高齢者などを対象に,趣味やレクリエーション,会食などの楽しい交流活動をとおして,心豊かで安らぎと潤いのある幸せな人生や生活を送る一助とすることを目的としている。

(4) 活動の日時または期間

   8月20日と9月20日の敬老の日

(5) 活動の場所

   Z地区にある地域福祉センター

(6) 活動した人・グループと人数

   Z地区の高齢者12人,保育園児12人と保育士3人,Z地区社会福祉協議会(地区社協)の住民ボランティアのメンバー13人,A市社協1人,計41人

(7) 活動の内容

　この事例は，A市社協によって推進されている「ふれあい・いきいきサロン」活動の一環として，Z地区社協のボランティアが「やすらぎ会」という名称で，9月20日の敬老の日を開催日として，地域に暮らす高齢者と保育園児を対象に楽しい交流活動に取り組んだ内容である。この活動では，地区社協の住民ボランティアが主体的かつ組織的に，趣味，会食，レクリエーションなどのプログラム展開に取り組み，参加者が互いに心温かいふれあい交流の一時を過ごした。

(8) 活動の準備・方法・展開

① 準備：Z地区「やすらぎ会」活動の実施に向けて，その内容を意義あるものにするため，活動月の前月に地区社協のボランティアが集い，次回の活動の全体的な内容を検討し，プログラムづくりを行う。その具体的なプログラム内容は，参加者のニーズを聴くことから始められ，そのニーズに応じて，公私の関係者や実践現場で活躍している専門家の意見を聴きながら作成される。大切なことは，参加者が楽しく気軽に参加できるように考慮されていることである。

② 方法：プログラムを作成し実施される。そのプログラムの内容は，前述の①準備で述べた内容について意図的かつ臨機応変で適正な関わりをもつことである。

③ 展開：準備段階から進められるプログラムによって具体的に展開される。参加者は，このプログラム活動の交流に参加することによって，心に張りを得て安心感や生きがいづくりにもつながっているとのことである。さらに，趣味活動や会食，レクリエーションなどのプログラム展開と専門的な関わりにより，参加者と参加者とのつながりを深め友人関係の形成の機会にもなり，そこに集まる同じ仲間として，その仲間への関心がもたれ，温かい心の通い合う人間関係をみることができるのである。

(9) ふりかえりの方法

　ボランティア活動を行う人たちとボランティア活動を受けた人たちが，この会を開催した後にその活動の反省や総合的な評価を行い，その活動の課題への気づきや発見から次に継続する活動をより有効に展開するための道標と

実践編

する。

地域分野のボランティア活動の事例

　この事例は，Ａ市社協によって推進されている「ふれあい・いきいきサロン」活動の一環として，Ｚ地区社協においてＺ地区「やすらぎ会」という活動名で住民ボランティアが主体的かつ組織的に地域に暮らす高齢者を対象に，趣味，会食，レクリエーションなど，９月20日の敬老の日の楽しい交流活動に取り組んだ事例である。

　この活動は，趣味，会食，レクリエーションなどを通して，高齢者が心豊かで安らぎと潤いのある幸せな人生や生活を送るための一助とすることを目的に，４つの部会構成（総務部会，調理部会，レクリエーション部会，送迎部会）により展開されている。

　この活動展開にあたっては，まず，その内容を意義あるものにするため，８月20日に地域福祉センターに集まって，９月20日の敬老の日のプログラムづくりが行われた。このプログラムづくりの参加メンバーは，当事者（出席が可能な者），地域ボランティア（地区社協のメンバー）で各部会の担当者，市社協の地域福祉活動専門員やボランティアセンターのボランティアコーディネーター，民生委員，福祉事務所の高齢者福祉の担当者と保健師，栄養士などである。このプログラムづくりでは，活動の全体的な催事と４部会の取り組み内容をそれぞれ検討した。その各部会が担当する内容は次のとおりである。総務部会は，参加対象となる高齢者への案内と参加者の人数把握，会計処理，会場の確保，メンバーの役割分担，他の部会に属さない内容に関することなどである。調理部会は，会食メニューの検討，食材の購入計画，調理担当者などに関することである。レクリエーション部会は，趣味活動の内容，会食後のレクリエーション，趣味活動とレクリエーションの展開方法およびその流れならびにその関わり方などである。送迎部会は，送迎に関することである。こうした各部会の内容について協議を行い，具体的なプログラム内容を作成し，活動の有効展開を目指す取り組みである。

　このプログラムづくりでは，まず，主たる参加者である高齢者のニーズを聴き，そのニーズに応じて，Ａ市社協の地域福祉活動専門員やボランティアセンターのボランティアコーディネーター，行政からＡ市福祉事務所の高齢者福祉の担

当職員や保健師，栄養士など専門家の意見を聴きながら，地域のボランティアが主体性をもって，高齢者の参加を促し，楽しく過ごせるようなプログラムづくりが心掛けられた。プログラム作成の話し合いは，約3時間熱心に行われ決定した。このプログラムが決定すれば，各部会の世話役からメンバーに伝えられ，各部会の有機的な連携と協働により活動の本番を迎えるのである。

　この度の活動のプログラムは，参加される高齢者のニーズもあり，また，9月20日の敬老の日に合わせて，近くの保育園に通う地元の子どもたちを呼んで高齢者との世代間交流をするということとなった。今回，参加する高齢者は12人で，保育園から園児12人と引率の保育士3人，地域ボランティア13人の参加と市社協からボランティアコーディネーター1人の参加が決まった。ボランティアコーディネーターはレクリエーション・インストラクターの資格があり，レクリエーション活動の支援をも担うことになった。

　9月20日，敬老の日を迎えた。ボランティアは，地域福祉センターへ午前9時に集合し，各部会ごとにボランティアや参加者の人数とそれぞれの役割分担が確認され，地域のボランティアがそれぞれの役割分担に基づいて行動を開始した。この会では，メンバーの役割分担が各部会で共有化され，会場で調理の準備を進める者，送迎を行う者，会場設営を行う者など，ボランティアであるメンバー全員が効率よい催事の運営を可能ならしめるよう話し合いながら，その方法内容について意図的かつ臨機応変で柔軟な関わりをもつよう工夫している。参加する高齢者12人の内，9人が送迎を希望し，送迎はボランティア3人で行った。10時過ぎごろから，参加者はセンターに来場され，10時30分の会の開始までには，参加者全員が集った。

　今回計画したプログラムの内容は，午前中，高齢者と園児の参加者がたまたま同数であるので，それぞれ高齢者と園児が2人1組になって，手遊びと指遊び，よく知られた童謡を合唱，おじいちゃん・おばあちゃんとお話ししよう！というおしゃべり会であり，その後，昼食時間で，みんなで一緒に楽しいお食事（会食）会をし，食後は，みんなで食器の片づけを行う。午後は，ボランティアも交え4つのグループを結成し，風船回しゲームやジェスチャー・ゲームなどのレクリエーションを行い，終わりの会では，互いに手作り品を持ち寄りプレゼント交換を行った。会の終わりに全員で記念写真を撮るという流れで実施したのである。

実践編

　高齢者を送るときは、園児や参加者、ボランティア全員で高齢者に手を振りながら「また会おうね」の声を掛け、見送った。
　参加した園児たちのほとんどが、普段、高齢者と接する機会が少なく、高齢者もまた園児のような子どもと接する機会がない状況であり、相互に、盛り上がり楽しい会となった。その会には、保育士や地域ボランティアも参加し、一緒になって和やかな雰囲気づくりをしたのである。参加した高齢者からは、「この会は楽しみで開催日が待ち遠しい」とか、「この会に来ることが生きがい」、「家では孤独で寂しいときもあるが、この会に来れば友達にも会える」などの声が聞かれたのである。お別れのときには、涙を流す高齢者もおられ、このような会を、是非ともまた開いてほしい、との声が多く聞かれたのである。
　高齢者は、このプログラム活動の交流に参加することによって、心に張りを得て安心感や生きがいづくりにもつながっているとのことである。さらに、レクリエーションや会食のプログラム展開と専門的な関わりにより、参加者と参加者、あるいは参加者とボランティアとのつながりを深め、友達づくりなどの機会にもなり、そこに集まる同じ仲間として、その仲間への関心がもたれ、温かい心の通い合う人間関係をみることができるのである。

事例の理解を深めるために

(1) 「ふれあい・いきいきサロン」活動——全国社会福祉協議会『「ふれあい・いきいきサロン」のすすめ』平成9年——より
　この活動は、地域を拠点に、住民である当事者とボランティアとが協働で企画をし、内容を決め、運営していく楽しい仲間づくりの活動である。その対象は、その地域の住民すべてである。
　この活動のイメージとして、次の6項目が掲げられている。
　①楽しく
　　その地域の特性を生かし、参加者にマッチした楽しい場とする。グループの活動や食事もでき、福祉、医療、保健関係者も住民として参加する場である。
　②気軽に
　　参加しやすい雰囲気をつくり、参加者の出入りは自由でオープンにする。
　③無理なく

開催頻度は，月1回〜週1回で，会則や運営委員会の必要性は柔軟であり，ゆるやかに集まり，つながりをもつことを重要視している。

④ボランティア活動の場でもある

　住民がいきいきと活動できる機会とし，当事者も専門家も対等の立場で参加し，共にすすめ支え合うという関係である。

⑤参加者のなかにキーパーソンがいる

　住民である当事者やボランティアが協働して参加する場であり，そのなかに活動のキーパーソンがいる。

⑥社協がコーディネートする

　社協は地域の実情に応じた必要なコーディネートと，打合せ会，学習会，相談援助等の支援活動を行い，住民自らが地域への関心を高め，「できること」と「できないこと」を整理し，住民が責任をもって活動を展開でき得るよう必要な関わりをもつ。

(2) 社会福祉協議会について——「新・社会福祉協議会基本要項」1992年——

①性格

　ア．その地域における住民組織と公私の社会福祉事業関係者等により構成されている。

　イ．住民主体の理念に基づき，その地域の福祉課題を発見し，その課題解決に取り組み，誰もが安心して暮らすことのできる地域福祉の実現を目指している。

　ウ．住民の福祉活動の組織化や社会福祉を目的とする事業の連絡調整およびその事業の企画・実施などを行う。

　エ．市区町村，都道府県・指定都市，全国を結ぶ公共性と自主性を有する民間組織である。

②組織

　組織は，「市区町村」，「政令指定都市」，「都道府県」，「全国」とあり，なお，「国際」組織もみられる。

③法的位置付け（社会福祉法）

　第10章　地域福祉の推進　第2節　社会福祉協議会

　第109条「市町村社会福祉協議会及び地区社会福祉協議会」と

第110条「都道府県社会福祉協議会」が規定されている。
④事業
　市町村社会福祉協議会及び地区社会福祉協議会の地域福祉の推進を図るため，次の事業が掲げられている。(社会福祉法)
　　ア．社会福祉を目的とする事業の企画及び実施
　　イ．社会福祉に関する活動への住民の参加のための援助
　　ウ．社会福祉を目的とする事業に関する調査，普及，宣伝，連絡，調整及び助成
　　エ．社会福祉を目的とする事業の健全な発達を図るために必要な事業
⑤活動の原則
　次の5つの活動原則をふまえ，地域の特性を生かした活動をすすめる。
　　ア．住民ニーズ基本の原則
　　　　広く住民の生活実態・福祉課題等の把握に努め，そのニーズに立脚した活動をすすめる。
　　イ．住民活動主体の原則
　　　　住民の地域福祉への関心を高め，その自主的な取り組みを基礎とした活動をすすめる。
　　ウ．民間性の原則
　　　　民間組織としての特性を生かし，住民ニーズ，地域の福祉課題に対応して，開拓性・即応性・柔軟性を発揮した活動をすすめる。
　　エ．公私協働の原則
　　　　公私の社会福祉および保健・医療，教育，労働等の関係機関・団体，住民等の協働と役割分担により，計画的かつ総合的に活動をすすめる。
　　オ．専門性の原則
　　　　地域福祉の推進組織として，組織化，調査，計画等に関する専門性を発揮した活動をすすめる。
⑥機能
　地域福祉推進の中核組織として，次の機能を発揮する。
　　ア．住民ニーズ・福祉課題の明確化および住民活動の推進機能
　　イ．公私社会福祉事業等の組織化・連絡調整機能

ウ．福祉活動・事業の企画および実施機能
エ．調査研究・開発機能
オ．計画策定，提言・改善運動機能
カ．広報・啓発機能
キ．福祉活動・事業の支援機能

(3) 地区社会福祉協議会（地区社協）

　地区社協は，住民の主体的な福祉活動の組織化・支援をすすめる方策として，人口・面積等の条件をふまえて，より住民に身近な地域を単位に活動の基盤組織として設置されるものである。また，必要に応じて，民生委員・児童委員と協力して，より細かなネットワーク活動を実施するために，「福祉委員」の配置等地域福祉活動の推進者・協力者の制度を設けることも考えられる。

　地区社協の活動として，まず第1に，地域の福祉課題の解決にあたって，住民による助け合い・交流の機能を生かしたサービスの企画・実施についての取り組みがある。具体的には，小地域単位の住民相互の見守り・助け合いシステム，各種相談事業，ふれあい型食事サービス，住民参加型ホームヘルプサービス等が考えられる。

　市町村内のある限られた地区（たとえば，小学校区や地区の町名単位の区域など）において，その地区に住んでいる人たちによって組織構成され，その住民が主体的にその地区の福祉活動を企画し，実践し，評価などを行う組織である。その目的は，その地区に住んでいる人たちが心豊かで安らぎと潤いのある幸せな人生や生活を送れるよう，住民自らが地域連帯を築き，組織的に地域に存在するさまざまな生活福祉問題を発見するとともに，その問題解決に取り組むこととしている。

(4) 地域福祉センター

　1990年の厚生省（現，厚生労働省）社会局長通知による「地域福祉センターの設置運営について」で，地域における福祉活動の拠点として制度化された。その目的は，地域住民の福祉の増進および福祉意識の高揚を図ることにある。ここでは，住民の福祉ニーズに応じた各種相談，入浴や給食等の福祉サービス，機能回復訓練，創作的活動，ボランティアの養成や活動の場の提供，福祉情報の提供等を総合的に実施している。

(5) 福祉活動専門員

1966年度から市区町村社協に設置されている職員であり，その職務は，市区町村区域における民間社会福祉活動の推進方策について調査，企画および連絡調整を行うとともに広報などの実践活動の推進に従事することとされている。

(6) ボランティアセンター

ボランティア活動の推進や支援を担う機関であり，多くは社協に設置されているが，ボランティア協会，善意銀行，企業，施設，大学，近年は，行政機関などにも設置されるようになった。このセンターの役割は，ボランティアに関する相談・援助，連絡調整，情報提供，研修，広報・啓発，活動基盤の整備などであるが，NPOの推進により市民活動支援も期待される。

(7) ボランティアコーディネーター

ボランティア活動に関するニーズとサービスの連絡調整，ボランティア登録，ボランティアやその組織の紹介および派遣，ボランティア組織化への助言，ボランティア支援制度の紹介など，ボランティア活動推進に関する業務を行う。ボランティア活動を推進する中核組織や団体などに設置される。

(8) レクリエーション・インストラクター

財団法人日本レクリエーション協会の公認資格であり，余暇やレクリエーションに関する理論と実技の基本的な学習を積み，コミュニケーション・ワークの援助を通して活動する18歳以上の人である。

(9) 福祉事務所

社会福祉法に規定されている社会福祉行政の第一線機関であり，その業務内容は，設置主体により若干異なるが，福祉六法に規定されている援護，育成，または更生の措置に関する業務を行い，都道府県と市は，おおむね人口10万人を単位としてこの事務所を設置しなければならないことになっており，町村は，任意設置となっている。

(10) 民生委員

1948年の民生委員法により，市町村に配置されている民間奉仕者であり，都道府県知事の推薦により厚生労働大臣が委嘱する。その任務は，常に住民の立場にたって相談に応じ，必要な援助を行う地域福祉の担い手として位置づけられている。任期は3年で児童福祉法による児童委員を兼務する。

(11) 保育士

保育所，児童養護施設，知的障害児施設などの児童福祉施設において，児童の保育や指導にあたる資格職員である。

⑿　栄養士

1947年の栄養士法により制度化され，有資格者は，病院，学校，保健所等で栄養の指導に従事している。

活動の実践展開

　この事例の「やすらぎ会」の目的は，地域の人々がその地域に暮らす高齢者と交え，趣味やレクリエーション，会食などの活動を通して，心豊かで安らぎと潤いのある幸せな人生や生活を送る一助とすることにある。A市Z地区にも，独居，夫婦2人，痴呆などさまざまな高齢者の暮らしがみられ，こうした目的で開催される活動は，高齢者の生活にとって必要かつ有意義である。この活動は，いわゆる，小地域に暮らす高齢者を対象にした住民主体の福祉活動のひとつであるが，この事例のように，高齢者の生きがいや友達づくりにつながり，地域の人々とふれあいのある楽しい活動の機会を企画し，実施することは重要である。このような活動の場があれば，高齢者がこの会に参加し，人々と話し合ったり，楽しい一時を過ごすなかで，一人暮らしの孤独感や悩みごとなども解消される。また，食事は日常の生活のなかでも一番の楽しみとされ，参加者との会食も大きな意義をもっている。

　この「やすらぎ会」の活動内容については，3カ月に1回，参加する関係者全員を対象にアンケート調査が実施される。最近のその調査結果をみてみると，参加している人たちの多くからは，その会合が「とても楽しみである」という結果がでている。また，この「やすらぎ会」の実施回数が月2回というのは，高齢者が義理を感じることなく会合への出席を可能とするという観点であり，それは会合を楽しみにすることのできる頻度ということである。こうした会合は回数を増やしても，参加者が義理で行かなければ悪いという気持ちになれば，かえって参加者の心に負担をかけることになり，ボランティアの負担にもつながり，会合の意義は薄れることになるのである。また，会合の活動プログラムづくりについては，地区社協のボランティアのメンバーが月1回，翌月の活動内容について打合せ会を開催し，そこで実施に向けて大いに検討されるのである。その打合せ会に

実 践 編

は，参加する高齢者を含め，市社協や行政などからの専門家も参加し，地域ボランティアによる活動内容の魅力あるプログラムづくりとその有効性が図られる。これらのことが，この会の特徴でもあり，高齢者の参加への動機づけにもつながっている。さらに，参加する高齢者の意見やニーズを聴くことは，新しい活動プログラムの開発にもつながっているし，「やすらぎ会」の反省や評価の場ともなっている。

　この活動の場は，身近にある地域福祉センターであり，日ごろから高齢者や地域のさまざまな人たちやボランティアが，気軽に集う場所でもある。この地域福祉センターには，ボランティアセンターがあり，そこでボランティアの自由な交流をとおして，他のボランティア活動の人たちとも話し合いをもち，ボランティア活動の情報交換の機会となっている。この機会が，他のボランティアからも「やすらぎ会」への関心を高めることにもなっている。こうして，他のボランティアからも地域の高齢者に「やすらぎ会」の活動が紹介されている。「やすらぎ会」の内容は，みんなで語り合い，活動プログラムをつくり，レクリエーションや会食などを楽しむものとなっている。

　この会に参加する高齢者は，交流に参加することによって，心に張りを得て安心感や生きがいづくりにもつながっているとのことである。さらに，レクリエーションや会食などにより，参加者と参加者とのつながりを深めることにもなっている。そこに集まる同じ仲間として，その仲間への関心がもたれるのである。

　一人暮らしの孤独は，個人の感受性によって多少異なるが，人間の本来もっている相互依存性を考えれば，孤独で寂しいという問題にははかり知れないものがある。一人暮らし高齢者の生活実態は，この事例のように，一人ひとりの高齢者と接して初めて知り得ることである。その交流会へ出席できない人がいても，日ごろから，互いに連絡をとり合い，会話しているので誰かがその理由を知っているという状況がある。地域のなかで，高齢者が，たとえ一人暮らしであっても，必ず地域の誰かが見ていてくれる，また，何かあったときには互いに手を差しのべられるという態勢は，生活する者にとって大変心強いことである。地域生活のなかで，日ごろから，住民相互の心温かい人間関係を築き合うことが大切である。この事例のように，心安らぐネットワークが，ボランティアによる「やすらぎ会」の活動をとおして自然の形で生まれ，成り立っていることは住みよい，すば

らしい地域といえよう。

活動の課題

　活動の課題としては，参加する高齢者とボランティアがほぼ定まっており，参加する高齢者とボランティアの幅を広げるということも大切である。とりわけ，在宅で生活されている高齢者で引きこもりや閉じこもりの人に，「やすらぎ会」に参加して楽しむことをどのように理解してもらうかである。単なる，広報や啓発が一方的になりやすい傾向にあり，そのあり方が問われるところである。

　また，今回のように保育園児の参加も加われば，この会の理解を得たり，連絡調整もしっかりと取らなければならない。

　さらに，活動の費用について，活動費は行政と市社協から合わせて全額助成されているが，地域で長期的な活動計画を立て，また同時に，その活動費についても継続し安定した活動展開ができるようにその確保が大切である。財源の確保は経済の低迷により，難しい課題となっているが，地域の多くの人たちの英知を結集し大きな力でもって，その解決につなげていくことを期待したい。

　地域で一人暮らしや痴呆の在宅高齢者を対象にした福祉サービスの必要性かつ重要性がますます高まってきている。一方では，その当事者の組織化やその家族支援も必要である。ここに述べた事例のように，当事者である高齢者の参加も得て，そのニーズや意見などをふまえ，いかにボランティア活動を生かしたプログラムづくりをするかが大きな課題となる。また，その活動の反省や評価をいかにするかが，その後の活動の有効性を左右することになる。こうした一連の過程を適正に行い，創意工夫をこらし，全体的に，地域の福祉機能が充実しその活動も発展していくと考える。

実践編

■ 事例2　福祉のまちづくり100人委員会の活動

フェイス・シート

(1)　活動の対象

　　福祉のまちづくりに関わる人（住民参画・まちづくり計画策定）

(2)　活動する上でのキーワード

　　住民参加・参画，連絡・調整，まちづくり計画策定

(3)　活動のねらい

　　B市に暮らす住民が身近な地域に関心をもち，その住民，誰もが，心豊かで安らぎと潤いのある幸せな人生や生活を享受でき，住んでよかったと思えるまちづくりを目指して，福祉のまちづくり計画を住民主体・住民参画により策定する。

(4)　活動の日時または期間

　　5月から翌年3月まで

(5)　活動の場所

　　B市の地域福祉センターを拠点として活動

(6)　活動した人・グループと人数

　　B市の住民および福祉のまちづくりに関心のある人，100人

(7)　活動の内容

　　B市役所の地域福祉課とB市社協によってボランティアの公募がなされ，ボランティアによる福祉のまちづくり100人委員会が結成された。B市の住民および福祉のまちづくりに関心のあるボランティア100人が，その委員として福祉のまちづくり計画策定のために集い，協議し，検討し，まちづくりのボランティア活動を展開する。その目的は，B市の住民，誰もが，心豊かで安らぎと潤いのある幸せな人生や生活を享受でき，住んでよかったと思えるまちづくりを目指すものであり，住民主体・住民参画により福祉のまちづくり計画策定のためのボランティア活動を展開した。その具体的活動としては，B市の福祉タウン・ウオッチングとしてB市域の各町内の福祉点検活動や，住民の福祉に関する意識調査などについて，住民のボランティア委員である地元の社会福祉関係の施設や団体，教員，会社員などさまざまな人たちが，B市の行政担当職員とB市社協の地域福祉活動専門員とともに，公

第**6**章　地域分野のボランティア活動

私協働の委員会活動を展開し，福祉のまちづくり計画を住民主体・住民参画により策定した。

(8) 活動の準備・方法・展開

① 準備：この福祉のまちづくり100人委員会では，その事務局となる行政と市社協が予め大まかな委員会活動の流れやその方向性についてのプログラムを作成し，その事務局からの公募に応募した住民ボランティアの委員も，その委員会のすすめ方に対して気づきや意見を出し合い，臨機応変にプログラムを再作成し，委員会活動を有意義に展開するものとした。

② 方法：福祉のまちづくり100人委員会の活動は，ある程度具体的なプログラム内容によるが，臨機応変にボランティア委員の気づきや意見を取り入れながら進められる。この100人委員会の委員は，すべて公募によるボランティア委員で構成され，また，委員会では，委員長，副委員長，助言者を決めた。委員会では，高齢者，障害者，児童，生活，地域の５つの部会が設置され，ボランティア委員は，その５つの部会のいずれかに所属し，部会活動と委員会全体会に参加し，ブレイン・ストーミングなどにより展開した。

③ 展開：委員会活動は，５月11日から翌年３月26日までの展開である。この「福祉のまちづくり100人委員会」活動内容は，委員すべてがボランティアであり，そのボランティア委員の協力を得て，福祉のまちづくり計画としてまとめることである。ある程度，具体的なプログラム内容により推進されるが，その過程のなかで，ボランティア委員の気づきや意見なども随時反映された。100人の公募によるボランティア委員は，男女の性別はほぼ同数で，その年齢は18歳から83歳までの人で構成され，居住地域は市域全体に広がっており，職業も，学生，自営業，教員，主婦，会社員，公務員，農業などさまざまある。

　このボランティアによる委員会は，事務局から委員会活動のあり方や進め方などの説明がなされ，委員会の組織構成として，委員長１名，副委員長２名，部会長１名，副部会長２名，また，助言者１名を決め，さらに，ボランティア委員は，高齢者，障害者，児童，生活，地域の５つの部会のいずれかに所属を決めることから始まる。

実践編

　その後，記念講演と「タウン・ウォッチングのポイント」をテーマとした学習会が開催され，日を改めて，タウン・ウォッチング，町角点検活動が各部会で開催された。ボランティア委員からの気づきとして「タウン・ウォッチングだけでは住民の福祉の実態は把握できない」との声があげられ，住民を対象に福祉に関する実態調査の実施の必要性が検討され，「福祉の実態調査」が急遽，ボランティアにより実施されることとなった。この調査の集計・分析データとタウン・ウォッチングの踏査活動の結果を併せて，福祉のまちづくり計画の原案づくりの作業が各部会でなされ，やがて，福祉のまちづくり計画がまとめられた。最終の委員会全体会のなかで，B市役所とB市社協へ報告され，福祉のまちづくり100人委員会の活動は終結を迎えた。

(9) ふりかえりの方法

　この委員会や部会活動の各開催日の終了時に，各部会ごとに，その日の委員会や部会活動についての反省や評価を行い，また，この委員会活動の課題への気づきや意見を出し合い，検討し，その都度，事務局へ報告する。事務局は，それを調整し，次に継続する活動をより有効に展開するための道標とする。

地域分野のボランティア活動の事例

　福祉のまちづくり100人委員会の活動は，臨機応変であるが具体的なプログラム内容により委員会活動の有効展開が図られた。この100人委員会の委員は，すべて公募によるボランティア委員で構成され，男女の性別はほぼ同数で，その年齢は18歳から83歳までの100人で構成され，居住地域は市域全体に広がっており，職業も，学生，自営業，教員，主婦，会社員，公務員，農業などさまざまである。

　■　5月11日　初会合の日。まず，事務局から委員会活動のあり方や進め方などについて，事前に作成されたプログラム内容やボランティア委員の応募状況などの説明がなされた。その後，ボランティア委員は互いに初顔の人が多いため，相互の親睦を目指してレクリエーション活動が展開された。このレクリエーション活動をとおして，そこに集まる同じ仲間として，その仲間への関心がもたれ，温かい心の通い合う人間関係づくりをみることができたのである。その後，委員

会活動のスタートにあたり，委員会の組織構成として，委員長１名，副委員長２名，部会長１名，副部会長２名，さらに，助言者１名を決め，また，ボランティア委員は，高齢者，障害者，児童，生活，地域の５つの部会のいずれかに所属を決めた。委員長が決まった後は，委員長が司会・進行役を務め，事務局からの説明に対してボランティア委員からの質疑応答やブレイン・ストーミングによる福祉のまちづくりへの熱い思いを語り合う時間も取り入れた。質疑には，「私たちは，福祉のまちづくり活動についての理解や認識を深めるための学習が必要だ」，「福祉のまちづくり計画に向けての意識の共有化を図らなければならない」，「地域の福祉点検活動も必要と考える」など，さまざまな意見が出された。この意見に対して，助言者からも，それらをテーマにして，福祉について学習する機会の必要性が述べられ，次回の委員会ではボランティア委員により，福祉学習会を開催することを決定した。また，ボランティア委員の有志がその開催に向けて取り組むこととなった。その内容は「いま，なぜ，住民によるまちづくりなのか」というテーマでの記念講演と「タウン・ウォッチングのポイント」をテーマとした学習会であり，記念講演は多くの住民が参加できるよう公開により開催することとした。それらの講師として，福祉系大学教員，市福祉事務所の職員，市社協の地域福祉活動専門員など専門家があたり，タウン・ウォッチングは地域で実地学習することとなった。

▎ ６月11日　記念講演と「タウン・ウォッチングのポイント」をテーマとした学習会が開催された。ボランティア委員の全員が参加し，多くの住民の参加も得て盛会裏に終わった。学習会の終了時に，委員長から「この学習会で学んだことを，今後の委員会活動で活かしてください」とあいさつがあり，ボランティア委員からも「とても参考になった」，「大切なことを学習した」などの声が聞かれ，タウン・ウォッチングの開催日を６月28日と決めて委員会が終わった。

▎ ６月28日　タウン・ウォッチングし，町角点検活動が開催された。この日は，障害者福祉の視点から取り組むために，事務局で車いすやリフト付きバスが用意された。障害者部会には，ボランティア委員のメンバーに車いすを使用している人がおられ，駅，ショッピングセンター，公園，公共施設，主要な街路や交差点などで点検活動が行われ，バリアフリー状況のチェックもされた。この点検活動は，各部会ごとに点検地域を決定し活動を行った。子どもたちの遊ぶ場所で

実践編

危険な所も発見されるなど，身近な地域でさまざまな発見がなされ大好評に終わった。点検活動の結果は，各部会ごとにまとめられ，事務局へ提出することとされた。事務局では，それを委員会報告として，ボランティア委員の協力を得て，福祉のまちづくり計画としてまとめることになった。

　複数のボランティア委員からの気づきとして「タウン・ウォッチングだけでは住民の福祉の実態は把握できない」との声があげられ，住民を対象に福祉に関する実態調査の実施の必要性が検討された。その結果，ボランティア委員の有志と事務局で「福祉の実態調査」が急遽実施されることとなった。その調査は，層化二段抽出法による標本調査で，調査員としてボランティア委員があたり各調査地域で対象家庭を訪問し，福祉のまちづくりに関する意識や福祉ニーズなどについて，聞き取り調査を行うこととしたのである。

▍　6月29日　調査の実施に向けて，全体的な企画，調査票の作成，印刷などの作業が20日間の予定で進められた。

▍　7月30日　「福祉の実態調査」の実施に向けて，ボランティア調査員50名による調査実施の確認がなされた。

▍　8月1日　「福祉の実態調査」が実施された。ボランティア委員50名が調査員として協力し，調査の対象1,000世帯を訪問し，聞き取り調査を行ったのである。

▍　8月3日　調査が終わり，事務局で調査票の検収作業が行われた。調査票の回収率は97％と高かった。

▍　8月4日　約1カ月間の予定で調査票の集計・分析作業に入った。これらの作業は，すべてボランティア委員が関わり，コンピュータによる集計・分析作業も滞りなく進められた。

▍　9月23日　調査の集計・分析データがボランティア委員全員に配付された。

　各部会では，この調査の集計・分析データを基にして，平均10回の会合が開催され，協議し，検討され分析を進めた。この調査分析の段階では，タウン・ウォッチングの踏査活動の結果も併せて検討された。福祉のまちづくり計画に向けて，地域の総合的な視点からの課題整理と福祉の視点からの課題整理を行った。その課題整理の段階では，住民が「できること」と「できないこと」を整理し，「できること」「できないこと」それぞれについて，プライオリティを設定し，公私の役割分担と責任を明確にした。各部会の作業結果は部会ごとにまとめられ，事

務局で、ボランティア委員の有志も加わり、福祉のまちづくり計画の原案づくりに向けて整理された。

▍ 1月28日　福祉のまちづくり計画の原案づくりがなされ、委員会全体会に諮られるため、事前に各委員に配付された。

▍ 2月7日　福祉のまちづくり計画の原案について、各部会ごとに委員の意見集約が行われ、その後、委員会全体会に諮られた。全体会では、各部会からその代表者が報告を行い、意見を出し合った。その後、ボランティア委員から出された意見を取りまとめ、福祉のまちづくり計画の最終まとめの段階に入った。

▍ 3月26日　福祉のまちづくり計画がまとめられ、委員会全体会のなかで、B市役所とB市社会福祉協議会へ報告された。福祉のまちづくり100人委員会の活動は、本日をもって終結を迎えたのである。

　この福祉のまちづくり計画は、その内容が要約されダイジェスト版で印刷され市内の各世帯に配付された。

　なお、委員会の終了後も、その委員であったボランティアの有志が集まって、まちづくりについての自主的なグループ組織を結成し、積極的な活動を続けている。

事例の理解を深めるために

(1) 住民参画による福祉のまちづくり計画

　福祉のまちづくり計画は、いわば地域福祉計画であり、地域社会を基盤として、その地域の福祉活動や福祉施策の目標や考え方や方向性を明確にし、また、その実現のために取り組まれるものである。地域福祉計画には、社協など民間の社会福祉推進機関が取り組む民間レベルでの計画と地方自治体による行政レベルでの計画がある。社会福祉法では、地方自治体での地域福祉計画が法定化されている。地域福祉計画の対象となる地域は、社協における民間活動計画も行政計画も同じ地域であり、その対象となる住民も当然同じである。したがって、それぞれの計画について、競合しないように、整合性、有機性、協調性など公私の連携と協働が求められる。それと同時に、計画策定にあたっては、住民参画（計画づくりの当初の段階から参加し策定すること）の積極的な促進が求められる。住民参画がどれだけ図られ、生かされているかということが、その計画の有効性をはかるバロ

メーターともいえよう。なぜなら，もともと計画は，その地域の住民のための計画でなければならず，そのためには，当事者である住民の参画により，住民のニーズや課題に基づく計画策定が有効となる。計画策定において住民参画がなされれば，やがて計画策定後には，住民の計画に対する理解と協力が得られ，計画に基づく住民活動に結び付くからである。計画に住民参画がなければ，行政レベルの計画であって，住民不在の計画となり，住民の協力も得難い。計画は計画がための計画であってはならない。住民の理解とともに，住民参画の機会が多くなることを期待する。

(2) ブレイン・ストーミング

会議などで参加者が自由に意見やアイデアを出し合うことで，問題を発見し，整理し，解決策を見出す方法である。

(3) 公私協働

福祉のまちづくりは，行政だけで推進できるものでないし，行政のみで推進することは決して好ましいことではない。その地域に住む人々のニーズに基づく計画でなければ，真の地域福祉計画には値しない。したがって，地域福祉計画の策定にあたっては，先にも述べたように，住民とともに社協などの民間機関の参画が必要であり，そのことによって計画の実行性も高まるという性格をもつのである。そこでは，民間と行政の連携やネットワークづくりとともに，連絡・調整をとりあい，横の協力関係を円滑にすること，すなわち，公私の協働性が図られることを必要としている。

活動の実践展開

この活動の意義は，地域住民がボランティアとして，福祉のまちづくり計画策定への参画と，そこで主体的かつ積極的な取り組みをしたことである。また，この計画策定にあたっては，市役所と社協のいわゆる公私の関係機関が連絡・調整を図り，連携と協働の態勢をとり，委員会の委員を公募し，福祉に関心をもつ住民が計画策定の機会をもったことも大きな意義がある。それは，住民のボランティア活動の場の提供や住民のボランティア活動への動機づけにもつながり，大きな特徴ともいえよう。

この活動の内容は，福祉のまちづくり計画の策定である。その計画づくりの流

れは，課題を発見し，その課題に対して目標を立て，その目標を達成するための諸々の方法や手段を選択決定し，決定された方法や技術や手段を駆使して目標達成のための実践を行う。そして，終わりの段階では，その実践が所期の目標を達成したか否かをふりかえり，反省や評価をする，という一連のサイクルを行うのである。なお，文書で示された計画案は計画行為の一部分として位置づけられるものである。計画は，そのような一連の行動の連鎖であり，時と場合により計画の過程で適正なる見直しも必要となる。この事例のように，活動の展開においてプログラムが事前に考えられ，その実践過程において，ボランティアの気づきや考えが取り入れられたことは，新たなプログラム開発の視点である。まちづくり計画は，そのまちに暮らす住民のための計画であり，こうした計画策定の過程にその地域住民が参画することは，人・もの・金・情報，あるいは社会福祉資源の創出や活用などさまざまな住民のボランティア学習の機会にもつながる。この委員会活動のなかで，ボランティア委員は，福祉学習会やタウン・ウォッチングの開催，福祉の実態調査の実施などをとおして，住民参画ということの意義あるボランティア体験とその学習が成果に結びついたのである。その活動の実施内容は，ボランティアの提案により実施されたものもあり，ボランティアの考えが受け入れられたことは，ボランティアの活動に対する主体的かつ積極的な意欲の喚起にもつながっている。この活動の反省や評価は，その過程のふりかえりとして，重要なポイントとなる。事例では，委員会や部会活動の各開催日の終了時に，各部会ごとに，その日の委員会や部会活動についての反省や評価を行い，また，この委員会活動の課題への気づきや意見を出し合い，検討し，その都度，事務局へ報告する形をとり，事務局は，それを調整し，次に継続する活動をより有効に展開するための道標とするものである。

活動の課題

　この事例にある福祉のまちづくり100人委員会活動は，各市町村における住民のまちづくりへの参加や地域福祉計画策定のための参画等への取り組みにおいて大いに参考になるものであり，次に示すこの活動の課題を見据えれば意義深く，その活動に役立つものと考える。
　この事例は地域で多くの住民ボランティアが関わる委員会活動であり，とりわ

実践編

け，ここではボランティアを受け入れる側とボランティア実践者の課題をみてみよう。

　ボランティアを受け入れる側は，まず，その活動の意義と目的を明確にすることである。つまり，ボランティアがその活動に参加することについての機能や役割の認識をすることである。まちづくりは，その仕掛け人やキーパーソンの存在や住民への意図的な働きかけが重要かつ不可欠であり，そのあり方やそのボランティア活動参加への仕組みや方法，また，そのボランティアにだれがどのように関わるかがこの活動の課題のひとつである。

　また，そのボランティア活動への住民参加・参画に向けての広報・啓発のあり方も問われる。ボランティアの広報・啓発は，こうした福祉のまちづくりへの住民参加・参画の意義を広く住民に周知し，ボランティアがこの活動に積極的に参加してみたいという意欲が湧くようにボランティアへの動機づけを図ることも大切なことである。

　委員会活動の段階においては，一人ひとりのボランティアと委員会事務局との間においてさまざまな連絡・調整等，いわゆる相互連携が組織的に構築されていなければ，その委員会活動の各過程においての円滑な展開は望めないし，その反省や評価の段階においても課題を残すことが考えられる。また，こうした活動では継続的かつ発展的に有効に取り組むことが求められる。そのためには事前にその活動展開のスケジュールやシナリオ等を作成したり，各委員会活動ではその記録を取ることも重要となる。

　ボランティア実践者としては，そうしたボランティア募集に関する広報・啓発にふれ，身近な地域を創造する取り組みであるこうしたまちづくり活動に対しての関心をもち，積極的に参加しようという意識をもち参画することが大切である。また，委員会活動ではグループワークの基本について学習を行い，自己中心的な意見の主張とならないように心掛けたり，他者の意見に対して受容と傾聴の姿勢をもち，その活動内容が建設的な積み上げとなるよう考慮することも大切である。

　学習の必要性については，ボランティアを受け入れる側の理解や認識が問われ，学習の機会の確保が求められる。

　こうした福祉のまちづくり計画は，時が経てば見直しが必要となる。住民ニーズは，数年経てばまったく同じ状態ではなく，社会生活の変容という時の流れと

第6章　地域分野のボランティア活動

ともに人間生活の様相も変わってくる。その時の流れと人々の生活ニーズや社会変容に沿って，住民ニーズを適正に把握することが求められる。地域住民の生活ニーズに柔軟的に対応することが必要であり，住民参加・参画の推進とともにその柔軟性をどのように確保し，それを計画上にどのように生かしていくかが問われる。さらに，そうしたボランティア活動の場の確保を創造的かつ継続的にどのようにつなげていくかも課題となる。

学習者の視点——これから実践するあなたへ

「ボランティアをしよう！」「何かをしよう！」という気持ちをもち，小さなことでも，自分で，何ができるか，を考え，できることから行動することが大切である。

地域におけるボランティア活動には，事例に示した活動のほか，地域の行事，環境美化，自然保護，文化・伝承，教育・学習，スポーツ・レクリエーション，近隣の互助・介助，相談・交流，収集，募金などさまざまなものがあり，ひとりでできる活動もあれば，地域によって，さまざまなグループによる活動も展開されている。

地域は日ごろ暮らしている身近な場所である。地域分野のボランティア活動を実践するにあたって，地域について理解することも大切である。私たちは，ひとりの人間として地域社会の一構成員であり，誰もが，心豊かで安らぎと潤いのある幸せな人生や生活を送ることができる暮らしやすい居住地域であることを望んでいる。私たち人間が生きているのと同じように，地域も，そこに住む人たちとともに生き生きと生きており，さまざまな人間環境がつくられている。地域住民が，互いに相手の立場に立って考え，身近な人たちや地域に関わり，共に生きて，共に育つ心ふれあう活動をとおして，相互扶助の精神を培うことができると考える。地域に関心をもち，身近に住んでいる人たちとの交流や地域のボランティアセンターや公民館など人々が集まる場に出向いて行ったり，関心のあるグループ活動に参加することも，ボランティア活動のきっかけや動機づけになる。ボランティア活動は，人が，心と心のふれあいを大切にし，互いに支え合い励まし合い協力し合う展開である。その過程のなかで，さまざまなふれあいや経験をとおして，心温かい人間関係のあり方や愛情，生きていることの素晴らしさや相互関係の大切さなどに気づき，共感し，人間として貴重な体験学習

実践編

によって，新しい人生の価値観を得る機会でもある。地域のボランティア活動をとおして，ますます自己研磨されることを願っている。暮らしやすく，人間感と幸福感あふれる地域づくりに大いに参加・参画され，無理をしないで続けられ，大いにさまざまなことを学ばれるよう期待する。

（河内昌彦）

第7章 高齢者分野のボランティア活動

　本章の内容は，高齢者福祉施設におけるボランティア活動の実践事例について，紹介したものである。この事例で示した，実践方法，留意点，そして，その展開方法などの視点が，それぞれの活動への参考となり，学びとなれば幸いである。

■ 事例1　介護老人保健施設でのボランティア実践例

フェイス・シート

(1) 活動の対象

　　療養室訪問ボランティアおよび施設利用者

(2) 活動する上でのキーワード

　　ふれあい，利用者理解，利用者ニーズ

(3) 活動のねらい

　　本事例は，初めて高齢者施設でボランティア活動をする初心者に用意されたプログラムであり，施設利用者にとっては，世代間交流となる。

(4) 活動の日時または期間

　　施設側との相談により施設の日課に合わせて行う。

(5) 活動の場所

　　介護老人保健施設

(6) 活動した人・グループと人数

　　1～2名（ただし，施設の実情に合わせ2名以上でも可）

(7) 活動の内容

　　各療養室のごみ箱のごみ回収と窓を拭くことをコミュニケーションの手段とし，施設利用者との交流を図る。

(8) 活動の準備・方法・展開

　① 準備：施設担当者とよく相談し，服装など確認すること。

実践編

　　　また，予め施設職員からオリエンテーションを受け，注意事項を確認すること。場合によっては，感染症などの理由や，利用者本人がその活動を望んでいないなどと立ち入ってはならない場合があるので，よく確認すること。
　②　方法・展開：各療養室を訪問し，ごみ箱のごみ回収と窓を拭きながら，会話を展開していく。
(9)　ふりかえりの方法
　　　施設担当者とミーティングなどの場をもつことが望ましい。また，利用者からの反応や様子から自らの活動をふりかえることも必要である。

高齢者分野のボランティア活動の事例（個人活動）

　夏休みの間，介護老人保健施設でボランティア活動をしたいという中学3年生2名が施設を訪れた。施設のボランティアコーディネーター（担当者）が応対し，どんな活動がしたいのかを尋ねた。中学生は，施設利用者の話し相手がしたいと言った。施設の担当者が，話し好きな施設利用者に「話し相手をしたい中学生がいるので，お話してみますか？」と聞くと，何人かの施設利用者から話してみたいとの声があがった。そして，後日，中学生をその場に案内した。最初，中学生は挨拶をし，いろいろと話しかけてはみたものの，しばらくすると，中学生も施設利用者も何を話してよいのかわからなくなり，沈黙の空間が生まれていた。中学生にとって，施設は初めて訪れる場所であり，また，初対面で世代の違う施設利用者の話し相手になることは，容易なようで難しかった。その様子を見た施設の担当者は，このままでは，中学生にとってよくないと思い，何か他の手段により，施設利用者と話しかけるきっかけをつくる必要性を感じた。そこで，各部屋のごみ箱のごみを集め，窓を拭きながら個々の部屋を回り，その作業をとおして施設利用者に話しかけることを提案した。
　中学生は，具体的な役割ができたためか，各部屋を積極的に回ることができ，ただ会話をするから横にいるといった不自然な状態とは違い，作業をしながら，施設利用者に自然と話しかけることができた。それは，中学生の「ごみ集めと窓を拭きに来ました」の声に，施設利用者から，「ありがとう」や「また来てね」といった声が中学生にかけられ，その一言から会話が少しずつ広がったのである。

そして、その後、施設利用者も中学生が部屋を回るのを楽しみにし、中学生も施設のなかに溶け込んでいった。

事例の理解を深めるために

(1) 介護老人保健施設

　　介護保険施設のひとつであり、医学的管理の下、看護、介護および機能訓練、その他必要な医療、生活上での便宜を提供することにより、自立した生活を営めるよう支援するとともに、居宅への復帰を目指すことが目的とされる施設である。

(2) 施設ボランティアコーディネーター

　　施設において、ボランティア活動、あるいはボランティア活動者を施設内の日課や施設利用者と結びつけ、施設利用者ならびに施設職員らとの関係を調整するなど、ボランティア活動を支援するスタッフ。その他にも、ボランティアを募集したり、ボランティアを育成したりする役割をもつ。[1]

(3) スーパービジョン

　　スーパービジョンとは、カウンセラーや社会福祉援助者などが受ける専門的指導のことであり、自分よりも経験のある熟練者から適切な助言や指導、支援等を受けることをいう。

(4) 守秘義務

　　プライバシーの保護という言葉をよく耳にすると思うが、そのプライバシーについて、職務や職権など、その立場から利用者などの個人的な情報やプライベイトな事柄、あるいは、相談された内容などの秘密を守ることであり、プライバシーに携わる者の倫理的な義務のことをいう。ボランティア活動でも同様であり、本人の承諾なく、こうした個人的な情報を漏らしてはいけない。

　この事例は、初めて高齢者施設でボランティアを行う活動者に適したプログラムともいえる。たとえば、よく「話し相手」をしたいという活動希望者や体験者がいる。個人差はあるが、いざ利用者の横に行くと何をどう話してよいのか戸惑う場面や、会話が続かない、あるいは会話が成り立たないことがある。このようなとき、施設利用者と何か一緒に取り組むことや、施設利用者の生活に近づくことで、言葉が自然と出やすくなる場合がある。突然、知らない人のところに行き

実践編

「話す」ということは，波長が合えばいいのだが，ある意味で，不自然でもあり困難なことなのかもしれない。そこで，本事例では，ただ単に部屋を訪問するのでは入室しにくいことから，施設利用者の生活に接近する方法として，ごみ集めと窓拭きをその手段とした。生徒が利用者の身近に接近することで，自然な会話が生まれ，子どもたちとの交流が深まることを願った活動であった。

活動の実践展開

(1) 活動の意義・目的

　この事例は，初めて高齢者施設でボランティアをしようとする活動者に対し，施設側から提案された活動である。まずは，この活動をとおして施設利用者と交わり，施設利用者を理解することが大切である。また，この活動は，ボランティア活動者である中学生と施設利用者との世代交流により，双方向な関係を目指したものであった。すなわち，活動者にとっては，ボランティア活動を行う喜び，施設利用者にとっては，施設生活に潤いをもたらす期待である。この双方向な関係をとおして，活動者と施設利用者が，人と交わることの喜びを感じることができれば，それが，この活動の意義であり目的となる。

(2) 連絡・調整・諸機関との連携

　この事例では，直接，施設に活動を申し込んでいる。このように，ボランティア活動を高齢者施設などで行いたい場合には，その施設に連絡をとり，施設のボランティアコーディネーターを訪ねるか，あるいは社会福祉協議会等に設置されている，ボランティアセンターに相談する方法がある。

　次に活動先が決まり，活動を行う前には，必ずその施設の担当者からオリエンテーションを受けることが重要である。また，活動中におけるリスクへの備えも必要である。たとえば，活動中に自らが負傷したり，あるいは思いもよらず施設利用者に損傷を与えたり，悪意もなく施設の物品を破損させてしまうことがある。こうしたリスクへの備えとして，ボランティア活動保険に加入しておくことを勧める。[2]この保険は，社会福祉協議会で加入することができる。

　活動を開始した後は，施設利用者との関係づくりはもちろんのこと，施設職員ともよりよい関係をつくり，何でも聞ける関係を構築することが大切である。このことにより信頼が生まれ，施設職員との連携と協働関係が構築されていく。ボ

ランティア活動では，この協働関係がとても大切であり，活動を円滑に行う上でも大切である。

(3) プログラムの開発

　この活動は施設側からの提案により展開しているが，活動自体を自らの活動に変えていくことや，活動をとおして施設利用者が求めているボランティアニーズを把握し，そのニーズに向けたボランティア活動の展開が求められる。

(4) 反省・評価・留意事項

　活動をふりかえる場として，施設職員（ボランティアコーディネーターなど）と，自分の活動について話し合いの場をもつ方法がある。これが活動の反省や評価にもつながる。また，活動中の施設利用者の表情や様子をよく観察し，自分の活動が施設利用者にどう影響しているのか，ふりかえることも大切である。この方法としては，活動日誌などの記録をつけることが有効的であろう。そして，この記録に施設職員からのコメントをもらい，次の活動に生かすことができれば，活動者にとって，このコメントは施設職員との話し合いと同様に，スーパービジョンにもつながる。また，活動を記録に残すということは，活動の経過や発展など，活動そのものをふりかえることができ，活動の評価にもつながる。

　しかし，この記録で注意しなければならないのが，プライバシーへの配慮である。すなわち，守秘義務である。利用者についての記録を残すときは，その利用者が特定できないように記述する配慮が必要であり，その後もプライバシーの保護に努めなければならない。利用者に関する記載については，施設職員と相談することを勧める。また，この守秘義務は，活動においても同様である。活動中，知り得た施設利用者の個人的な情報を不用意に外部に漏らすことをしてはならない。このことで，施設利用者本人が不利益を被ることもあり得る。自分が相手の立場に立ち，自分だったら，自分の知らないところで話してほしくない内容であれば，話すべきではない。そして，この守秘義務は，活動者と施設利用者，施設職員との信頼関係にも大きく影響する。たとえば，もし，あなたが自分の悩みを相談するとしたら，秘密を守れる人に打ち明けるだろう。しかし，自分の悩みを相談した相手が，自分の意に反して周囲にその内容を漏らしたとしたら，あなたは二度とその人に相談することはないであろう。なぜならば，その人を信頼できないからである。相手のプライバシーを尊重することは，信頼関係を築くための

土台であり，このことなくして，よりよい人間関係を構築することはできない。ボランティア活動者にとって，自分への信頼を築くことは大切である。

　そのほか，この活動における留意点としては，活動する場所や時間をよく打ち合わせておくことである。施設利用者の身体的事情により，訪問しないほうがいい療養室もあるので，事前に施設職員に確認することが必要である。そして，基本的なことではあるが，あいさつやマナー，言葉遣いについても，もう一度，自らが再点検し施設利用者と関わらなければならない。特に各部屋を訪問するということは，家を訪問するのと同じである。このことも忘れてはならない。また，施設利用者の特性についても事前に学習するなどの準備も必要である。そして，活動をとおして利用者理解を深めるとともに，施設利用者の言に耳を傾けることや（傾聴），施設利用者にわかりやすく伝える努力，施設利用者を受けとめる（受容）ことの大切さを身に付けることが求められる。

活動の課題

　この事例は，施設利用者にとって，よかれと思う気持ちから提供者側（施設職員・活動者）の視点で考えられた実践である。よって，施設利用者のなかには，この活動がマッチしない利用者もあるだろう。このような人たちに活動を押し付けないことが大切である。

　また，この事例は，ボランティアへの入門的な活動でもある。この活動をとおして，施設を利用されている個人個人を理解するとともに，利用者とのふれあいをとおして，その思いにふれ共感できれば，このプログラムの目的を果たすことができる。そして，重要なのは，これをきっかけに施設利用者のボランティアニーズをキャッチし，それに向けた実践へと結び付け展開していくことである。活動を発展させることが，この事例での最大の課題ともなる。

事例2　特別養護老人ホームにおけるボランティアグループ実践例

フェイス・シート

(1) 活動の対象

季節だよりボランティアおよび施設利用者

(2) 活動する上でのキーワード

アイデア，ふれあい，分かち合い

(3) 活動のねらい

日ごろ，外出の機会が少ない，あるいは困難な施設利用者に季節を感じてもらうための活動である。また，身近な草花を話題にするので，回想法的な効果も期待できる。活動者（グループ）にとっては，アイデアを生かし実践していく活動であり，グループの主体性を育てる目的もあった。

(4) 活動の日時または期間

事例は，週1日，放課後。（施設との相談により実施）

(5) 活動の場所

特別養護老人ホーム

(6) 活動した人・グループと人数

高等学校ボランティアグループ5～8名

(7) 活動の内容

身近な草花を押し花にし，季節を感じてもらう活動である。このことにより，施設利用者との交流を図る。

(8) 活動の準備・方法・展開

① 準備：メンバー同士が活動への共通認識をもち，それぞれの役割を決める。特にハガキの材料収集と作成，その他にも草花採集の作業があるので役割分担をする。

② 方法・展開：押し花ハガキを施設利用者に届け，このハガキを話題に会話を展開する。

(9) ふりかえりの方法

グループ内でミーティングを開く。この場に施設担当者の出席や施設利用者の声を交えることで，よりよいふりかえりとなる。また，日ごろから，活動中に施設利用者の表情や様子を観察し，自分たちの活動が，どう受け

入れられているのか意識しておく必要がある。

高齢者分野のボランティア活動の事例（グループ活動）

　特別養護老人ホームを週1回，放課後に訪問している高等学校ボランティアクラブが悩みをかかえていた。その悩みとは，施設を訪問し，話し相手や食事準備の介助などを行っていたのだが，活動がマンネリ化し，部員の参加率が悪くなったということであった。そこで，施設のボランティアコーディネーターとクラブのリーダー，クラブ員数名が集まり話し合いがもたれ，その話し合いのなかでいろいろな提案が出された。そのひとつに「季節だよりボランティア」があった。その内容は，日ごろ外出ができない施設利用者のために，施設の周りや野に咲く草花を押し花にし，ハガキにして，それをもって施設利用者を訪問し，草花を話題に話をしたり聞いたりするといった内容であった。しかし，ここで問題となったのが，「ハガキをどうするのか？」であった。ハガキを毎回購入するのは費用が発生するのである。話し合っているうちに，「つくれば？」という一言がきっかけとなり，クラブで以前，牛乳パックから紙をつくったことを思い出し，ハガキは自分たちでつくることにした。こうして活動が開始した。ハガキに，施設利用者が子どものときに遊んだクローバーやシロツメクサ，れんげなどを押し花にし，それを届けた。施設利用者からは，昔の話や子どものころの話が聞け，部員たちも，ハガキをとおして会話がはずんだ。そして，昔を懐かしむ施設利用者の姿に活動の楽しさを感じた。また，施設利用者の手元に集まったハガキを部屋に飾れるようにと，写真たてやアルバムを文化祭バザーの収益からプレゼントした。このアルバムは，ひとつの素敵な植物本となった。

事例の理解を深めるために

(1) 特別養護老人ホーム

　法的に特別養護老人ホームとは老人福祉法による施設種別であり，介護保険法による指定を受けることにより，介護保険施設のひとつである介護老人福祉施設となる。しかしながら，社会一般的には特別養護老人ホームの名称を用いている。施設利用者の中心は，介護認定を受けた要介護者であるが，やむを得ない事情等で，行政の措置により利用される場合もある。施設の目的は，常時，介護を必要

とする，居宅で生活することが困難な要介護者に介護サービス等を提供し，施設での日常生活を支援することにある。

(2) 回想法

昔の写真や出版物などを利用し，過去の人生のさまざまな場面を回想させ，その語りに耳を傾けることにより，痴呆症状などの進行を抑制したり，情緒を安定させる精神的療法のこと。

　この事例は，アイデアを具現化し，ボランティア活動に結びつけていった事例である。また，この事例は，ボランティアクラブ活動のマンネリ化から出発しており，それぞれにアイデアを出し合い，クラブ員が協力し，できることから始めたものである。この活動により，ボランティアクラブとしては，グループの活性化が図られ，また，施設利用者にとっては，季節観を感じにくい管理された施設生活のなかに，季節の風を運んできてくれる活動となった。この活動は，野に咲く草花をとおした世代交流となり，生徒にとっても，施設利用者にとっても，楽しいひと時となった。

　また，この活動は，ハガキをつくるといったリサイクル活動と施設利用者の生活を活性化させる活動（アクティビティケア）をコラボレートさせた事例であり，相乗効果としては，施設利用者の回想法となることも期待された活動でもあった。このようにボランティア活動には，アイデアが大切であり，活動内容が広がる可能性を秘めている。

活動の実践展開

(1) 活動の意義・目的

　この活動も，事例1と同様に施設利用者との交流を図ることが目的とされるが，特に施設生活を活性化させることに視点を向けた活動である。この活動により，施設利用者の生活にアクティビティをもたらすことができれば，施設での生活が活性化される期待がある。これにより，施設利用者にとっては日常のなかにひとつの楽しみが生まれ，生活に潤いがもたらされ，また，活動するグループにとっても活動をとおしグループが活性化されるといった双方向な関係が構築される期待がある。

(2) 連絡・調整・諸機関との連携

　この事例は，高等学校ボランティアクラブの活動なので，学校と施設との連絡関係が必要となる。また，クラブリーダーと施設職員（ボランティアコーディネーターなど）とのつながりも重要となる。このことは，学校のクラブ活動だけにいえるのではなく，グループで活動を行う場合は，グループをまとめるリーダー的存在と施設職員との連携は必要不可欠である。そのほかについては，事例1で示した留意点と共通するので参照していただきたい。

(3) プログラムの開発

　この活動事例にとらわれず，身近でできる無理のない方法で行うことを勧める。交流に必要なのは「きっかけ」である。この事例では押し花という手段（きっかけ）を使ったが，たとえば，活動者自身の子どものころの写真や旅行で撮影した風景，あるいは行事などの写真を使って，施設利用者の部屋を訪問して，ゆっくり話してみるなどの活動も考えられる。そのほかにも音楽，歌唱なども活用できる。また一緒に創造活動をすることも考えられる。このように施設におけるボランティア活動は，アイデアであり，「あつめる」「ふれあう」「おしえる」「つたえる」などをキーワードとしたさまざまな活動が考えられる[3]。まずは，自由にアイデアを出してみることから始めてみよう。

(4) 反省・評価・留意事項

　反省や評価・留意事項などについては，先に説明した事例1の内容が共通するので，よくその内容を確認しておいていただきたい。ただこの事例は，グループによる活動なので，グループ内でのボランティア活動に対する共通認識や，役割分担ができていることが必要不可欠となる。また，グループとしての話し合いの場（ミーティング）を必ず設け，必要があれば施設職員や施設利用者に加わってもらうことも必要である。こうした話し合いの場がもたれることにより，活動の反省や評価となり，活動への発展へとつながるのである。

活動の課題

　この事例は，クラブ活動のマンネリ化から出発した活動である。いろいろなアイデアを出し合い，それを計画化し，実践していくことが大切である。しかし，この活動も，いつかは終結を迎える日が来るのであり，この活動を次に発展させ

ていく努力をしなければならない。事例1もそうだが，施設利用者と身近に関わることで，施設利用者の個人々の思いを理解し，共感，あるいは施設利用者との親密な交わりから，施設利用者が求めている活動へと展開していくことが重要である。ただ単に活動を「やりっぱなし」に行うのではなく，活動に対する反応をキャッチしながら，活動を工夫していく努力が大切である。今ある活動に留まらない，この工夫こそが施設におけるボランティア活動の発展であり，活動を継続していくための必要不可欠な要素となる。

> **学習者の視点——これから実践するあなたへ**
>
> 　本章は，高齢者福祉施設におけるボランティア活動を担当した。地域高齢者に対する活動は，地域活動分野を参照いただきたい。高齢者福祉施設でのボランティアといえば，介護のイメージや，おしめたたみ等の作業的なイメージがあるかもしれない。しかし，これだけがボランティアではない。特に最近は，学習目的などで，これらの活動が行われることが多い。確かに介護体験は，介護技術の習得，あるいは施設利用者を理解することが目的とされる学習においては，効果的な手段である。しかし，活動あるいは体験を行う前に，今一度「ボランティア」とは何かを考えてほしい。筆者は，現在この社会のなかで「ボランティア」という言葉が氾濫しているように思えてならない。
> 　ボランティア活動は，自らの学習，あるいは資格や単位取得のためだけに行う活動ではない。自発性のもとボランティアニーズをもつ人や場に結び付く活動でなければボランティア活動とはいえない。しかし近年では，資格取得や単位取得，医療・福祉専門職養成校における現場実習の補完，あるいは学校の課題や授業として，ボランティア体験が強制的かつ義務的に行われることが増えている。特に前者は，ただ単に無報酬で行うことから「ボランティア実習」と呼ばれている。アメリカでは，このような活動を「コミュニティサービス」と呼び，「ボランティア活動」とは区別されているが，日本の場合，「奉仕活動」「ボランティア活動」「ボランティア体験」「ボランティア実習」などの概念整理は行われていない。本来，この「ボランティア実習」とは，ボランティアの本質を学ぶための学習であり，無料で行う勤労実習そのものではない。しかし，実習だけではなく，社会全般的に「ボランティア＝タダ働き」ととらえられ，無報酬性だけが一人歩きしている。ボランティアとは，よく使う言葉であるが，ボランティアの本質，すなわち，「主体性・自主性・自発性」「社会性」「先駆性・開拓性」「発展・継続性・計画性」の視点が欠落しているといわざるを得ない。こうしたボランティアの視点が欠落した活動は，活動自体を相手に押し付ける，いわゆる一方的な活動となることが多い。そして，この押し付けは，施設利用者の福祉サ

実 践 編

　ービスを受ける権利の侵害ともなり，活動者あるいは学習者が権利の侵害者となりうる。このことからも，たとえ実習や体験であっても，ボランティアニーズと結び付くなど，施設利用者側にもメリットが用意された双方向な関係が求められると同時に，施設利用者にも，ボランティア活動の場に参加しない権利も認められなければならない。確かに，高齢者福祉施設でボランティアをすることは，現場実習を補完し，机上の学びを発展させる魅力はある。しかし，学習目的が中心であるならば，施設利用者は単なる教材であり，このような活動はボランティア活動とはいえない。ボランティア活動からの学びは相乗効果なのであり，「なぜボランティアをするのか」「誰のためのボランティアなのか」をもう一度自ら考えてほしい。

　一方，施設側から提示される介護補助や施設利用者との交流がともなわない作業活動のなかには，ボランティアを施設労働力の補完を目的としている場合もある。[5]この場合，施設利用者のためではなく，職員へのボランティア活動にもなりかねない。活動者の活動に対する主体的判断が求められる。

　本章の活動事例からは，あえて介護ボランティアを外した。しかし，介護ボランティアを否定するものではない。ボランティアの活動内容は，限定されたものではなくアイデアしだいなのである。２つの事例の共通点は，ボランティア活動を発展させるためのきっかけづくりであり，施設利用者と関わるなかでボランティアニーズをキャッチし，さらなる活動へと発展させることが求められる。しかし，すぐにボランティア活動を主体的に実践する自信のない活動者（学習者）には，あらかじめ施設側で用意されているボランティアプログラムや，社会福祉協議会等が企画するボランティア体験などに参加することを勧める。まずはこれらの体験を行い，この体験から自らの活動へと発展させることもひとつの方法である。諸事情からボランティア活動，あるいはボランティア体験を行う機会が増えているが，これから活動を始める貴方へ。その活動は誰のための活動なのか？　活動する前に今一度，自分自身で再確認することを願う。

（山本浩史）

注
1）　施設ボランティアコーディネーターは，介護員や看護師のような施設に法的に配置しなければならない職種ではなく任意の係りである。そのため，施設により配置状況が異なり，他の職種と兼務となっている場合が多い。
2）　ボランティア活動保険は，年間掛金も280円からプランに合わせて650円と安く，活動でのリスクマネジメントとして加入しておくことが望ましい。
3）　社会福祉協議会のボランティア活動啓発パンフレットなどで，ボランティア活動のヒントとして紹介されている。このほかにも「ひろめる」「まもる」「つくる」「てつだう」「かえる」「ととのえる」などのキーワードがある。（岡山県社会福祉協議会岡山県ボランティア・市民活動支援センター『ボランティアはじめの一歩』2002年より）

4） 米国では，「ボランティア」「コミュニティサービス」「サービスラーニング」と概念整理がされ実践されている。コミュニティサービスとは，地域貢献活動であり，学校教育の場面では，一定のノルマとして位置づけられることがある。サービスラーニングとは，地域貢献学習であり，地域のニーズと学習者の学びが結び付いた学習方法であり，社会参加活動をとおして，学習者の学びを生かし，そして，広げることにより学校の教科カリキュラムをも発展させる経験主義的教育である。原田正樹「海外の動向　アメリカのサービスラーニングの展開」『日本福祉教育・ボランティア学習学会年報』Vol. 6，2001年，242-256頁，宮崎猛「社会参加学習を取り入れた選択『政治・経済』の試み」『早稲田大学教育評論』第15巻第1号，2001年，111頁。

5） 安上がりの福祉とは，福祉の保障に対する国家的責任を地域住民による国民の相互扶助に転嫁することを表している。これと同様に社会福祉施設が賃金のかからない労働力としてボランティアを利用することを表現した。

第8章 障害者分野のボランティア活動

　社会福祉基礎構造改革以降，社会福祉を取り巻く状況が大きく変化しているなかで，障害者福祉の分野では，2003年度，支援費制度が施行された。施設から地域へという流れのなかで，本章では，障害者の入所施設で行われる行事でのボランティア活動と，地域での障害児を対象としたいわゆる交流事業でのボランティア活動の事例を取り上げた。

事例1　身体障害者入所施設を訪れてのボランティア活動

フェイス・シート

(1) 活動の対象
　　身体障害者入所施設の利用者
(2) 活動する上でのキーワード
　　体験的参加，施設での行事，家族と一緒に
(3) 活動のねらい
　　初めてのボランティア活動として，体験的参加。ボランティア活動にふれてみる
(4) 活動の日時または期間
　　夏休みに1日または短時間で
(5) 活動の場所
　　身体障害者施設（更生施設を想定しているが特定していない）
(6) 活動した人・グループと人数
　　大学2年生のA子さんが個人で活動
(7) 活動の内容
　　夏祭りの手伝い
(8) 活動の方法・展開

施設へ直接交渉し，施設でのボランティア活動を紹介してもらう。
(9) ふりかえりの方法
　　先輩ボランティアや職員と話をし，相談をする

障害者分野のボランティア活動の事例

　大学2年生のA子さんは，夏休みが近づくころ，友人数人から夏休みにボランティア活動をするという話を聞いた。これまで，特にボランティアに関心があるわけではなかったが，「先生に，ボランティア活動はいい経験になるし，就職にも役立つと言われた」と聞き，「やってみようかな」と思った。

　近所に住んでいるA子さんの祖母は，民生委員や女性会役員などボランティア活動に熱心に取り組んでいた。そこで，A子さんは，祖母に「ボランティアしてみたいんだけど，何かない？」と相談してみた。祖母は「来週，障害者の施設B園に女性会の清掃ボランティアに行くから，聞いてみてあげる」と快諾した。

　祖母は，B園での清掃活動が終わっての帰り間際に，玄関で顔馴染みの生活相談員Cさんに出会った。そこで，「大学2年生の孫がボランティア活動に来たいと言っているのだけど，何かないですか？」とたずねた。

　Cさんは，B園でのボランティアの受け入れ担当というわけではなかった。また，B園内でボランティアの受け入れについて，決まった担当や役割分担があるわけではなかった。しかし，民生委員や女性会など集団の受け入れについては総務課，園内の行事などへのボランティアについては生活相談員というように，過去の経緯から自然に担当が分かれていた。

　Cさんは，個人的なボランティアの受け入れなので，自分の担当と考え「お孫さんはボランティア活動の経験や，介護の勉強の経験がありますか？」とたずねた。祖母は，「多分ないと思うけど，簡単なことならできると思う」と答えた。Cさんは，「お孫さんに電話してもらうか，直接相談に来てもらうよう伝えてください」と伝えた。家に帰るとさっそくA子さんに「B園のCさんがいいボランティア活動があると言われたから電話してごらん」と伝えた。A子さんはそれでは，と思い，翌日電話をかけてみた。

　電話に出たCさんは「どんなことをしたいですか？継続してできますか？」とたずねた。A子さんは，電話すれば「では再来週の日曜日に来て，○○をし

実践編

てください」と具体的に教えてもらえると思っていたので，逆にたずねられ驚いた。少し考えて，「特にしたいこととかないんですけど，クラブもあるし，行くのは日曜日がいいんですが」と答えた。そこで，Ｃさんは，「来月夏祭りがあるので，屋台の手伝いはどうですか？」と提案した。Ａ子さんは，夏休み期間とはいえ平日だったので一瞬迷ったが「行きます」と答えた。

　夏休みに入り，Ａ子さんは，毎日アルバイトやクラブ活動に追われ，Ｂ園でのボランティア活動のことは忘れてしまっていた。ある日，祖母から「来週Ｂ園の夏祭りに行くの？」と聞かれ思い出したが，少し不安になった。そこで祖母に「どうしようか。Ｂ園に聞いてみて」と頼んだ。

　祖母はＢ園に電話をかけ，Ｃさんに「うちの孫は夏祭りに何のお手伝いをするのでしょう？　詳しいことを電話してもらえませんか」と頼んだ。Ｃさんは，夏祭りのボランティアは，女性会や継続的に来てくれている人でまかなえそうだったので，Ａ子さんに「是非来てください」と頼まなくてもよいと考えていた。また，Ａ子さんが積極的に来たいと思っていたら，確認の電話をしてくるのではないかと思っていた。

　翌日，Ｃさんは A 子さん宅に電話をかけた。Ａ子さんは不在だったため，電話に出た母に「8月5日16時にＢ園に来てください。焼きそばの屋台を手伝ってもらいたいのでエプロンをもって来て，と伝えてください」と伝言した。母は，夜の行事のボランティア活動では帰り道が不安だと考え，Ａ子さんに「おばあさんと一緒に行ってはどう？」と言った。少し不安に思っていたＡ子さんは，祖母と一緒に行くことにした。

　夏祭り当日，Ａ子さんは，祖母と一緒にＢ園に行った。祖母は，女性会の控え室に行き，仲間とおしゃべりをしながら，盆踊りのためにそろいの浴衣に着替えを始めた。Ａ子さんは祖母に「私はどうするの？」とたずねた。祖母はＣさんが見当たらなかったので「会場に行って，誰か職員さんを探して，Ｃさんに言われたボランティアですと言えば教えてくれるよ」と言った。

　Ａ子さんは，外に出て，屋台のあるあたりへ歩いて行った。そこには，年配の女性と施設の制服を着た女性が道具を揃えながらおしゃべりしていた。「Ｃさんに言われてボランティアに来たんですけど」と声をかけると女性職員は「え？」とけげんな顔をし，「今日，来ることになっていたんですか？」とＡ子

第8章　障害者分野のボランティア活動

さんにたずね，「私は聞いていないのだけど」とつぶやいた。一緒にいた祖母より少し若いと思われる女性Dさんが「いいよ，一緒にやりましょう」と言い，A子さんはほっとした。女性職員が「Cさんに聞いてきます」と離れて行ったので，Dさんと2人になった。Dさんは「私は3年前から，利用者の外出の付き添いのボランティアをしている」と自己紹介した。A子さんは「そういうボランティアもあるんだ」と感心した。Dさんは「夏祭りは6時からだから，休んでいましょう」と座ってB園やB園でのボランティア活動について話をした。それは，A子さんにとっては初めて聞くことばかりだった。やがて女性職員が帰ってきて「Cさんに聞いたら手伝ってもらってということだったのでお願いします」と言われ，A子さんは安心し，2人の手伝いを始めた。周りにも，職員や他のボランティア，近所の人などが集まり始めた。

　6時前になり，施設のなかから車いすに乗ったり，支えられて歩いたりした利用者が祭りの会場に集まってきた。A子さんは，そのとき初めてB園の利用者を見て，非常に重い障害をもつ人の入所施設だということを目の当たりにし「おばあさんに聞いていたのと少し違うみたい」と思い，「私で大丈夫かな？」と思った。

　祭りが始まり，A子さんたちの屋台にもお客さんが来はじめたが，利用者から何か言われても，A子さんには聞き取ることができなかったし，何度聞き返してもよくわからなかった。Dさんや職員は「はい，ひとつですね。ありがとう」などと言いながらやきそばを売っている。A子さんは「どうしてわかるのかな？」と不思議に思いながら聞いていた。Dさんが「Eさん，この前はありがとう。楽しかったですね」と，話しかけた。するとEさんと呼ばれた車椅子の女性が「……」と何やら聞き取りにくい言葉で答えた。A子さんは，Dさんに「なんて言われたんですか」と恐る恐る聞いてみた。Dさんは「また，行くときはよろしく，って言われたんですよ」と教えてくれた。「どこへ行くんですか？」とA子さんが聞くと，Eさんは「……」と答えた。A子さんは，思い切って「もう1回言ってもらえますか」と頼んだ。Eさんが「……」と同様に答えた。やはり聞き取れなかったA子さんはどうしていいかわからなくなり途方にくれた。Dさんが「Fショッピングセンターって言われたんですよ」と教えてくれた。A子さんは「大学の近くだから，私もよく行きます」と答えた。Eさんが

実践編

「会うかもね」と言った。今度は自分で聞き取れたＡ子さんはうれしくなり，「ほんとに会うかもしれませんね」と言いながら，車いすに乗った人を見たことがあるのを思い出していた。Ｄさんに，「会ったらお話しましょうね」と言われ，Ａ子さんとＥさんは，一緒に「うん」と言った。Ｅさんがやきそばを受け取り，離れて行った後も，Ａ子さんはなんとなくうれしく思い，「今度，Ｆであったら挨拶しよう」と思った。

会場では，祖母たち女性会の盆踊りが始まっていた。Ｄさんに「踊りに行ってもいいよ」と言われ，さっきのＥさんを探すと，女性職員に車いすを押されながら輪に入っていた。Ａ子さんは，Ｅさんの横に行き，「一緒に踊ろう」と言って踊った。

祖母との帰り道，Ａ子さんは「ちゃんとお話できるようにするにはどうしたらいい？」と聞いてみた。祖母は「話しているとわかるようになるよ」と答えた。Ａ子さんは，「ずっと通うことはできないけど，会ったら挨拶しよう。そのうち，ちゃんとお話ができるようになるだろうから」と考えた。

事例の理解を深めるために

障害者の施設では，入所者の余暇活動や日常生活上での職員の業務補助のため，多くのボランティアが必要とされている。

ここでは，身体障害者入所施設としているが，特定の施設を想定していないので，このような表現を用いた。

従来，施設へ出かけてのボランティア活動というと，担い手は主婦や高齢者が中心であったため，建物の清掃や除草，洗濯，繕い物といった住環境整備のための活動が主流であった。そのようなボランティア活動は単発的な活動であることが多く，特に知識や技術が必要というわけでもなく，初めての体験としては取り掛かりやすい活動である。施設からみても，いつでも人手の必要なことであり，かつ，職員がつききりで指導する必要もないことなどから，受け入れやすい活動である。ボランティアにも施設にもやりやすい活動であることから，施設でのボランティア活動といえば年に１回の清掃といったような受け取られ方がある。施設の社会化がいわれるようになり，初めは高齢者施設へのこのような奉仕的活動が施設でのボランティア活動であるという風潮が生まれ，障害者施設でも同様の

活動が広がっていった。

　次に多いのが，施設での行事やサークル活動の手伝い，買い物など外出時の付き添いである。趣味活動の手伝いなどは，特技をもつ人たちや，職業とする人たちがボランティア活動や協力という形で実施されることが多い。多くは継続的な活動で，個人が単独で行う活動が多い。外出の付き添いも，定期的な場合は，継続的な活動となる場合が多い。施設行事の場合は，祭りや小旅行など年に1～2回単発的に行われるものであるが，他の活動で関わっているボランティアや，職員の家族や知人などが参加する場合が多い。それ以外に，この事例で取り上げたように，夏休みに1回だけボランティア活動をしてみたい，というような場合，こういった行事での手伝いが受け入れ対象となりやすい。

活動の実践展開

　ボランティアをしようと思い立って相談機関を訪れた相談者に具体的な希望がない場合，こうした施設での行事を勧めるという対応はよくなされる。ボランティアセンターなどでは，こういった行事へのボランティアの依頼がよくあり，調整窓口になっている。一般的な相談窓口を利用する場合も，「何がしたいか，何ができるか」「どのような分野に関心があるか」「どのような知識や経験があるか」といった，自分自身の希望や目的を整理して臨む必要がある。

　また，この事例にみられるように，知り合いに紹介を頼む，知り合いの活動に同行するという方法が取られる場合も多い。ひとりで決めて，ひとりで実行するのはなかなか勇気のいることなので，頼る人がいるというのは心強いことである。

　「障害をもつ人に関わりたい」と最初に思い立つ動機としては，家族や友人，知人をとおしてという理由が最も多いように思われる。家族の誰かに障害があるというような直接的な動機のほかに，たまたま知人に誘われてという場合もある。どちらの場合も，体験はひとつのきっかけとして，どのようにつなげ，あるいは広げていくかは本人の意識や目的による。

活動の課題

　近年，ボランティア活動の動機づけとして進学などへの評価が大きな位置を占めるようになってきた。1994（平成6）年，厚生省（現，厚生労働省）の高齢社会

実践編

　福祉ビジョン懇談会により「21世紀福祉ビジョン──少子・高齢社会に向けて」が報告され,「学校教育のプロセスにおけるボランティア体験など,できるだけ若い世代のうちから社会参加体験を推進するとともに,入学試験や入社試験におけるボランティア歴の評価など,社会全体としてこうした活動を評価するシステムづくりを進めていくことが必要である」と示された。これにより,特に大学受験の指導などでは,内申書への盛り込みを前提としたボランティア活動が奨励されている。

　このような状況を受け,ここでは,明確な目的意識なく「なんとなく」体験的に参加したボランティア活動が,連絡・調整の不備や,本人のボランティア活動に取り組む動機や意欲などの問題から,あまりうまくいかなかったという事例を示した。ボランティアに取り組む人,送り出す人,受け入れる人,さまざまな立場の人に多くの課題をなげかける事例である。

　どのようなきっかけであれ,ボランティア活動に取り組むことで,その後のよりよい発展につながればよいことである。一般的にも「ボランティア活動は1回やってみただけという程度の活動ではよい評価につながらない」という認識が広がっており,取り組む人自身も感じている。一方「ボランティア活動は,やらないよりは,1回だけといえどもやってみるほうがよい」または,「その活動をやることによって,何か得るものがあるはずだ」という考え方もある。

　1回だけというようなボランティア活動は,多くの場合,清掃活動や行事の手伝いが選択される。清掃活動などは,ボランティア活動というよりも,社会奉仕活動として位置づけられる傾向にある。しかし,世のなかにそのような活動も必要であるということを学ぶ機会としては有効であろう。一方,人を対象とした活動,特に障害のある人やニーズをもつ人に対する活動の場合,ボランティア活動をする側にもそれなりの知識や準備が必要になる。正しい知識や学習なしに関わると,双方に満足な結果は得られないし,場合によってはケガなどの事故といった危険さえ伴う。しかし,その活動体験をすることで,たとえば新たな気づきを得るという,次への発展につなげることができると考える。また,そうしたきっかけを得るという意味では,ボランティア活動は成功したといえよう。

事例2　夏休みを利用しての地域活動

フェイス・シート

(1) 活動の対象
　　在宅障害児とボランティア
(2) 活動する上でのキーワード
　　主体的参加，企画し実践，活動の継続
(3) 活動のねらい
　　障害のある子どものレクリエーション活動と，行事をサポートする学生ボランティアの育成
(4) 活動の日時または期間
　　事業の実施は夏休み。事業を実施するための打合せや準備は2カ月前から。
(5) 活動の場所
　　青少年センターを中心に
(6) 活動した人・グループと人数
　　学生20人程度
(7) 活動の内容
　　障害児を対象としたデイキャンプの企画と運営
(8) 活動の方法・展開
　　デイキャンプの主催者が募集したボランティアに参加し，ボランティアが企画や運営に主体的に参加し実施する。当日だけでなく，企画や準備，後片づけや反省，次回への引継ぎなど，継続した長期の活動になる。
(9) ふりかえりの方法
　　デイキャンプの行事のなかで，主催者や仲間と反省し，次の企画へ生かしていく。

実 践 編

障害者分野のボランティア活動の事例

　大学に入学し，初めての夏休みを迎えようとしていたY子さんは，夏休み中にボランティア活動をし，その活動についてレポートを提出するという課題を出された。Y子さんは，これまでボランティア活動の経験はなく，何をしたらよいか思いつかなかった。数人の友人に聞いてみたところ，「中学校のとき吹奏楽のクラブ活動で，老人ホームに演奏に行ったことがある」「お母さんが手話サークルにずっと行っているから，以前は一緒に行っていた」など，経験のある友人もいたが，多くはボランティア活動をしたことがなく思案していた。そのなかで，同じ町に住んでいて，通学でよく一緒になるTさんが「去年の夏休み，障害児のデイキャンプのボランティア活動に行ったよ。今年も申し込んでいるから一緒に行く？」と誘ってくれた。そこで，Y子さんはTさんと一緒に参加することにした。

　7月半ば，Tさんから「来週の土曜日，デイキャンプの打ち合わせ会がある」と言われ，事前の説明会と思ったY子さんは参加することにした。

　土曜日，打ち合わせ会場の青少年センターに行き，Tさんを探した。その部屋には学生風の人や，高校の制服を着ている人などが20人ほど集まっていた。Tさんは数人の人と楽しそうに話していた。TさんはY子さんを見つけ，一緒にいる人に「同じ大学のY子さん。私が誘ったのよ」と紹介し，「同じ高校だったSさん。去年も一緒に参加したけど，Sさんは一昨年から来ている」とY子さんに紹介した。

　間もなく，「はじめますよ」と言って数人の職員が入って来て，「今日初めて来た人，受付しますから来てください」と言った。そう言われて前に出たのは，Y子さんのほかに2人いた。ほかの2人は高校2年生で同級生だった。

　職員のRさんが前に立って，「今日は，ゲームのルールを決めた後，道具をつくります。先週決めたように今日のリーダーはSさんです。今日が最後の打ち合わせなので，時間内に終わるようがんばりましょう」と説明した。すると，Sさんが前に出て，Rさんを含めた職員は部屋の後ろの席に座った。Sさんが，「先週決めたように，ゲームはボーリングと魚釣りゲーム，最後に外に出て水遊びをします。最初にボーリングのやり方を決めます。去年のルールをここに書いていますので，これを見て意見を出してください」と言った。

Y子さんは，同じボランティアのSさんが会を進行し始めたのにまず驚いた。そして，決まっていることを説明されて帰るだけだと思っていたのに，自分たちで考えていかなくてはいけないことにさらに驚いた。

　初めはなかなか意見が出なかったが，Sさんが「去年参加した人に順番に意見を言ってもらいましょう」と言って，最初にTさんを指名した。Tさんが意見を言うと，それに対して質問や意見が出始め，笑いが出たり意見が対立したりしながら，活発に話し合いが進んでいった。

　ルールが決まると，道具づくりが始まった。リーダーのSさんが，ゲームごとに場所を決め，つくらなければいけないものの種類と数を書き出し，職員はその場所に材料や道具を配った。後は，去年の参加者を中心に自然に役割分担ができ，グループごとに道具をつくり始めた。Y子さんは，Tさんと一緒にペットボトルに色紙やビニールテープを貼って，ボーリングのピンをつくった。道具ができると，皆でゲームの予行演習をし，決まっていたルールを変更したり，道具に工夫を加えたりした。それは，とても楽しい作業で，初めて会った人とも仲良くなれた。

　Rさんが，「担当してもらう子どもの確認をしますので集まってください」と声をかけた。デイキャンプに来る予定の子どもの写真を貼ったホワイトボードを前に，ひとりずつの子どもの担当ボランティアの名前が読み上げられ，子どもの障害の状態や注意事項などプロフィールが説明された。Y子さんはTさんと一緒に小学4年生のP子ちゃんの担当と言われた。Y子さんは少し不安だったが，Tさんと一緒なのでなんとかなるだろう，と思った。また，子どもと一緒に遊ぶというボランティア活動の内容は，教師を目指す自分にとって将来役に立つ活動内容だと思った。

　Rさんが「それでは，今日は終わりにします。本番は8月○日です。朝9時に集合してください。昼食と帽子を忘れないように。念のため着替えをもって来てください。今日来られなかった人に友だちどうしで連絡してください」と説明し，終わりになった。

　帰り道，Y子さん，Tさん，Sさんは，去年の思い出などをおしゃべりしながら一緒に帰った。Y子さんは，ちょっと大変だなと思いながらも，「なんとかできそう」と思った。

実践編

　デイキャンプの当日，Ｙ子さんは昼食を忘れて，Ｒさんに叱られてしまった。お昼になったら買いに行くことができる，と考えていたのだが，「担当する子にずっとついていないといけない」とＴさんに言われ，あわてて買いに行った。
　子どもたちが来る時間になり，お母さんに連れられてＰ子ちゃんがやって来た。Ｔさんは，「おはよう」と話しかけ，お母さんに自己紹介した。Ｙ子さんもつられて名乗った。始まりの会の後，ゲームになり，デイキャンプは予定どおり進んでいった。Ｙ子さんは，Ｐ子ちゃんから目を離さないようにとのＳさんの注意が頭から離れず，走り回るＰ子ちゃんからとにかく離れないようにしたが，一緒に楽しく遊ぶどころではなかった。Ｐ子ちゃんが，なぜそんなに動き回るのか，まったくわからなかった。Ｐ子ちゃんはゲームをルールどおりすることはできず，ボーリングでは，ほかの子どもの転がしたボールを途中で止めることに夢中になり，けんかになりかけたりした。Ｔさんは，Ｐ子ちゃんに話しかけたり，ほかのボールを渡して，気をそらそうとしたりしていたが，Ｙ子さんはどうしてよいかわからなかった。
　あっという間に３時になり，子どもたちの帰る時間になった。迎えに来たお母さんが「Ｐ子ちゃん帰ろう」と言っても，Ｐ子ちゃんは，ロビーを行ったりきたりして，帰ろうとしなかった。お母さんが「帰りたくないくらい楽しかったのね」と言うのを聞き，Ｙ子さんは「Ｐ子ちゃんは楽しかったんだ」と思い，ようやくうれしくなった。
　子どもたちが帰った後の反省会で，ＴさんはＰ子ちゃんの具体的な行動を例にあげ「もっとこうすればよかった」などと発表した。Ｙ子さんは「ついていくのに精一杯だった」としか言えなかった。しかし，Ｒさんに「よくがんばったね」と言われうれしくなり，「来年も参加したい」と思った。そして，来年は，もう少し子どものことをわかってあげられるようになり，一緒に遊びたいと思った。

事例の理解を深めるために

　一般に「ヤングボランティアスクール」などといわれている夏休みのボランティア体験活動は，社会福祉協議会や青少年センター，教育委員会などさまざまな機関や団体が実施しており，夏休みを利用したボランティアの入門教室的企画と

して定着している。この種の講座で，障害者に関するボランティア体験が取り入れられることは多い。

　それらの多くは，学校の授業や行事で行われる福祉教育としてのボランティア体験と大差なく，障害を素材とした体験活動や当事者や活動者の話を聞くという内容である。車いす体験，アイマスク体験，手話や点字体験などが一般的である。体験メニューで最近流行しているものに高齢者体験セットを装着しての高齢者体験もあるが，これも「不自由さを体験する」という意味では障害をテーマにした体験として実施されることもある。

　このような体験学習的なボランティア講座は，学校教育での福祉教育の普及にともない，徐々に参加者が減少している。半日で終わるものなど，短時間の講座であれば多少は参加者があるが，中途半端に日数の多い，あれもこれもといった体験講座は敬遠されがちである。

　参加対象者が高校生以上など，年齢層が高い場合，計画や運営などをある程度任される企画も増えてきている。このような場合，ボランティアといってもかなりの責任がともなうし，自分たちで考えて実行しようとすればするほど，参加しなければならない回数も増え，継続的な活動に近いものになる。目的意識が高く，意欲もある参加者の場合，満足度の高い活動内容であるが，能動的な参加の仕方では負担に感じる場合もある。義務的に参加するのか，主体的に参加するのかが問われるところである。

活動の実践展開

　障害者を対象とした，主として夏に行うデイキャンプは，古くから，さまざまな形態，実施主体によって開催されてきた。それは，レクリエーションの一環であったり，障害者とボランティアとの交流を目的としていたり，多様な目的をもって行われる。

　主催者が企画運営するものに補助的に参加する場合と，ボランティアが一方の主役としての企画・運営などの役割を担う場合と，どちらに参加したいと思うのかを，自分自身がみきわめる必要がある。

実践編

活動の課題

　ボランティア活動のなかでも，人を対象とした活動に参加する場合，ボランティア側にもそれなりの準備が必要になる。特に，障害者に対する活動の場合，正しい知識や準備なしに関わると，時としてケガや事故などの危険さえともなう。取り組もうとしている活動がどのような人を対象としており，どのような知識や技能が求められているのかを確認し，学びながらその活動に取り組まなければならない。夏休みの課題としてボランティア活動に取り組むような場合は，時間的な制約などから，一時的な体験活動で終わってしまうことも多いが，その体験をきっかけとして興味や関心を深め，より実践的な活動へと発展させていくこともできるであろう。

　ボランティア活動に送り出す側にも，教育課程の一環として明確な位置づけがあるのであれば，その活動の方向づけと事前準備が必要となる。ボランティアが学生であれば，受け入れる側もボランティアにある程度のレベルを期待して受け入れるであろう。一方でボランティアを送り出す側が，ボランティアの指導・教育を受け入れ側にすべてまかせるのであれば，そういう前提で事前の打ち合わせなどが必要になるであろうし，事後のフォローに努める必要もある。

　その活動の責任所在を明確にしないまま，ボランティア活動の目的も方向性も示さず，ただ「体験することに意義がある」という取り組みではよい成果は得られない。

　また，逆に，ボランティアを受け入れる側にも特に社会福祉法人であれば，社会福祉法人としての機能と責任から，「ボランティアを育てる」という視点と技能が求められる。その「育てる」ということは，行事の主役が利用者なのか，ボランティアなのか，という課題も提起され，そのことを明確にして活動に取り組むことが必要である。

学習者の視点――これから実践するあなたへ

　まず，あなたが「ボランティアをやってみよう」と思い立ったことはすばらしいことであり，多様な領域のボランティア活動があるなかで「障害者に対するボランティア活動をしよう」と，自分で決めることができたということは，なおすばらしい。自主的・主体的な活動とよくいわれるが，主体的に自分で何をすべきか見つけ，考え，

決めることは大変難しいことである。多くの人の場合,「ボランティアをやってみよう」と思いついても,どんなことをするかを決めるところに行き着くことが,なかなかできないのが現状である。

そこで,「障害者に対するボランティア活動をしよう」と決めた,あなた自身の決断に至る経緯をふりかえり,自分なりに整理してみよう。

まず,なぜ,ボランティアに興味をもったのか,障害をもつ人に関心をもったのはなぜなのかについて自分なりに整理することは,今後,活動していくなかでの目的や意義をどう位置づけるのかに関わってくる。誰かとの出会いがあった,印象的なテレビ番組を見た,学校の授業で体験学習をしたなどさまざまなきっかけがあったはずである。あるいは,学校の授業や課題,単位取得のためにボランティアをしなくてはいけない,という状況になったのかもしれない。どの対象分野に取り組むにしても,それを選択し,決定した過程には学習や経験・体験,出会いなどさまざまな要因が影響を及ぼしている。たとえ,誰かの決定に受動的に従ったとしても,「やってみよう」と決めることができたあなたは,ボランティア活動を実践する第一歩を踏み出すことができた,スタートラインを越えることができたのである。

スタートしても立ち止まったり,引き返したり,わき道にそれたりすることもある。しかし,「何かをしよう」と思い立ち,実践することができたのだから,何もしなかったよりも,より高い目標に向かって進む機会を得たということで,あなたの人生にとってきっとよい影響をもたらすはずである。

何かに気づき,問題や課題を見つけ,それに取り組むことができる,自主的,主体的な姿勢を得る,ボランティアに取り組むことで,そのような前向きな人生を歩む基本的な姿勢を身に付けることができるのである。

(井岡由美子)

第9章 児童分野のボランティア活動

　本章は，児童のボランティア活動として，①児童福祉施設での活動，②子育て支援における活動の2事例を紹介し，児童福祉施設のあり方，児童虐待，児童の権利擁護の大切さ，子育て支援などについて説明している。ボランティアが子どもたちと関わることによって自己成長する重要性にもふれている。

▨ 事例1　児童福祉施設におけるボランティア活動
フェイス・シート

(1) 活動の対象
　　K児童養護施設で生活している子どもたち
(2) 活動する上でのキーワード
　　児童福祉施設，児童虐待，権利擁護
(3) 活動のねらい
　　児童養護施設で生活している子どもたちと遊びをとおして関わり施設の社会化を支援する。また，ボランティア自身も活動を通じてさまざまなことを学び，自己成長していく。
(4) 活動の日時または期間
　　毎週土曜日の午後
(5) 活動の場所
　　施設および近隣地域
(6) 活動した人・グループと人数
　　施設と近隣にあるI高校のボランティア活動部。高校1年生から3年生までの男女約8人
(7) 活動の内容
　　主に2歳から就学前までの幼児と遊ぶ。

(8) 活動の方法・展開

　　毎週，継続的に子どもたちと関わり，関係を深めている。

(9) ふりかえりの方法

　　ボランティア活動部員，ボランティア活動部顧問，施設のボランティア担当職員（ボランティアコーディネーター）の三者で，学期末ごとに活動の協議をする場を設けている。また，活動中何かあれば，ボランティア担当職員に連絡，相談するようになっている。

児童分野のボランティア活動の事例

　Ｉ高校のボランティア活動部は，高校の近隣にあるＫ児童養護施設に毎週，土曜日の午後訪問し，継続的に子どもたちと遊びをとおして関わり，お互いの関係を深めている。

　部員は，高校1年生から3年生までの男女約8名であり，ボランティア活動中，何かあれば，施設のボランティア活動担当職員に連絡，相談するようにと言われていた。

　高校3年生のＹさんは，この活動を始めて3年目である。1年生のとき，初めて施設を訪問し，今まで，自分が経験したことのない生活をしている子どもたちと出会い，いささか戸惑いはあったものの，毎週継続的に関わってきたおかげで，なんとか肩をはらずに関係がもてるようになってきた。

　当初は，格闘技ごっこやボール遊び，ママごとなどの身体を使った活動的な遊びが主流であったが，お互いの信頼関係が構築され，ゆっくりとお話ができるようになっていた。

　ある日の活動中，2年間，毎週遊んでいた6歳のＡ男が，突然

　Ａ男　「なぁＹねえちゃん，ぼくの手のヤケド知ってる？」

　Ｙさん　「えぇっ……」

　Ａ男　「ぼくのや，これ」といってもう片方の手で指差している。そこには，タバコの火を押しつけられたようなヤケドの痕が2つ手の甲にあった。Ｙさんは，以前から気づいていたが，何らかの理由があると考え，そのことについてはＡ男にふれなかった。

　Ｙさん　「知ってたけれど……」

実践編

A男　「お父さんがやったんや！」と強い口調で
Yさん　「えっ，どうして？」
A男　「ぼくが悪いことしたからや」と，先程とは少し弱い口調で
Yさん　「何をしたの？」
A男　「あのなぁ……。ぼく，……。ぼく，……。やっぱり，わからん」と下を向いて黙ってしまった。

　Yさんは，突然の思いもよらぬ会話に，どう応えたらよいのかわからず，お互い少しの間，無言が続いたが，すぐに，気を取り戻し「A男，グラウンドに遊びにいこう」とその場の雰囲気を切りかえボール遊びをした。
　その日，Yさんは，この会話が気になり，活動を終えてから施設のボランティア活動担当職員であるT先生に相談してみた。
　T先生は，「そうですか，Yさんは，A男とよい関係がとれてきましたね」と少しほほ笑みかけながら懇切丁寧に次の5つについて話をしてくれた。
　①児童養護施設の現状と，生活している子どもたちの様子。②特に最近は，「児童虐待」をうけて入所してくる子どもたちが多くなり，その対応の難しいこと。③A男は，入所以前，父親から虐待を受けていたこと。そして彼のプライバシー保護のため，会話の内容を部外者にもらさぬよう秘密保持すること。④子どもたちには，必ず人権があり，彼らの権利について「権利擁護」をしていかなければならないこと。⑤子どもたちとボランティアの関係の重要性についてであった。
　Yさんは，3年目にして，子どもたちとよい関係がとれつつあり，A男がカミングアウトしてくれたことの重要性を知った。また，T先生の存在が活動する上で適切なスーパービジョンとなったことを認識し，改めて児童福祉施設におけるボランティア活動の意義を感じた。

事例の理解を深めるために

(1)　児童福祉施設
　現在，児童福祉施設の種別は表9-1のとおりである。

第9章　児童分野のボランティア活動

表9-1　児童福祉施設の目的・対象者の一覧

施設の種類	施設の目的と対象者
助産施設	保健上必要があるにもかかわらず，経済的理由により，入院助産を受けることができない妊産婦から申し込みがあったとき，助産を行う
乳児院	乳児を入院させて，これを養育する（保健上など必要な場合には幼児を含む）
母子生活支援施設	配偶者のない女子またはこれに準ずる事情にある女子およびその者の監護すべき児童を入所させて，これらの者を保護するとともに，これらの者の自立の促進のためにその生活を支援する
保育所	保育を必要とする乳・幼児を日々保護者の下から通わせて保育を行う
幼保連携型認定こども園	義務教育およびその後の教育の基礎を培うものとして満3歳以上の幼児に対する教育および保育を必要とする乳児・幼児に対する保育を一体的に行い，これらの乳児または幼児の健やかな成長が図られるよう適当な環境を与えて，その心身の発達を助長する
児童養護施設	乳児を除いて，保護者のない児童（特に必要のある場合には，乳児も含む），虐待されている児童その他環境上養護を要する児童を入所させて，これを養護し，あわせて退所した者へもその自立を支援する
障害児入所施設 　福祉型障害児入所施設 　医療型障害児入所施設	障害のある児童を入所させ保護，日常生活指導，知識技能の付与等を目的とする。 福祉型と医療型があり，医療の提供の有無により区別され，医療型施設では医学的な治療が行われる。 福祉型障害児入所施設としては旧法の知的障害児施設や盲ろうあ児施設，自閉症児施設（第2種），肢体不自由児療護施設などが含まれる。 医療型障害児入所施設としては旧法の肢体不自由児施設や重症心身障害児施設，自閉症児施設（第1種），などが含まれる。
児童発達支援センター 　福祉型児童発達支援センター 　医療型児童発達支援センター	障害のある児童を保護者のもとから通わせて日常生活における基本的な動作の指導，知識技能の付与，集団生活への適応指導を行うほか，地域の障害児等についての指導，障害児を預かる施設への援助。助言を行う事を目的とする施設。 福祉型と医療型は，医療の提供の有無により区別され，医療型施設では医学的な治療が行われる。 児童発達支援センターには旧法の知的障害児通園施設や肢体不自由児通園施設，重症心身障害児（者）通所施設，難聴幼児通園施設などが含まれる。
児童心理治療施設	家庭環境，学校における交友関係その他の環境上の理由により社会生活への適応が困難となった児童を，短期間，入所させまたは保護者の下から通わせて，社会生活に適応するために必要な心理に関する治療および生活指導を主として行い，あわせて退所した者について相談その他の援助を行う
児童自立支援施設	不良行為をなし，またはなすおそれのある児童および家庭環境その他の環境上の理由により生活指導等を要する児童を入所させ，または保護者の下から通わせて，個々の児童の状況に応じて必要な指導を行い，あわせて退所した者へもその自立を支援する
児童家庭支援センター	地域に密着した相談・支援体制を強化するため，虐待や非行等の問題につき，児童に関する家庭その他からの相談に応じ，必要な助言を行うとともに，保護を要する児童または，その保護者に対する指導及び児童相談所等との連携・連絡調整等を総合的に行う
児童館	屋内に集会室，遊戯室，図書館等必要な設備を設け，児童に健全な遊びを与えて，その健康を増進し，または情操をゆたかにする
児童遊園	屋外に広場，ブランコ等必要な設備を設け，児童に健全な遊びを与えて，その健康を増進し，または情操をゆたかにする

出所：厚生労働統計協会編『国民の福祉と介護の動向2018/2019』2018年，320頁参照。

実践編

(2) ある児童養護施設の日課

	AM 6:30	6:40	7:00	7:30	8:00	10:00 PM 12:00	3:00	4:00	5:30	6:00	6:30	7:00	8:00	9:00
学童	起床・洗面	朝のつどい 清掃	朝食	学校登校		昼食		清掃	夕食	入浴	学習	自由時間		就寝
幼児	起床・洗面	朝のつどい	朝食	自由保育	設定保育	昼食	午睡 おやつ	自由保育	入浴	夕食				

(3) 児童虐待

　児童虐待とは，保護者や同居人などから児童に対して身体的虐待，心理的虐待，性的虐待，ネグレクト（保護の怠慢ないし拒否）などが加えられる人権侵害の行為である。虐待に関する児童相談所の相談処理件数は，2007（平成19）年4万639件であり，12年前の1990（平成2）年1,101件の40倍以上となっている。また，児童相談所による児童虐待からの保護のための施設入所児童も増加の傾向にある。[1]

(4) 権利擁護

　さまざまな社会福祉サービスなどを利用している子どもや大人が，自己の権利やニーズを表明するのが困難なときに，本人に代わって弁護・擁護することである。時として，アドボカシー（Advocacy）と呼ばれることもある。また，子どもの権利とは，「子どもにとって，あたりまえのこと」を指している。たとえば，子どもにとって，生きること，成長すること，遊ぶこと，家族と一緒に生活すること，教育を受けること，差別されないことなどは，すべてあたりまえで，社会や大人は，それらを認め，権利擁護していく必要がある。

(5) ボランティア活動担当職員（ボランティアコーディネーター：volunteer coordinator）

　ボランティア活動をしたい人や機関とボランティア活動を求めている人や機関をコーディネーション（調整 coordination）する専門職である。ただ単に，調整するだけではなく，事例のようなスーパービジョンを必要とする場面も多々ある。社会福祉施設においては，ボランティア活動担当職員は，経費の都合などによりほとんど専任ではなく，保育士，指導員などが日常業務と兼任している場合が多

く，専任化が望まれている。
(6) スーパービジョン（supervision）
　福祉施設や機関で，経験，知識をもつ専門家（スーパーバイザー：supervisor）が，現場のワーカー（スーパーバイジー：supervisee）に専門的な援助を行うこととされている。支持的，教育的，管理的，評価的などの機能がある。

活動の実践展開

　児童福祉施設におけるボランティアの具体的な活動目的と内容
(1) 児童福祉施設の正しい理解
　ボランティア活動を通して，児童福祉施設の目的や役割，機能，特徴などについて具体的に理解をする。次に，その施設だけではなく，福祉施設全体の課題などにも関心を広げていけたら活動の幅が広まる。
(2) 子どもたちと施設生活の理解
　ボランティア活動をとおして，子どもたち自身の課題や日常生活，また彼らを取り巻くさまざまな背景について正しい理解をする。なお，その際に知り得た個人情報については，権利擁護の観点から「守秘義務」の徹底が必要とされるであろう。
(3) 児童分野におけるボランティアとしての適性および自己発見
　ボランティア活動中，またその後，子どもたちとの関係のなかで感じたこと，考えたこと，行動したことをふりかえり，それを事例のように施設職員やボランティア活動担当職員に話してみるなどをして，ボランティア本人の適性や課題について考え，自己を見つめ直し，自己発見していくことが大切である。
　以上，3つの目的と内容に向かってボランティア活動を進めていけば，充実したボランティア活動になるであろう。

実践編

活動の課題

　ここでは，ボランティアが活動中において，入所および利用児童への「権利擁護」意識を必要とすることについて述べる。

　昨今，児童養護施設の入所理由の傾向は，被虐待を主訴とした入所が増加してきている。基本的な入所は，児童福祉法第27条による保護者の同意を得たものである。

　しかし，被虐待を主訴としたケースの場合は，この保護者の同意を得るのが非常に困難なことが多い。したがって，児童福祉法第28条申立てによる施設入所が余儀なく実行される。これは，施設入所に対する保護者の同意を得る作業が困難で，なおかつ保護者による児童の監護が望ましくないと判断されれば，家庭裁判所の審判に基づく児童福祉施設への入所をさせることができるものである。

　また，主訴にはなっていないが，なんらかの虐待を受けて入所している児童も多少存在している。この児童福祉法第28条申立てによる施設入所の場合，措置機関である児童相談所が，ケースワークの過程で，あえて児童の保護のためにどこの児童養護施設に入所しているのかということを保護者に知らせないケースがある。つまり，ある児童が，虐待を受けて緊急保護を必要としている，そしてある児童養護施設に入所しているという事実が，ケースワークの過程で施設外部にもれてはいけない状況が生じている状況である。

　このような状況の際に，たまたま来ていたボランティアが利用児童のプライバシーに触れ，権利擁護の意識がなく，そのことを施設外部にもらした場合，大変な混乱を巻き起こすことは間違いないであろう。

　要するに，児童福祉施設におけるボランティア活動は，施設利用児童の人権保障と「権利擁護」意識の必要性を徹底しなければならない時期にきているということである。

　そのための解決策として，ボランティアは，活動中において施設職員やボランティア活動担当職員との十分な連絡および報告，指導を受けて，興味本意や誤った理解，また独りよがりにならないことが大切である。

　そして，入所および利用児童に対する個人情報については，ボランティアに対して「守秘義務」を徹底しなければならない。

●個人情報の保護に関する法律（平成15年法律第57号）
第二条　この法律において「個人情報」とは，生存する個人に関する情報であって，当該情報に含まれる氏名，生年月日その他の記述等により特定の個人を識別することができるもの（他の情報と容易に照合することができ，それにより特定の個人を識別することができることとなるものを含む。）をいう。

事例2　子育て支援における在宅ボランティア活動

フェイス・シート

(1) 活動の対象
　　自閉症をもったM君
(2) 活動する上でのキーワード
　　子育て支援，レスパイトケア，フィンガーペインティング
(3) 活動のねらい
　　自閉症をもったM君とM君宅にて遊ぶことにより，M君宅を拠点とした子育て支援，および地域活動を展開していく。また，ボランティア自身も活動を通じてさまざまなことを学び，自己成長していく。
(4) 活動の日時または期間
　　毎週水，土曜日の午後
(5) 活動の場所
　　M君宅，M君が通う小学校，公園などの近隣地域施設
(6) 活動した人・グループと人数
　　大学生3名，社会人1名
(7) 活動の内容
　　M君宅より，ひとりで遊んでいることが多いM君と地域の友達を結び付けてほしいという子育て支援ニーズが民間のPボランティア協会にあり，紹介されたボランティア4名が，M君と地域を結び付けるため，さまざまな活動を工夫し，展開している。
(8) 活動の方法・展開
　　毎週，継続的にM君と関わり，M君宅の子育て支援ニーズを展開し，最終的には同じような活動しているボランティア同士の連絡会を結成した。

実践編

(9) ふりかえりの方法

　　ボランティア4名，民間のPボランティア協会，Pボランティア協会のボランティアコーディネーターの三者で，毎月定期的に活動の協議をする場を設けている。また，活動中何かあれば，Pボランティア協会のボランティアコーディネーターに連絡，相談するようになっている。

児童分野のボランティア活動の事例

　Pボランティア協会に，自閉症をもった小学3年生M君とM君の母親が相談にきた。

　相談内容は，ひとりで遊んでいることが多いM君と地域の友達を結び付けてくれる人がほしいとのことであった。そこで4人（大学生や社会人）のボランティアが紹介された。活動は，毎週水，土曜日の午後であった。

　M君は，5歳のとき自閉症と診断され，自閉症特有の視線が合わない，会話はオウム返し，ひとつのことを繰り返すというこだわりの行動などがあった。

　ボランティアのRさんは，彼と最初に出会った際，突然，彼が走り出し，慌てて手をつなぎにいったこと，また，時々パニックになるのかM君宅の食器棚のガラスが全部なかったことにとても驚き，「これは，いい加減な気持ちでは，活動は無理だ」と思った。

　その後，M君宅で粘土遊び，フィンガーペインティング，プール遊び，地域散歩などの活動を何回かしているうちに，彼の友達と出会うことが多くなり，時には，一緒に遊ぶ機会も増えてきた。

　そこで，ボランティアとM君の母親と話し合いをし「どこか，定期的に場所を借りてそこで友達と遊べるようにできたらよいのに」ということになった。

　早速，Pボランティア協会も加わって，M君が通っている小学校のプレイルームを定期的に使えるようになった。その後，この活動は定期的に行われ，毎回，10名程度の子どもたちがM君と一緒に遊べるようになり，学童保育のようなものとなっていった。

　当初，M君の母親は，心配で何回か見学にきていたが，ボランティアとの信頼関係ができたのか，活動の間，M君をボランティアに任すようになってきた。一日中彼を中心とした生活がなされていたM君の母親は，週に2回，午後のみ

ではあったが，自分の時間がもてるようになり，買い物や美容院などにも行けるようになった。M君の母親に余裕が出てきたのである。これは，子育て支援におけるレスパイトケアにつながった。

また，M君との関係も，一歩ずつではあるが前進し，彼の意図することがわかってきた。M君も場面に合わせて自分の都合のよいボランティアのところへ行くことができるようになり，人のこだわりが少しなくなってきたようだ。

今後の目標は，おやつが好きで，かなり肥満になっているので，プールやハイキングに力を入れて，ダイエットしていこうということになっている。

障害をもつ子どもと家庭は，ともすれば，地域から孤立し，閉鎖的になる可能性もなきにしもあらずである。そこに，ボランティアがうまく入り，家庭とその子の友達，そして地域の架け橋の一助になれば，これほどよい子育て支援はないであろう。

事例の理解を深めるために

(1) 子育て支援

一般的に，子どもは家庭で養育・保護をされて健やかに成長するといわれている。その家庭に家庭以外の公的，私的，社会的機能が子育てに関し必要に応じて支援的に関わることをいう。具体的には，育児休業制度の充実，労働時間の短縮，低年齢児保育の拡充，母子保健医療体制の整備，地域子育てネットワークの推進，子どもの遊び場・施設の整備，育英奨学事業の充実，ボランティア活動の推進など，多様な子育て支援が求められている。事例では，障害をもつ子どもと家庭への援助，支援となっている。

(2) レスパイトケア（respite care）

障害をもつ子どもや大人を一時的に施設やヘルパーが預かることによって，親や家族を育児や介護から一定の期間や時間，解放する援助，支援のこと。これにより，親や家族が日ごろの心身の疲れを回復し，ほっと一息つける。

(3) フィンガーペインティング（finger painting）

絵の具にのりなどを混ぜて，直接手の指などで，ぬるぬる感を感じながら描く指絵のことである。自由な表現で解放的な気分になることのできる絵画技法である。

実践編

活動の実践展開

　活動が半年過ぎたころ，Pボランティア協会の呼びかけにより，同じような子育て支援活動しているボランティアが20名ほど集まり，抱えているボランティアケースについての悩みなどの話し合いが行われた。

　子育て支援における在宅ボランティア活動は，ボランティアと家庭との個人的な活動のためボランティアの模索や限界を感じることが多々ある。そこで，それらを少しでも解消し，フォローアップしていく体制づくりのために連絡会が結成されることとなった。

　連絡会は，次の3つの柱を中心に積極的に活動を展開した。
① 学習会活動（子育て支援の方法や障害についての学習会を開催）
② 交流会活動（キャンプやハイキングなどを通じて，子ども，保護者，ボランティア同士の交流の機会を設ける）
③ 機関紙活動（学習会，交流会の報告など）

　この連絡会のおかげで，ボランティア同士がお互いの悩みや葛藤が少し解消された。また，保護者同士の交流であらたな関係が生じた，もちろん子どもたち同士も仲よくなった。

　子育て支援における在宅ボランティア活動は，フォローアップが困難になりがちであるが，連絡会というネットワークをつくることによって，パワーアップした子育て支援になると確信した。

活動の課題

　今日，子どもたちを取り巻く，子育てに関する意識の変化，出産・子育ての経済的および心理的負担，女性就労の増大，生活環境の問題は，図9-1のようにさまざまな問題を投げかけている。

　連動するように子どもたちは，被虐待，非行，犯罪の低年齢化，不登校，ひきこもり，不健康，お受験など，複雑多岐な問題を抱え，連日連夜，マスメディアをにぎわしている。

　つまり，子育ての基盤である家庭の機能は限界にきている状況といっても過言ではなく，養育機能は著しく低下しており，既存の制度では到底対応できるもの

第9章 児童分野のボランティア活動

○子どもを取り巻く
　最近の社会経済状況

人々の意識変化	○未婚率の上昇，晩婚化の進行 ○ライフスタイルの変化 ○子育ての意味の変化	⇨	子育てに喜びを感じられる社会づくり	⇦

〈基本的方向〉
○子どもの問題について社会全体の関心喚起
○父親の子育て参加の促進
　（男女共同参画社会の形成。「育児をしない男を，父とは呼ばない」）
○若いうちからの親になる意識の涵養

| 出産・子育ての経済的負担 | ○養育費，教育費の増大 | ⇨ |

○子育て家庭への経済的支援の充実

| 出産・子育ての心理的肉体的負担 | ○育児不安の増大
○進学，しつけ等の悩み
○女性保健の関心の高まり | ⇨ |

○子育ての相談・支援体制の整備
○父親の子育て参加の促進
　（労働時間の短縮等）
○ゆとりのある教育環境の確保

| 女性就労の増大 | ○仕事と子育ての両立困難 | ⇨ |

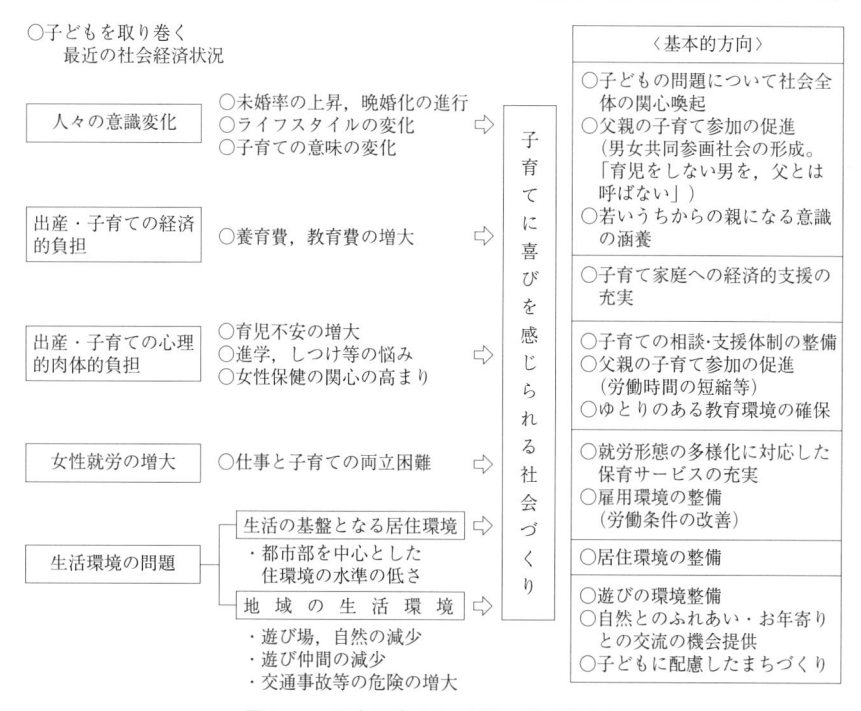

○就労形態の多様化に対応した保育サービスの充実
○雇用環境の整備
　（労働条件の改善）

| 生活環境の問題 | 生活の基盤となる居住環境
　・都市部を中心とした
　　住環境の水準の低さ
地域の生活環境
　・遊び場，自然の減少
　・遊び仲間の減少
　・交通事故等の危険の増大 | ⇨ |

○居住環境の整備

○遊びの環境整備
○自然とのふれあい・お年寄りとの交流の機会提供
○子どもに配慮したまちづくり

図9-1　児童環境づくり対策の基本的方向
出所：厚生労働省「国民生活基礎調査」（平成13年）社会保障入門編集委員会編『社会保障入門（平成16年版）』中央法規出版，2004年，64頁より。

となっていない。

　そこで，行政などによる「公」としての画一化されたサービスではなく，事例のような当事者を含めた民間レベルである「私」としての融通のきく，バラエティに富んだ支援サービスが求められている。そこには，近隣地域やボランティアの社会参加が大いに期待されており，必要となっていくであろう。

学習者の視点──これから実践するあなたへ

『基礎から学ぶボランティアの理論と実際』のなかで児童に関するボランティア活動の種類を次のように紹介している[2]。要約すると，
・子ども会活動
　地域の子どもたちを組織化したものであり，市レベル，都道府県レベル，全国レ

ベルとあり，遊びや文化を中心としたプログラムがボランティアの援助のもとに展開されている。
・ボーイスカウトやガールスカウト活動
　子ども会より広域的に組織されておりボランティア指導者のもとに野外活動を中心としたプログラムが展開されている。
・各種のスポーツ関係団体
　少年野球，少年サッカーなど，成人や大学生などのボランティアのもとに活動している。
・さまざまな児童文化活動
　子ども文庫，人形劇，おもちゃ図書館などの文化活動にボランティアが関わる。
・クラブ活動
　児童館，公民館，YMCAやYWCAなどの場でのさまざまなクラブ活動にボランティアが関わる。
・各種の野外活動
　各市町村や民間団体の子どもたちの野外活動の場にボランティアが関わる。
・非行の予防と補導・更生をねらいとした更生保護活動
　保護司，少年補導員，青少年指導員，民生・児童委員，主任児童委員，更生保護婦人会，PTAなどがある。また，この分野の代表的なものとし非行少年との兄姉活動であるBBS活動がある。
・児童のための健全な環境づくりへの取組み
　図書館，児童館，保育所などの設置要求，有害環境の浄化運動，青少年不良化防止運動，環境美化運動，自然保護運動などがある。
・福祉施設訪問活動
　児童福祉施設などで，子どもたちの遊び相手，スポーツ指導，学習指導，行事の手伝いなどの活動をする。
・障害をもつ子どもたちへの活動
　点訳や手話，朗読，外出介助，遊び相手などの活動がある。
・その他
　里親活動，交通遺児や災害遺児のための活動，不登校児の話し相手，動物園ガイドボランティアなど多様である。

　以上，多種多様な活動があげられる。
　この章では，そのなかの児童のボランティア活動の実際として，福祉施設訪問活動と障害をもつ子どもたちへの活動について事例をあげて説明した。
　これから児童の分野でのボランティア活動を実践するあなたに，ぜひとも忘れてほしくないのは，「子どもたちへの人権意識をしっかりもつこと」である。事例でも説明したように，子どもたちをひとりの人間としてとらえ，ボランティア活動をしてい

> くこと。そして，活動のねらいでもあげたように，ボランティア自身も活動を通じてさまざまなことを学び，「自己成長」していくこと。
> 　この2つを忘れずに活動し，子どもたちと共に自己成長し，そして社会参加できるボランティアであってほしい。そうすれば，必ず子どもたちから笑顔がかえってくる。

（辰己　隆）

注
1）「児童相談所における虐待相談対応件数の推移」日本子ども家庭総合研究所編『日本子ども資料年鑑2009』所収，KTC中央出版，2009年，122頁参照。
2）　大阪ボランティア協会監修　巡静一・早瀬昇編著『基礎から学ぶボランティアの理論と実際』中央法規出版，2004年，73-76頁参照。

第10章 国際貢献分野のボランティア活動

　本章は，国際貢献分野のボランティア活動が，人類史上稀な時代を迎えた国際社会のなかで，その活動意義に誇りと喜びをもつことのできる幸せな人による，その人が所属する社会への奉仕，もしくは還元であると説明する。その活動が，気づき，学び，成長の場であると同時に，自己の技能が，対象となる社会で役に立つという確信を得ることが肝要である。

事例1　国際医療分野におけるボランティア活動

フェイス・シート

(1) 活動の対象

　　海外における医療技術向上支援事業の実施に携わる人たち

(2) 活動する上でのキーワード

　　技術（skills），順応性（adaptability），誠実さ（sincerity）

(3) 活動のねらい

　　日本の大学病院で培った確かな医療技術を，N国内に居住するB国からの難民や一般住民に対して提供することにより，現地医療従事者の人材育成に役立てること。

(4) 活動の日時または期間

　　2000年11月から1年

(5) 活動の場所

　　N国J郡D市

(6) 活動した人・グループと人数

　　A氏（男性医師，当時39歳）

(7) 活動の内容

　　現地医師に対する外科技術の移転および外科診療サービスの提供

(8) 活動の方法・展開

　国際協力団体Mの会員の知人を介して応募，書類審査と面接を経て，各事業地域の支援ニーズが比較検討されたのち，派遣地が決定された。その後同団体の本部事務所にて派遣前のオリエンテーションを受け，渡航手続きを完了後赴任する。本ケースは，同団体のN国支部が運営するD市の総合病院に勤務し，外科医療チームの一員として，外来，手術，術前術後管理の一貫した外科サービスを提供するという責務を担うものであった。現地宿舎に寝泊りし，他の現地医師と同様，通常の日中業務に加え，夜勤（オンコール）も担当した。

(9) ふりかえりの方法

　同医師による医療ボランティア活動の成果は，上記病院に勤務する現地医師が技術を習得，その後の診療活動に生かし，多くの患者に対してより質の高いサービスを提供したことにより証明された。さらに，同医師の活動は雑誌などでも紹介され，またほかの日本人医師をも刺激し，その翌年，別の日本人外科医（J氏）が同病院へ赴任することになった。その際，A氏はJ氏が現場に早く溶け込めるよう，J氏とともに再度同病院を訪問，旧交を温めた。

国際貢献分野のボランティア活動の事例

　本事例は，高い福祉性と利他性を備えている。ボランティア活動が実施された支援対象地域（以後「活動対象地」）へ還元し得る技術と経験をもったA氏が，高い順応性を生かし，誠実な取り組みを行うことにより，裨益効果の高い成果が得られたケースである。

　2000年9月，卒後14年の外科医であったA氏がO県にある団体Mの事務局に初めて連絡を入れたとき，彼はまだ日本の大学病院に勤務，医局へも所属していた。しかしそれから2カ月の後，A氏はお世話になった方々への別れを告げ，ひとりのボランティア医師としてN国の首都K市へ向かう機内のなかにいた。団体MのN国支部が運営責任をもつ総合病院へ赴任するために。

　N国東部J郡D市にある「M病院」の外科部門で，一般患者を治療する傍ら，若手医師や看護師に対する実地指導を行った。専門は消化器系の外科であったが，

実 践 編

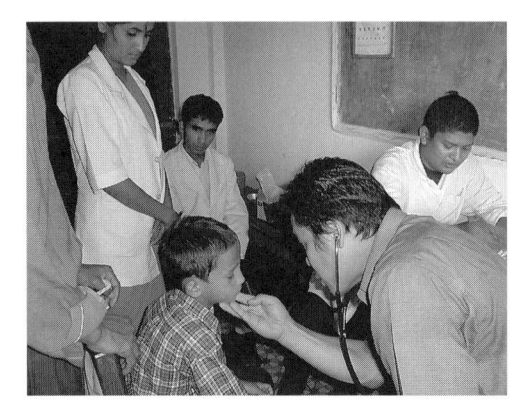

写真10-1　外科外来サービスで子どもを診察するA医師

　医師の絶対数が限られているため，患者数が増えたときには，整形外科や歯科，あるいは産婦人科の分野でも活躍し，医療サービスを提供する側の人員不足を飛躍的に解消した。盲腸，陰嚢水腫，ヘルニア，胆石，帝王切開などの手術に加え，化膿箇所の手当など小さな外科処置も加えると，1日に10件前後の手術を行った。外科外来は週に2度あり，研修医と共に，1回につき30～40名程度の患者を診察した。当時導入されたばかりの内視鏡や超音波診断装置を操作し，病院の診断技術の向上にも一役買った。
　朝は7時起床，散歩は日課だった。コースはまちまちであるが，術後の状態が気になる患者を診るために病院を経由することもあった。通常午前9時出勤，回診を終えると1日のほとんどを手術室で過ごすことになった。緊急手術がある場合を除き，午後6時ころには帰宅，近所の子どもたちの遊び相手として，若手N国人医師たちのよき相談相手として時を過ごした。彼を必要としている場所は手術室だけではなかった。
　なお，このときA氏と苦労をともにし，A氏から学んだ2名のN国人医師は，後日団体MがアフリカのG国とT国で実施している医療支援事業に参加し，当時培った技能を如何なく発揮し，新しい地域で国際貢献のあり方を具現してくれた。

第10章　国際貢献分野のボランティア活動

事例の理解を深めるために

　1990年の初頭，王政を敷くN国における民主化要求運動は，同じA系民族を抱えるB国へも飛び火した。同じく王政を敷く同国では，民主化運動を弾圧することによる解決を図ったため，N国東部へ10万人近い難民が流出した。国際NGOである団体MのN国支部は，1992年同地区に二次医療施設を立ち上げ，キャンプ内の簡易診療所で対応できない重症患者に対し，医療サービスを開始した。その後N国政府から一般総合病院と認定された後は，名称を「M病院」と改め，一般住民を含む20万人への診療サービスを提供し始めた。

　しかし，N国における医療従事者不足は深刻で，特にD市のような地方に勤務する外科医は極端に不足している。M病院でも，外科専門医の不在期間が長く続いた。難易度の高い手術を要する患者は次々と転送されていった。もしくは，居住地区から遠い場所における治療にかかる費用を捻出できず，死を選ぶ家族もいた。N国に限らず，多くの途上国では，日本のような健康保険制度が整備されておらず，現金収入の低い家庭にとって，治療費は大きな負担になっている。一方，医療ニーズはあるものの，それに応じるための医師の供給が困難な状況となっている。同じ外科医であっても，首都K市に勤務する場合とそうでない場合とでは，金銭報酬に極端な開きがあることがその背景にある。それが都市と地方の医療サービスの質に大きな格差を生み出している一番の原因である。医療従事者を地方へ招聘し，格差を是正するための方策のひとつが，技術習得機会の提供である。将来を見据えた若手医師ならば，多少金銭報酬が少なくても，優秀な外科医の下で実地研修を積みたいと考える。

　こうして，経験豊かな日本人外科医を派遣することは，単に患者に対する質の高い外科サービスを提供するということのみならず，人材育成を通じた地域格差の是正にも貢献することを意味する。また，結果論ではあるが，日本人医師がいることを聞きつけ，これまで遠くの病院へ出かけていた層，あるいは長年疾患に悩まされていたものの，これまで病院に来ることのなかった層を掘り起こすことにもつながった。患者数が増えれば臨床件数も増え，若手医師にとっては願ってもない研修環境が目の前に出現したのである。また病院経営をする側にとっては，収入の大幅な増加につながるのである。もちろん，日本人医師の滞在期間が半年にも満たないものであれば，こうした相乗効果が生まれる可能性は低い。

実践編

活動の実践展開

　地域や国境を越えた人の移動と情報の交換がこれほど容易になった時代は，人類史上今日が初めてのことである。大航海時代に端を発した交通革命と，グーテンベルクによる活版印刷技術の発明からインターネットに至るまでの情報革命により，隣近所の概念も大きく変化した。ある人にとって，コミュニティーとはまさに住居を構えている町内会を指す場合もあれば，何らかの関係をもつ1万キロ離れた国の過疎地域であるかもしれない。こうしたコミュニティー概念の拡がりにともない，また自発性，連帯性がボランティア活動の機軸にあるため，今日においてその舞台の一部が，日本国内から海外へ移動したとしてもおかしくない。

　昨今，一部先進国の経済的繁栄の代償として地球環境が破壊されている。さらに絶対的貧困が蔓延し，国際平和が危機的状況に瀕し，またエイズやマラリアなどの感染症患者数が減少しないなど，国境を越えた世界規模の課題の解決に向けた取り組みが全体としてなかなか功を奏しない一方で，国際貢献，あるいは国際協力という活字が新聞に載らない日はない。皮肉にも，グローバル化の波は世界全体を覆い尽くし，種々の利益をもたらすと同時に悪影響も及ぼしている。不平等，不条理，不均衡，不安定，不健全という負の側面が，途上国に住む多くの人々を苦しめている。教育や保健医療制度などの公共サービスへのアクセスが極端に限定されており，多くの人々は，幸福を手にいれるための基礎的要件を満たすための機会を奪われている。

　こうした現実を目の当たりにした人のなかには，純粋に，博愛的な気持ちから「何とかしたい，何かしてあげられることはないか」と考える方も多くいる。団体Mでは，国際協力に関わる人たちのために「行動の三原則」を掲げているが，そのひとつに「誰でも他人の役に立ちたい気持ちがある」ことをあげている。そして「この気持ちの前には民族，宗教，文化等の壁はない」と論じている。こうした自然な動機を，かつては行動へ結び付けることが不可能であった。だが上述したように，今の私たちは技術進歩の恩恵を受けて，それを可能ならしめる手段を，たとえば100年前と比較すると大幅な低コストでかつ短時間の間に手に入れることができるようになった。今私たちが生きている時代こそが，人類史上稀な，隣近所（コミュニティー）の物理的変化が起きた時代なのである。国際貢献を行う上において，「困ったときはお互いさま」という相互扶助の精神が，強いメッセ

ージ性をもつのはそのためである。本事例では、専門的な技能をもった医師に焦点を当てたが、ボランティア活動の実践は、まさに技術革新がもたらした国際社会におけるコミュニティー概念の変化と、人道的な動機の発揚に基づき可能となるのである。

活動の課題

　専門分野の活動に従事する人は、高い能力（＝技術や知識）をもっているがゆえに、時に尊大に構え、支援を受ける側の社会や人々に対して、無意識のうちに失礼な態度を取ったり、相手のプライドを傷つけたりする。先述した「行動の三原則」は、「支援を受ける側にもプライドがある」と結ばれており、支援する側の思慮を促している。どれほど医療サービスの質が低くても、医療システムが脆弱でも、各々の国や地域には決まりごと（＝法律）がある。医療従事者として、どれほど優れた能力があっても、その国の医療監督機関に無許可で医療行為を行ってはならない。また、どの国や地域においても、医療行為とその土地の文化や習慣、宗教の間には密接な関係がある。それらを理解することなく日本の臨床経験だけを頼りに治療を施してはならないと考える。幸い団体Mは、本事例で紹介したネパールなどにおいて、保健省とのつながりが長く信頼関係を築いている。書類さえ整っていれば、日本から派遣される医師は、書類選考と面接を経て、外国人医師に対して発行される臨床許可証を取得することができ医療活動が保証される。

　一方、医療ボランティアの活動は個人レベルの参加を前提としつつも、チームの一員として、大枠が定められた業務を遂行することが求められる活動である。「チーム」とは、ある団体の現地組織や事業体である。そのなかでボランティア個人の責務と権限が付与される。たとえば、本事例においてチームとは、拡大解釈をすれば団体Mという組織であり、また狭義にはM病院であり、またそのなかでも外科チームである。したがって、自発性や主体性を尊重しつつも、活動の意義や目的はあくまで組織が掲げるそれらと同一のものでなければならない。活動への参加が決定した後の自発性や主体性は、創造性（クリエイティヴィティー）と方法論の戦略性（ストラテジー）の部分で大いに発揮されればよく、「ボランティア活動に携わること」すなわち「自分勝手に振る舞うこと」または「無責任と

実 践 編

いうこと」ではないのである。

■ 事例2　開発協力分野におけるボランティア活動
フェイス・シート

(1) 活動の対象
　　海外における保健医療支援事業の実施に携わる人たち
(2) 活動する上でのキーワード
　　経験（learning），支え（service），笑顔（smile）
(3) 活動のねらい
　　活動国における事業運営に携わり，国際協力活動に対する自己の関心とボランティア活動期間終了後の方向性を確認する。
(4) 活動の日時または期間
　　2001年9月〜2002年3月（約6カ月）
(5) 活動の場所
　　U国連邦　首都R市
(6) 活動した人・グループと人数
　　Y氏（女性，当時27歳）
(7) 活動の内容
　　保健医療支援事業の運営支援業務（アドミニストレーション補佐）
(8) 活動の方法・展開
　　団体Mの本部ボランティアとして定期的（月に1〜2度）携わった後，同団体が主催する同国へのスタディーツアーに参加，現場における国際協力活動への関心を高めた後，現地インターンシップに応募，6カ月の派遣が決定した。首都R市にある事業事務所に勤務，主にドナーや行政との対応，文

書作成，交通・通信手段の手配，会計補佐などの業務に携わり，事業運営をサポートした。
(9) ふりかえりの方法

本ボランティア活動を終えた後，Y氏は同団体に就職，10カ月のV国勤務を経た後，本部事務所勤務となり，V国・C国事業担当として活躍。今年4月より，U国事業を兼任することになり，すでに同国への2度の出張を経験している。ボランティア活動に従事していたころの新鮮な目と感覚から体得したU国情報と，社会開発支援に関する方法論とアプローチの実体験は，現業務の遂行に大変役立っている。

国際貢献分野のボランティア活動の事例

本事例は，一定レベルの社会経験と可能性をもったボランティアが，海外で実施中の保健医療活動に関わる業務経験を通じ「自己効力感」を認識するとともに，同分野で必要とされる能力を開発していく「自己研鑽」とその成果確認を含む「自己発見」のプロセスでもあった。

『国際ボランティアガイド』を参考にすると，国際貢献に関わるボランティア活動は概ね次の7つに分類される[1]。

① ワークキャンプ型

夏休みなどの休暇を利用し，世界各地で実施されている具体的なプロジェクトに参加する。共同生活を通じ若者同士の交流機会などもある。

② 個人・短期型

活動現場近くに居を構え，フルタイムまたはパートタイムで仕事に従事する。

③ 通い型

海外生活をしている人が，地元にある団体などの活動に通いながら従事する。

④ 長期開発型

海外，特に途上国に相当期間居住し，開発・教育・医療・福祉・研究関係などの仕事に従事する。専門知識，技術，経験などが必要とされる。

⑤ 緊急救援型

災害や紛争などに起因する緊急事態に対し，人命救助，人権保護，生活支援などの人道支援を行う。④同様の資質と資格が必要。
⑥　インターンシップ型
　　主に在学中の学生が夏休みなどを利用し，将来のステップとして企業や非営利団体などで業務に携わり現場経験を積む。
⑦　国内型
　　国際協力団体などが実施する国内活動に対し，自らが可能な方法で関わりをもち，業務の一部を担う。

　Y氏はM本部があるO市に在住，K市のホテルに勤務するOLであったが，国際医療協力に関心をもち，「国内型」のボランティアとして，月に1〜2度のペースで本部の事務作業を支えていた。1年ほど経過した後，現場が見たくなり，同団体が主催するU国を訪問するスタディーツアーに参加した。2001年春のことであった。そこで出会った子どもたちの純粋な笑顔と人々の暖かさにふれ，また，国際協力活動を現場で観察することにより，U国という国で仕事をする自分の姿を夢見るようになった。帰国後しばらく仕事を続けたが，思いはさらに膨らみ，当時U国に駐在していた団体M職員に手紙を書き，その思いを綴った。彼女が「長期開発型」ボランティアとしてU国へ赴任したのは，スタディーツアー参加から半年後の2001年9月であった。
　R市にある事業事務所では，主にアドミニストレーションという分野の仕事を補佐した。事業実施に係る人事・総務・財務・広報・資材管理などの業務に幅広く携わる仕事である。活動対象地は首都R市から500キロ以上離れているため，この事務所に勤務している限り現場との直接的な接点はない。スタディーツアーのときにふれあうことのできた，フィールドスタッフや事業が支援対象としている子どもたちや母親たちと会うこともない。国際貢献活動が美しく楽しいことばかりではないことを実感するのにそう長くはかからなかった。仕事は，報告書や現場への連絡通信書簡などの文書作成，出入金記録の管理や伝票の整理，スタッフ給与の支払い，現地行政機関への許認可申請，日本からの派遣者（医療従事者）や訪問者の受入れにともなう交通手段などの手配等々……。国際協力活動の実務と，日本の企業などで普通に行われている業務との間に大差がないこともわかった。村人たちとのふれあいは3カ月に1度，そのときには日ごろのストレス

第10章 国際貢献分野のボランティア活動

を大いに解消した。

事例の理解を深めるために

　大学卒業後，Y氏は地元O県にある大手小売業に職を求めた。しかし数年後，考えるところがあり退職，道しるべを探しに海外へ飛び立った。バックパッカーとなったY氏はN国の地方都市でヒンズー教のお祭りを訪ねた。その際，偶然にもお寺の階段で足を滑らしころげ落ちそうになった老婆を助けたことから，徒歩で3時間もかかる（老婆がちょっと紅茶でも飲んでいきなさいと言った）村に辿り着いた。まさに偶然の出会いであったが，運命はY氏をその村に手繰り寄せた。すでに日は暮れ老婆の家に泊まることになった。何事もない一夜が明け，翌朝村の周辺を歩いてみると，傷だらけの子どもたちの多さに驚いた。村人たちの話からそこが無医村であることがわかった。一泊の恩義に対するお礼として彼女は絆創膏とわずかな現金を残し，再び旅を続けた。しかしそのわずかな現金を残したことが，帰国後の彼女に良心の呵責と思考上の試練を与えた。「私の行為は正しかったのか」そして「その場限りの金銭的援助は役に立つのであろうか」そうした疑問が，彼女を団体M本部へのボランティア活動に導いたのである。

　この分野で仕事をしていると，こうした体験がボランティア活動の契機になったという人は意外に少なくない。日常から少し離れ，実体験として異文化と遭遇することにより，普段は自己の内部に隠れていた潜在的な意識や感覚が飛び出してくるのである。それを認識するかどうか，あるいはどのようなかたちで認識するかには個人差がみられる。いずれにしてもそれを「気づき」または「目覚め」ということができるのではないか。こうした心のなかの変化を概念的，あるいは方法論としての理解にまで高めるためには，学習や研究の場，またはそれを基礎としたさらなる実践の場が必要である。ボランティア活動はそうした機会を提供する手段として，非常に重要な地位を占めていると考えられる。

　実際Y氏は，ボランティア活動を通じて，上記2つの命題に対して答えを探る過程で，参加型アプローチについて考えることになった。「どうしたら支援が効果を生むのか」あるいは，「どうすれば支援が根づくのか」。上記の場合，提供した現金は，個人の消費目的に支出されてしまえば消えてしまう。ただそれがY氏個人のお金であり，かつわずかな金額であればそれでもよいだろう。しか

し，ODAや国連などによる巨額の支援が，その額に見合う効果を生まないとすれば問題である。住民参加を取り入れた開発手法は，事業効果を生み出す方法論として，1980年代から今日に至るまで，さまざまなかたちで世界各地の事業現場に導入されてきた。Y氏のU国におけるボランティア活動は，こうした開発学における課題を探求する場でもあった。

活動の実践展開

ここでは，典型的な事業の立案プロセスを検証しながら，ボランティア活動の意義を考えてみたい。たとえばある事業実施団体Pが，現地調査の結果，途上国（X国）の地方にある無医村が集まるZ県の保健衛生状態を改善することにより，住民の健康と生活レベルの向上を目指す事業を立案したとする。

まずここで問われるのが，なぜZ県で実施するのか，なぜ保健衛生事業なのか，また保健衛生状態の改善が住民の健康と生活レベルの向上につながるのか，などである。こうした問いに対しては予め答えを用意しておき，企画書に盛り込まなければならない。X国の保健省が発行している保健政策のガイドラインや，各ドナーが発行している国別の分野別援助計画，貧困削減戦略ペーパーなどが参考になる。Z県がX国のなかで（貧困地域であるがゆえに）開発重点地域に指定されていて，保健行政がプライマリーケア（基礎保健制度＝一次医療）の充実を優先的に掲げ，かつ感染症の罹患率が高く，保健医療サービスへのアクセスが困難であるがゆえに乳幼児や妊産婦の死亡率が高い地域であると判断することができれば，この事業を実施することに十分な妥当性が見出せる。そして次に問われることは，事業実施団体であるPに事業実施能力があるかという点である。現地調査を経たこともあり，立派な企画書ができたものの，果たしてPは企画書どおりの事業を実施し目標を達成できるのか。団体Pの事業実施能力は，保健衛生分野におけるノウハウと過去の事業実施経験，財務状況，Pを構成する人員と事業に関わる人材，事業実施に係る国内外のサポート体制，X国やZ県のカウンターパート，X国政府や保健省との関係，PのX国における法的地位などの観点から審査される。実施能力を証明できなければ事業を運営するための資金を得ることはできない。これは政府に対して申請しようが，一般の助成団体に申請しようが共通していえることである。

こうしたプロセスのなかで、ボランティアには以下の仕事の一部または全部に携わることが期待されている。
① さまざまな資料を読み、X国Z県における支援ニーズを事前に描き出す。
② X国に滞在し、または事業実施経験のある団体や個人から聞き取りを行う。
③ 案件形成を目的としたX国訪問に同行し、保健衛生分野に関するニーズを掘り下げると同時に、それらが密接に関係するZ県が置かれたさまざまな社会的、政治的、そして経済的状況を把握する。
④ 事前調査と現地調査を基に、企画書を作成する。
⑤ 本事業の運営に関わる人材として、どのような役割を果たすことによって自己の能力を生かすことができるのか、しっかり考え行動する。

以上はほんの一部を紹介したものであるが、事業への関わり方については無限の可能性があると考えてよい。しかし、可能性の大小を規定するのは、ボランティア個人の意欲と能力にほかならない。活動を通じ、国際協力分野における個人の適性が確認された場合、その道を一歩前へ進むこともひとつの選択肢である。ちなみに、この事例に登場したY氏は、ボランティアとして活動に参加したが、行政やドナーとの対応、英語やU国語を駆使した現地スタッフとの協議などの業務に加え、細かな作業にも漏れのない仕事ぶりを発揮した。その結果として、団体Mの本部事務所が、ボランティア派遣期間終了間際、Y氏をスタッフとして迎え入れる準備を開始したことはいうまでもない。

活動の課題

国際貢献ボランティアにはさまざまなタイプがあるものの、事例1と同様、ここで掲げた事例も、ボランティア類型で示された④型に焦点をあてている。理由は、このケースが異文化のなかに身を置き、自発性を基本としつつも大枠における奉仕性を失わず、他者、他社会との有機的なつながりと活動の過程で自己を成長させ、活動成果の面でも一定のインパクトを残すことができると考えるからである。また個人的にも、こうしたボランティア活動に参加いただける方の裾野が広がってほしいという願いを込めて取り上げた。

しかしまったくの無償であっても、また海外におけるこれまでの活動経験が浅かったとしても、アマチュアリズム（素人根性）を振りかざしてはならない。残

実践編

念ながら今日の日本においては，国際協力に関わるボランティアという言葉のなかに「素人」もしくは「半人前」という意味を含んでしまっている。厄介なことに，国際ボランティアという言葉が一人歩きしてしまった結果，半人前でも，「国際ボランティアの自分は途上国の社会に受け入れられ，日本では決してできない充実した仕事ができるのではないか」という思い込みを生んでしまったようだ。しかし，実際現場に立ってみると，コミュニケーションさえ満足に取れない自分を発見する。何もできないだけなら実害はないが，いい加減なことをした場合，他者に迷惑が及ぶこともある。半人前の，無償のボランティアであるからといって，自己の活動により派生した結果と影響に関して無責任でいられるはずがない。本来ボランティアの無償性と一般市民である（専門性をもたない）がゆえのアマチュアリズムとは本来無関係のはずである。

ときどき「英語はまったくできないのですが，海外で仕事をしてみたいのです」「就職して1年が経ちました。自分で何ができるかよくわかりませんが，途上国の人のためになる活動をしてみたいのです」といって国際貢献活動の門を叩く人がいる。男女の関係にたとえてみると，前者は「私はあなたのことをよく知りません。でも好きになってみたいのです」そして後者は「私はあなたにとって魅力的かどうかわかりません。でもとにかく好きになっていただけませんか」あたりに訳すことができるのではないだろうか。これは本末転倒である。独りよがりの恋愛が失敗するように，独りよがりの国際協力も失敗する。恋愛の失敗によって傷つくのは自分だけであるが，国際協力事業における失敗は多くの人を傷つけ，大きな社会コストをともなう。国際貢献分野の活動に限らず，こうしたボランティア活動は多くの場合，コミュニティー空間は共有しつつもその土俵が「他人の家のなか」にあることを強く認識すべきである。

学習者の視点──これから実践するあなたへ

国際貢献分野のボランティア活動は，実践能力のある人による，その人が所属する社会（コミュニティー）への奉仕，もしくは還元である。自己の能力が活動の対象となる社会で役に立つという確証をもつことが重要であり，その担保がなければボランティア活動の福祉性や公共性は意味を失う。

開発援助が行われるなかで，近年，環境への配慮と等しく，継続性，あるいは持続

性（サスティナビリティー）の問題が指摘されるようになった。これには3つの意味合いがある。①事業は続くのか，②事業成果とその効果は（事業終了後も）続くのか，そして③残された現地組織は，（事業終了後の成果が長期にわたり維持されるためには，現地組織の存続が不可欠であるが）活動を続けることができるのか，である。ここでは②と③について述べるが，持続性を保つためには，事業の最初から住民参加という仕組みをもち込み，住民組織が当事者意識をもち，責任を共有するかたちで運営されていくことが重要である。「参加型開発」については，先に若干ふれたが，表10-1の類型表を参照して頂き，「参加の度合い」をそれぞれ確認していただきたい。下へ降りるほど参加の質は高くなり，持続性の確保が容易になっているのを読み取ることができるであろう。

ただ，こうした参加型事業を実践することは，現実的には非常に困難であるといわざるを得ない。活動計画や予算執行などに相当レベルの柔軟性をもたせなければならず，一般的な「開発援助事業」では，事業計画と実施成果との間に相応の整合性を求めるドナー（事業資金の提供者）への配慮から，たとえ裨益対象となるコミュニティーや住民の自発的変化（コンティンジェンシー）に基づいたものであっても，事業内容の変更は好まれない傾向にある。しかしこうしたジレンマを解決すべく，草の根レベルで効率的かつ柔軟性に富んだ活動を行っているのが NGO である。

すでに読者の方は気づかれたと思うが，本章で述べたボランティア活動は，海外で国際貢献活動を実施しているボランティア団体，つまり NGO との関連性のなかで述べてきた。NGO という言葉は，もともと第二次世界大戦直後に制定された国連憲章の第10章71条のなかで使用されたものであるが，仮に「国際協力 NGO」を現代風に定義すると「国境を越えた場所に存在する課題，世界規模の課題を，市民社会の発展を念頭に置きながら，開発協力支援や人道支援などの分野に関わる活動を通じて解決しようと努力する非政府（民間）組織」ということになる。日本における歴史は浅いが，欧米では布教活動や慈善活動の流れのなかで，古くは17世紀初頭から，政府認可のもと人道支援活動を行っている。

しかし今，国際社会の変化，そして日本と国際社会との相互依存が明確になった今，日本においてもこうした NGO の活動を支える人材が集まりだした。ちなみに，現在団体 M が募集している人材（業務調整員＝事例2で紹介したアドミニストレーション業務に従事する人）の基礎的要件は次のようになる。

・多様な宗教，言語，文化，習慣などに対する理解を育むことに強い意欲と関心をもっている人。
・事業地域におけるあらゆるレベルの人々との円滑な人間関係を築く力のある人
・組織の一員としての自覚をもち，粘り強く，誠実に業務を遂行できる人
・適応能力が高く，柔軟な発想ができ，問題の解決に前向きに取り組むことができる人
・ビジネスマインドをもち，戦略的，論理的な思考ができる人

実 践 編

表10-1 「住民参加」類型一覧（地域社会開発事業のなかで住民はどのように参加するか）

住民参加の類型	特　徴
1．操作的参加	参加は，事業主体側の操作による見せかけであり，（地域発展委員会などのような組織が設立されたとしても，）住民の代表は名ばかりで，（通常，選挙などで選ばれるわけでもないので）住民の信託を受けているわけでも，（お飾り的存在であるため）決定権をもっているわけでもない。
2．受動的参加	住民の参加は，事業主体が，すでに決定したこと，あるいはすでに開始されている事業の進展状況などについて説明するような場合にのみ歓迎される。これは事業主体側から住民への一方的な告知行為であり，住民側からの意見や反応を念頭に置いていない。したがって，重要な情報は，事業主体側の専門家の間だけでシェアされる。
3．調査的参加	住民の参加は，事業主体側が聞き取り調査などを実施する際に，住民の表面的な意見を求めた場合に限り期待される。村の問題分析や調査方法などは外部の人間によって規定され，結論を導き出す直接のプロセスに住民側の代表者が招かれることはない。そもそも，外部の専門家に住民の意見を反映させる積極的な意図はない。
4．見返り参加	住民は事業実施の過程で，事業主体側が食料，手当，その他の代償を参加の見返りとして提供した場合に，労力や土地などを提供することによる参加を求められる。しかしながら，（たとえば農業プロジェクトの場合）試験栽培の実質的プロセスや（政府の農業指導員などを対象とする）研修には参加させてもらえない。世間ではこうした形式をよく「参加型事業」と呼んでいるが，代償（インセンティブ）の提供が停止した後は，それ以前と同様の参加はありえない。
5．機能的参加	事業主体側にとって住民参加は，事業目的を効率的に達成するための機能または手段として認識される。事業主体によって予め決められた目的を達成するため，事業実施過程で住民組織がつくられ，時に相方向の意見交換や決定権の共有が認められる。しかしそれは，多くの重要な決定がなされた後に期待される参加形態であり，場合によっては，住民参加が外部者の目的を達成するための道具として「利用」されてしまうこともある。
6．協調的参加	住民の参加は，単に事業目的を達成するための手段という意味合いだけでなく「権利＝事業実施上の正義」としてとらえられる。そのなかで住民は，問題分析，計画立案，住民組織の設立や組織強化などを外部の事業主体と協調しながら実施していく。その過程において，多角的視野をともなった包括的な方法論が重要視され，計画的かつ構造的な学習機会が両者に提供される。事業の実施方法，また資源の活用方法に関する決定権は住民側にある（事業実施過程で住民に譲渡される）ため，継続的な参加と行動が担保される。
7．主導的参加	事業実施に関して住民側が主導権を握り主体的に参加する。外部組織の意図から独立しているので，事業主体（外部組織）とは契約に基づいて技術，資金，資材の支援を受ける。またその活用方法も住民が主体となり決定する。このような参加形態は，外部組織（行政やNGO）が住民の主体性を育むような枠組みを提供することにより可能となる。しかし一面において，これが富の分配に関する既存システムに変化を及ぼす可能性も否定できない。

出所：Pretty, J. N., "Participatory Learning For Sustainable Agriculture", *World Development*, The American University, 1995, p. 1252. 意訳筆者。

- 会計業務，物資管理業務など，緻密な作業に耐え得る人
- 25歳以上40歳位までの大卒で3年以上の業務経験がある人
- 業務遂行可能な（日常会話程度以上）の英語力をもっている人

さらに実際の選考の際には，以下の条件が特に考慮される。
- 途上国における医療保健，社会開発，人材育成，組織マネジメント等の分野における業務経験がある人
- 開発学および国際保健分野の修士号以上の学位を取得した人
- 第二外国語（活動の拠点となる地域の言語）を使用可能な人

　上記要件が，ボランティア活動に携わる人のそれであるか，あるいは有給スタッフのそれであるかについて意見を交すことは不毛の議論である。現地の事業運営がこうした要件を備えた人を要請しているのである。もちろん，上記の全条件をクリアする人は限られている。しかし，ここで重要なのは方向性の問題である。つまり，さまざまな分野の，そしてさまざまなレベルの国際貢献活動に携わっていく上で必要とされる要件を備えた人材になるために努力をする，という方向性である。意義のあるボランティア活動は，そのベクトルの起点（契機）となったり，また通過点（プロセス）であったり，あるいは終着点（達成・立証）であったりする。公共性や福祉性を裏づける担保としての機能をもつことの重要性とともに，このような認識が，ボランティアによって構成される多くの日本のNGO，国際貢献のあり方を今大きく変えようとしているのは確かである。

(鈴木俊介)

注
1) バックストン美登利『国際ボランティアガイド』ジャパンタイムズ，1996年，3頁。

ワークブック編

第11章 個人活動

　本章の目的は，ボランティア活動の促進を間接的にサポートすることである。1では「活動の記録」，2では「活動に対する評価」，3では「スーパービジョン」を行うことで，主として学校教育活動のなかでのボランティア活動の質的向上に寄与することを企図している。4では，社会福祉協議会の「ボランティアセンターの研修事例」を具体的に紹介している。

1　記　録

　ここでは，自分たちが行ったボランティア活動を記録する意義と方法について述べていく。なかでも，実践的な記録方法について，項目ごとに検討していき，実際のワークシートの形式を例示する。

記録とは

　ここでいう記録というのは，自分たちの行ったボランティア活動について，紙に書き記すことである（もちろん，ビデオカメラによる動画や，カメラによる静止画，テープレコーダーによる音声などの記録方法を無視しているわけではなく，最も手軽に活用できる媒体として，ここでは紙に書き記すことに焦点をあてて述べていく）。つまり，実際の体験を，紙という媒体に載せていくという，いわば，情報を変換する作業なのである。数時間ときには数日，数週間にわたり見て，聞いて，さわって，感じて，楽しんで，話して，行動して，考えた直接体験を，わずか数枚程度の紙上で表現する作業が，ここでいう記録である。

記録の意義と機能

　この紙媒体へ記録された情報は，他人のみならず，時間を経た自分にも伝達することができ，さらに保存することまで可能となる。記録の意義は，この情報を変換し伝達することの過程と保存可能な性質を活用することにより生じるものと考えられる。つまり，時間的に連続する体験を，いつ，どこで，どのような活動を行い，どのような感想をもったのかといった項目に分解することで，活動の概略を簡単に伝達，保存することができるようになる。その際に重視するポイントの違いとして，時間的経過をたどる叙述体，ポイントごとにまとめていく要約体，状況をいかに解釈したのかを表明していく説明体というように，記録の文体が明確に分かれていることは，情報を正確に伝達するための有効な変換方式であると位置づけると，その妥当性と機能が容易に理解できる。また，誤字脱字がないように繰り返し注意が促されるのも，情報の変換と伝達の過程に関する信頼性が疑われる契機となってしまうからである。直接体験できない事柄を伝達する記録が信頼できないものだとすると，それはもはや，伝達する価値もないし保存する意味もないと見なされるからである。

　一般的に，記録の意義として，説明責任を果たすための公的記録や，スキルアップのための研修材料，研究のデータなどがあげられる。こうした意義は，記録の伝達と保存の機能を有効活用した成果なのである。逆の見方をすると，いくら社会的に重要な役割であっても，記録の機能で対応できないことは，記録の意義として提示することはできないのである。

　ボランティア活動のなかで，記録が重視される場面のひとつとして学校教育のなかで行われるボランティア活動があげられる。学校教育のなかで行われるボランティア活動の記録は，通常の個人活動としてのボランティア活動と比較すると，いくつか特徴的な傾向がある。それは，ボランティア活動が，学校教育における目的達成の手段として位置づけられ，これを手助けしたり，ボランティア活動の内容を証明したりする役割を求められるからである（中央教育審議会の答申でも「自主性」は結果でよいとしていることからも，ボランティア活動の手段化の風潮は読み取られるだろう。こうした傾向を悲観的にとらえるのではなく，ボランティア活動を異なる側面から見た，いわば，社会貢献型体験学習とでもいうべきスタイルとして積極的にとらえるべきであると思う。この問題については第4章参照）。こうして，できあがった記

録は，主として評価の対象として位置づけられることになる。

また，ボランティア活動においてさらなるスキルアップを目指す場合にも，よりすぐれた技量をもつ人と，時を隔てた自分に情報を伝達することで，より有効なスーパービジョンなどが可能になる。今後のボランティア活動へのフィードバックは，こうした記録された情報が大きな役割を担っている。なお，2の「評価」等はこうした位置づけによるものである。

なにを記録するか

記録をする項目や方法はさまざまである。したがって，ボランティア活動の目標を設定し，その目標を達成するための手段を明らかにし，その過程をうまくとらえていくような項目を選定する必要がある。こうした方針に基づき，ここでは，各種のボランティア活動に比較的，共通すると思われる項目をピックアップすることを試みる。しかしその一方で，ボランティア活動のバリエーションは活動の形態においても，活動の領域においても無限にあるといってよい。反面，記録の紙面は量的に制限がある。重要なことは，記録すべき項目の選定を，その理由との関連で考えていくことである。

ここでは，上述の具体的作業例として，学校教育，特に高等教育機関のなかで行われるボランティア活動の記録という視点より，誓約書〈表1-①（201頁）〉・証明書〈表1-②（201頁）〉，受入先情報〈表2（202頁）〉，活動記録〈表3-①，表3-②

表11-1　誓約書，証明書〈章末表1-①，表1-②参照〉

項　目	理　由
誓約文	授業のなかでボランティア活動を行う際，受入側が懸念していることを払拭する必要がある。ここでは，本人が単に授業で強制的にやらされているだけでなく本当にやる気があるということと，ボランティア活動を行っているときに知り得た個人のプライバシーに関する秘密について，ボランティア活動終了後も守ることを示した。こうした点について，文章化し，約束することも必要なことである。
学生氏名	自分の氏名を書き，捺印のうえ，ボランティア活動受入先に提出する。
活動時間	単位との関係があるので，活動時間を記入してもらう。
合計時間	合計時間を記入してもらう。ただし，夜勤やキャンプなどのように睡眠時間を含む活動については，授業のなかで統一したカウント方法が必要。
受入先名	ボランティア活動受入先の証明印をもらう。授業のなかでのボランティア活動の場合，その活動を受入先に証明してもらう方法がよいのではないだろうか。

第11章　個人活動

表11-2　受入先情報〈章末表2参照〉

項　目	理　由	
活動領域	ボランティア活動の領域について記入する。NPO法などを参照。「福祉」「自然環境」など。福祉分野に特化しているのならば「高齢者」「児童」など。	
学生番号	記録を授業の評価として用いる場合，記録を整理する上で必須である。	
学生氏名	誰の記録かわからなくなるので。他の欄では，自分以外の人の名前を，必要に応じて匿名にした場合がよいことも多い。特に福祉施設でボランティアをする場合は，匿名にすること。	
受入先名，もしくは，イベントの主催者名など	どのような団体のもとで，ボランティア活動を行ったのか。また，自主的に組織された団体でボランティア活動を行ったのか。こうした事項は，ボランティア活動の概略を把握するためには重要である。	いずれにしても，ボランティア活動の形態は多様である。自分の行ったボランティア活動の形態に即した記録が必要である。
受入先の連絡先，代表者，担当者住所等	他の人に紹介するときや，キャンセルするとき，受入先を照会するときなどに必要。学生自身が受入先を探してきた場合，こうした項目は事前に提出させる方が安全である。	
受入先の日常の活動	日常，どのような活動を行っている団体なのかを知るため。単発のイベント型なら不要な項目かもしれない。	
活動の概要	自分がどのようなボランティア活動を行ったのか。	
費用	どのような費用を個人で負担したか。どのような費用を受入先が負担したか。また，謝金や交通費の支給はあったのか。他の人に，そのボランティア活動を勧めるときや，コスト面について検討するときに便利。	
紹介	その受入先をどこで知ったか。コーディネーター等の情報を収集するため。また，ボランティア活動をしている団体側としても，どうやって学生に情報が届いたのかは，関心事である場合が多い。	
他者への推薦	こうした情報を蓄積することで，学校としては，よりよいボランティア活動受入先を探していくことができる。これにより，学生たちも，よりよいボランティア活動ができるようになる。	
その他	ボランティア活動受入先について，気がついたことがあれば何でも記入できるようにしておく。	

(203-204頁)〉という3つの記録のフォーマットを作成する。以上をふまえて，表11-1の誓約書は，必要事項を記入し，ボランティア活動受入先に提出する。証明書は，「1．学生氏名」と「2．活動内容」を記入し，受入先に提出。受入先に必要事項を記入してもらった後，返却してもらう。表11-2は，学生が記入し，担当教員の側で保管しておくと，万が一の時の対処や，翌年度以降に活用できるだろう。表11-3は，学生が記入し，後のスーパービジョンや研修などに役立てるとよいだろう。

ワークブック編

表11-3　記録〈章末表3-①, 表3-②参照〉

項　目	理　由
学生番号	整理するため。
学生氏名	だれが書いたのかを明らかにするため。
活動の目的	ボランティア活動を行うにあたっての大きな指針。目指すべき方向性や理念などを抽象的なレベルで考える。数日間, 同じボランティア活動をする場合には, 毎日異なる目的を立てるのではなく, その期間を通じて取り組むことができる共通の目的を設定する。
活動の目標	今日の目標など。目的の理念にしたがい, 可能な限り, 具体的に設定する。
タイムスケジュール	全体のスケジュールを一覧できるようにしておくと, どのようなボランティア活動を行ったのか理解しやすい。記録を見る人だけでなく, 実際にボランティア活動を行うときにも全体の流れを把握しておくことは重要なことである。
目標の達成	今日の目標が, どのくらい達成できたかを検証する。
活動の意義	ボランティア活動の目的を考える。その活動は社会に真に要請されている活動であるか, ボランティア活動という名のもとに親切の押し売りになっていないか自分自身でふりかえってみる。
自分の役割	全体に埋没することなく, かつ, 全体の動きを阻害することのないポジションで, ボランティア活動に取り組むことができたかどうか。自分の役割は, それでよかったのかどうかを確かめるため。
気づきや感想	その場で目新しく感じたことや, 発見したことを記録しておく。そうした事柄は, 慣れてくると, すぐにわからなくなるものである。全体的に, どんなことを感じたのか, 漠然と感じたことも言葉で表現してみる。
疑問	スーパービジョンや研修を受けるときのために書きとめておくと, スキルアップや新しい発見につながるかもしれない。
ふりかえり	今日のミスなどを書いておくとよい。再び繰り返さないために。

　いずれにしても, 記録項目の選定と記録の利用方法は, 実際の教育場面と, それぞれのボランティア活動のスタイルに照らし合わせて検討する必要がある。

第11章　個人活動

2　評　価

　まず，ボランティア活動と評価の関連について考察する。そして，評価の具体的な項目を例示する。

ボランティア活動を評価するということ

　はじめに，ボランティア活動を評価するということを，議論しておく必要があるように思う。通常の感覚では，自由意志に基づくボランティア活動を評価するというのは，多少なりとも矛盾を感じるのではないだろうか。まずは，この点について考えていく。

　言葉と意味内容は恣意的に結びついており，他の人と共通する部分もあれば，しない部分もある。こうした考え方を前提にすると，日本でのボランティア活動という言葉は，もともとの志願兵という武力的な意味内容がほとんどなく，志願兵たちの志である個人的な善意による自由な活動という意味内容のみで成立している。そして，ボランティア活動と類似する言葉に奉仕活動というものがあるのだが，日本では，この言葉が嫌われる傾向にある。この奉仕活動という言葉は，個人の自発的な善意による活動というイメージよりも，国家への強制的な労働力の提供や，その過程において意見の異なる者を排除してきたことや，決定的な敗戦のイメージと結び付いているからであろう。このように見た場合，ボランティア活動の公共性という視点が考察の重要な手がかりとなる。少なくとも，排除や敗戦のイメージと，ボランティア活動のひとつの大きな要素である公共性はイメージとして結び付かないのである。

　さて次に評価についてであるが，評価というものは通常，目標を定めて，その目標がどのくらい達成できたかを測定することであり，測定をする第三者によって管理，監督されている状態にあることが前提となっている。そして，この監督下，ボランティア活動の方向性が規定されるのであれば，個人の善意や自主性，公共性が保証できるとは限らないと思われる。特定の方向へとボランティア活動が誘導されていく危険性が生じてしまうからである。しかしながら，評価という作業は，こうした危険性を防止する方向にも機能するのである。

つまり、評価という検証作業がなければ、最悪の場合、悪意に基づく誘導や、単なる善意の押し売りにもボランティア自身が気づかないかもしれないのである。ボランティア活動は、個人の善意だからこそ、公共の福祉という視点が欠落していても、気がつきにくいのである。この弱点は、ボランティア活動が内包している構造的なものである。

これを補完する作業が評価である。ボランティア活動に評価を取り入れることにより、自主性や公共性を否定する方向にも、積極的に育てていく方向にも導くことができる。さらに身近なこととしては、評価により自らのボランティア活動をふりかえることで、もっと適切なボランティア活動のあり方や、もっと質の高いボランティア活動をすることにつながるのである。ボランティア活動が陥りやすい単なる自己満足や、その場限りのおざなりな活動を修正して、より公共性の高いボランティア活動を目指すのであれば、評価という検証作業は積極的に活用されるべきである。このように考えると、あとで述べるスーパービジョンも、評価の視角を含むものであるといえよう。そうするとポイントは、評価の具体的な方法ということになる。

だれが何を評価するのか

評価の対象は、行われたボランティア活動である。しかし、評価者については、いくつかの場合が考えられる。まずは、ボランティア活動を行った本人による自己評価である。それから、他者による評価である。他者としては、受入先からの評価と、学校教育のなかでのボランティア活動の場合は送り出した学校側による評価がある。ここでは、学校教育のなかでのボランティア活動ということを前提にして、以下、考察を進めていく（第4章参照）。

まず、自己評価であるが、学校教育のなかでボランティア活動が行われる場合、本来のボランティアという立場よりは、社会貢献としての学習活動を行うという学習者としての立場が強いので、自己評価というよりも学習者評価と呼ぶ方が適切かもしれない。評価方法の特徴としては、どれくらい自己の目標に近づけたのか、どれくらいがんばり、成長したのか、相対的な尺度で評価ができることである。次に、ボランティア活動の受入先による受入先評価であるが、高等教育機関では、ボランティア活動のみならず、各種の実習においても取り入れられている

第11章　個人活動

表11-4　評価の視点と項目

	視　点	項　目	評　価			
学習者評　価	自主性	自発的に取り組んでいましたか。	A	B	C	D
	公共性	この活動の社会的な意義が理解できましたか。	A	B	C	D
	態　度	遅刻や無断欠席はありませんでしたか。	A	B	C	D
	技　能	受入先やサービスを受ける人たちに満足してもらえましたか。	A	B	C	D
	成　長	この体験により，自らの成長があったと思いますか。	A	B	C	D
受入先評　価	自主性	自発的に取り組んでいましたか。	A	B	C	D
	公共性	活動の社会的な意義を教えることができましたか。	A	B	C	D
	指　導	適切な，助言や指導をしていただけましたか。	A	B	C	D
	継続性	この学生を見て，再度，受入をしてもよいと思いましたか。	A	B	C	D
	社会性	事前のアポイントメントは適切なものでしたか。	A	B	C	D
指導者評　価	自発性	自発的に取り組んでいましたか。	A	B	C	D
	公共性	活動の社会的な意義が理解できているようですか。	A	B	C	D
	態　度	事前・事後学習がきちんとしていましたか。	A	B	C	D
	成　長	記録やふりかえりができていましたか。	A	B	C	D
総合評価		上記の評価を総合して評価してください。	A	B	C	D

（第4章80頁図4-3「学習評価の関係」により作成）

方法である。これは，現場からの評価なので，受入先の専門的知識をふまえて評価されることや，また，日ごろの学校生活では見えない部分が評価できる特色がある。それから，学校の教員による評価である。教員という指導者による評価なので，ここでは指導者評価と呼ぶことにする。教員は，ボランティア活動の現場に直接関わることは難しいので，事前事後学習を通しての評価となるだろう。

そして，これら3つの方法を複合的に組み合わせて行う方法を総合評価と呼ぶ。この場合の評価者は教員であるが，先の指導者評価とは異なる。なぜなら，総合評価は，学習者評価と受入先評価に指導者評価を加えたものだから，学習者のボランティア活動に関する情報が指導者評価のみよりも多面的に構成されることになるからである。授業としてのボランティア活動の評価方法としては，実際のところ最終的な評価については教員が責任をもつという観点からも，教員が行う総合評価が現実的であろう。

ここでは，3つの評価の具体的な項目について例示する（表11-4）。各項目は

ワークブック編

絶対的なものではない。項目ごとに根拠となる視点を併記しているので，それぞれのボランティア活動に適したものを検討し，適宜，選択と追加を行ってほしい。ただし，受入先評価については，本来，こうした業務が主ではないので，評価項目は多くない方がよいだろう。

3　スーパービジョン

　これまで述べた評価と記録の方法を活用しながら，さらなるスキルアップの手法としてのスーパービジョンについて，学校教育のなかで行うことを念頭に置いて考察を進めていく。

スーパービジョンとは

　スーパービジョンとは，経験豊かで力量のある人や施設の専門職員らから初心者に対して行われる助言や指導のことである。今日的動向としては，ますます，その教育的機能が重視されている。社会福祉や介護の領域では実習やボランティア活動のなかに，すでに取り入れられている方法である。しかしながら，助言者側のスーパーバイザーの育成や，スーパービジョンの方法は，十分に成熟しているとは言い難いといわれている。これは，福祉の領域もボランティアの領域も活動の形態や援助の対象が大変に幅広く，また，スーパービジョン自体，対人関係のなかでの教育的活動でもあるので，その人間関係の数だけ具体的な助言や指導の方法があるといってもよく，単一の方法を提示すれば，それで完成というものではないからである。

　ここでは，学校教育，特に高等教育機関における授業としてのボランティア活動のなかでのスーパービジョンに焦点をあてることで方法的な多様性を限定し，具体的方法の提示と考察を進めていくことにする。

授業のなかでのボランティア活動におけるスーパービジョンの方法

　スーパービジョンには，スーパーバイザーとスーパーバイジーが1対1で行う個別スーパービジョン，集団で行うグループ・スーパービジョン，実際の活動場

面のなかで行われるライブ・スーパービジョン，水平的人間関係のなかで行われるピア・スーパービジョンなどの形式があるとされている。いずれの形式でも，ボランティア活動を行うためのスキルアップを目指しているという方向性は同じである。

　ここで，学校教育のなかで行われるボランティア活動の形式を考えてみた場合，おそらく学生たちが自分たちでボランティア団体を立ち上げて活動を開始するのではなく，既存の施設や団体の取り組みのなかでボランティア活動を行うことが多いだろう。そうすると，そこには，スーパーバイザーの役割を果たせる人がいる可能性は高い。しかし，授業のなかでのボランティア活動は，いわゆる単発型とでもいうべき形式であり，あまり，長期間にわたるような継続性を期待できないことも多い。そうしたボランティアに対して，スーパービジョンを行う時間的労力的余裕がボランティア活動の受入先にあるのかどうか，いやむしろ，求めるべきなのかどうかは慎重に検討すべきことである。

　こうしてみると，学生がボランティア活動を行ったときの記録をもとに，教員がスーパーバイザーとなり個別スーパービジョンもしくは，グループ・スーパービジョンを行うか，学生どうしでピア・スーパービジョンを行うことが学校教育のなかでは現実的であろう。可能であれば，すべてのボランティア活動が終了した後ではなく，活動の途中にスーパービジョンを行うことができれば，方向の修正や新たな気づきをすぐにボランティア活動へとフィードバックさせることができるだろう。また，どうしても，教員がスーパーバイザーとして出席しなければならないということもない。なぜなら，学生だけで開催できれば，水平的人間関係のもとでしか話せない本音でスーパービジョンを受けることができるからである。

　いずれにしてもスーパービジョンという方法は，固定的なものではないし，応用可能性も高い。生涯学習や自己実現の手段としてボランティア活動を位置づけている人たちにとっても大変に有効なものである。ここでは，それぞれのスーパービジョンについて詳述できなかったが，スーパービジョンの役割と機能を理解し，これを応用し，自らのボランティア活動に応じた形式でスキルアップを図ることが重要である。

　　　　　　　　　　　　　　　　　　　　　　　　　　　（中田周作）

ワークブック編

4 研修

　ここでいう研修はあくまでも一個人を対象に限定する。いわゆるボランティアコーディネーターが受ける研修ではない。

　内閣府「国民生活に関する世論調査」によると近年，物の豊かさより心の豊かさに重きをおきたいと考えている人は増えてきている。また，内閣府の「社会意識に関する基本調査」では個人の社会貢献意識が高まってきていることが明らかである。ボランティア活動そのものに対する意識も大きく変わり，機会があれば参加したいとする人々の割合は年々増加している。単に経済的に豊かになるだけではなく社会に貢献しながら何か別のものを求めたいと考えた人々はそれを実現する手段であるボランティア活動に気づき，関心が高まっていることを物語っている。事実ボランティア活動を行っている市民は増えてきている。

　一般市民が何かやりたい，ボランティアをしたいという願望をもち，ボランティア活動を始めるにあたり，特に技術を要するボランティアなどは事前にある種の研修が必要である。多様な市民ボランティア活動を支援し，ボランティアへの活動拠点を提供するのは社会福祉協議会のボランティアセンターである。また，地域に根ざすボランティアセンターはボランティアの啓発やボランティア情報なども提供している。ボランティアセンターはいわゆる一般向けの研修を提供する役割を果たしている。ここでは政令指定都市である広島市の佐伯区ボランティアセンターで実施されている年間ボランティア講座を通し，研修に関する説明をしていきたい。

　広島市は中区，東区，南区，西区，安佐南区，安佐北区，安芸区と佐伯区から構成される政令指定都市である。佐伯区は，1985（昭和60）年3月20日，広島市と佐伯郡五日市町との合併により，合併前の町域を区域とする広島市の8番目の行政区として誕生した。市の西部に位置し，東は広島市西区に，北は広島市安佐南区と佐伯郡湯来町に，西は廿日市市に接しており，面積は約61キロ平方メートル，人口は約12万7,466人（2004年8月現在），人口では市内8区中5番目，面積では4番目の規模を有する区である。古くは農業と漁業の盛んな町だったが，近年，恵まれた自然環境や市街地に近いという地理的条件から，北部の丘陵地を利用し

第11章　個人活動

た大規模団地の開発が相次ぎ，ベッドタウンとして人口が急増している。

佐伯区社会福祉協議会（以下，区社協とする）ボランティアセンターで実施される年間ボランティア講座の予定表は表11-5のとおりである。紙幅の関係で，以下，そのうちの一部を取り上げることにする。

表11-5　2004年度佐伯区ボランティア講座予定表

ボランティア講座名	6月	7月	8月	9月	10月	11月	12月	1月—3月	内容
手話入門講座	6・22			→9・7					初級手話（全10回）
精神保健福祉ボランティア養成講座	6・30	→7・21							精神障害者支援（全4回）
ヤングボランティアスクール2004			8・2~8・9						ヤングボランティア体験学習
障害者外出支援ボランティア講座				9・30~10・21→					車いす実技・体験（4回）
点訳					10・15~ →				初級点字（7回）
音声訳ボランティア入門講座				9・17~11・19 →					初級朗読（全10回）
朗読中級					10・20				中級朗読（1回）
要約筆記				9・7~10・21 →					要約筆記（7回）
男性ボランティア講座								※→	退職者など男性ボランティア講座
ボランティア入門講座パートⅡ								※→	ボランティア活動紹介

注：※→は予定。
出所：広島市佐伯区社会福祉協議会ボランティアセンター，2004年。

ワークブック編

手話入門講座（全10回）

6月22日～9月7日，毎週火曜日午後7時～8時30分，定員20名，対象者は一般である。担当者は区内にある手話サークルのメンバーである。手話を学ぶことを通じ，聴覚障害についての理解と手話ボランティアの養成を目指す。手話講座の担当者はろうあ協会の会員と手話ボランティアサークルの会員である。

- 第1回　開講式とあいさつ
- 第2回　自己紹介（家族）
- 第3回　自己紹介と時の表現
- 第4回　自己紹介と住所
- 第5回　仕事（職場）交流会
- 第6回　乗り物の表現
- 第7回　復習と休み中の話
- 第8回　表情を豊かに伝える
- 第9回　ろうあ者の講演
- 第10回　閉講式（終了），手話歌と茶談会

精神保健福祉ボランティア養成講座（全4回）

6月30日～7月21日，毎週水曜日午後1時30分～3時30分，定員30名，対象者は一般である。心に障害をもつとはどんな状況だろうか？　なかなか理解されにくいため，当事者も周囲の人も悩んでしまうことがあるようである。精神保健福祉に関心のある方，心に障害をもつ人を支えるボランティアとして活動してみたい方，地域のなかで共に生活していくために，学習する。

- 第1回　こころを病むってどういうこと？（精神科医師担当）
- 第2回　こころの病をもつ人とのつきあい方（市精神保健福祉センター職員担当）
- 第3回　地域のなかの"行き場"を知ろう！（作業所職員担当）
- 第4回　ともに暮らして行くために（ボランティア団体代表と社協職員担当）

ヤングボランティアスクール2004（全5日間）

8月2日～8月9日，定員は20名。ヤングボランティア体験学習である。原則として，区内に居住または通学している高校生・専門学校生・短大生・大学生な

どで，なるべく全日程参加できる方を対象とする。担当者は大学講師，施設職員，ボランティアグループのメンバーである。

第1回　午前　開講式・オリエンテーション，講義「ボランティア」について
　　　　午後　車いすについて　今日のまとめ
第2回　社会福祉施設・小規模作業所での体験実習（選択）
第3回　午前　タウンモビリティーについて
　　　　午後　外に出て車いすでタウンモビリティーまでいってみよう！
第4回　視覚障害者の手引きについて
　　　　点字について
　　　　手話について
第5回　4日間のまとめ　修了式

障害者外出支援ボランティア講座（車いす編）

9月30日（木）〜10月21日（木），全4回，定員20名。障害者の方々の病気や日常生活についての理解を深め，介助の仕方など外出支援ボランティアについて学習する。

第1回　障害の理解と生活（周囲の接し方などについて）
第2回　車いす・トイレなどの介助の仕方について
第3回　ボランティア体験　ひまわり会のバスハイクへの参加
第4回　座談会　受講者・ボランティア・区社協職員

音声訳ボランティア入門講座

9月17日〜11月19日，毎週金曜日午前10時〜正午，全10回，先着30名，対象者は一般である。音声訳は視覚障害者の方々への情報提供の一手段である。視覚障害者への理解と読み方の基本やコミュニケーションのとり方について学習する。

第1回　視覚障害者への理解と現状について（重度身体障害者更生援護施設職員担当）
第2回　当事者の現状について・日常生活　（リスナー担当）
第3回　ボランティアセンターに登録のボランティアグループの紹介（佐伯区社協職員担当）

ワークブック編

　　　　　五日市朗読グループの活動紹介　　　　　（朗読グループ役員担当）
　　　　　アイマスクの体験，ビデオをみて学習しよう　（朗読グループ役員担当）
　第4回　　読む基本　　　　　　　　　　　　　　　（朗読グループ役員担当）
　第5回　　読む基本　　　　　　　　　　　　　　　（朗読グループ役員担当）
　第6回～第10回　　音訳表現技術　　　　　　　　　（朗読グループ役員担当）

　以上は広島市佐伯区社会福祉協議会ボランティアセンターで実施しているボランティア年間講座のなかの一部を紹介したものである。個人がボランティア活動を始める際，手話や音声訳ボランティアなどいわゆる技術ボランティアの場合，ある程度の研修を受けないと，スタートできない。上記の講座からもわかるように研修の実施方法は大体以下のとおりである。

（1）期間
　　年間でスケジュールを組んでいる。
（2）対象
　　地域に居住しているボランティア希望者。
（3）研修の規模
　　人数は20～30名程度。グループ編成する場合は，1グループは6～8名。
（4）研修実施主体
　　政令指定都市の場合，研修の実施主体は区社協のボランティアセンターとする。
（5）指導講師
　　研修の担当者は大学講師，区社協の職員，施設の職員，ボランティア団体のメンバーである。

　上記の佐伯区の場合，終了時に区のボランティアセンターのコーディネーターは最後に区内にある37のボランティア団体・サークルのことを紹介し，参加者に今後の活動の場を提供する。習得した技術を有効に活かしてもらう。研修講座の情報は広報紙「市民と市政」，新聞とボランティアセンターが発行するボランティア伝言板とボランティアセンター通信で周知させる。当然，地域により，行われる講座の内容と頻度は多少違いがあるが，一般市民がボランティアを始めるにあたり，必要に応じ，上記と同様の研修を受けたあと，開始する流れになっている。

　　　　　　　　　　　　　　　　　　　　　　　　　　　　　（包　敏）

第11章　個人活動

〈表1-①〉

誓約書

受入先名 _____

私は，このたびのボランティア活動を，自らの意志で取り組みます。また，ボランティア活動をおこなうことにより知り得た個人情報については，活動終了後も守秘義務を負うことを誓います。

　　　年　　月　　日

　　　　　　学生氏名 _____　印

〈表1-②〉

証明書

次の通りボランティア活動をおこなったことを証明します。

1. 氏　　名
2. 活動内容
3. 活動時間　　_____年___月___日___時___分から
　　　　　　　_____年___月___日___時___分まで
　　　　　　　合計時間 _____　時間___分

　　　年　　月　　日

　　　　　　受入先名 _____　印

ワークブック編

〈表2〉

受入先情報	活動領域	
	学生番号	
	学生氏名	

受入先名	
役職／代表者氏名	
担当者氏名	
住　所	
TEL・FAX	
E-MAIL	
URL	
受入先の事業概要	
ボランティア活動の概要	
ボランティア活動に要した費用	
その説明は，事前にありましたか？　　　は　い　　　いいえ	
受入先のことをどこで知りましたか？	
受入先のボランティア活動を他者にすすめられますか？	
すすめられる　　　　　　すすめられない	
その理由	
その他	

第11章　個人活動

〈表3-①〉

(表)

| 記　　録 | 学生番号 | |
| | 学生氏名 | |

ボランティア活動の記録
内容
場所
目的
目標

タイムスケジュール		
時　　間	内　　容	自分の役割

ワークブック編

(裏) 〈表3-②〉

目標の達成

意義

自分の役割

気づきや感想

疑問

ふりかえり

第12章 グループ討議

　ボランティア活動という体験からは多くのものを学ぶことができるが，体験が「一時的な体験」で終わらないように，入念な準備やフォローが必要である。

　本章では，ボランティア活動体験をより有意義なものとし，体験から問題解決能力へとつなげるためのフォローアップの意義や方法を，ワークシートや演習プログラムを例示しながら，グループワークの手法を用いて解説する。

1　体験学習とグループ

　ボランティア活動を素材とした体験学習を実施する場合，活動のみに終わってしまうようでは，「かわいそう」「施設職員はいつも忙しそうにしている」「私にはとても続けられそうにない」といった，福祉の現場やそこで働く人々，および福祉サービスを利用している人々への歪んだイメージや貧困な福祉観が生じるだけの結果になる可能性も高い。

　従来，体験学習と呼ばれる学習方法は，知識伝達型の学習方法とは異なる環境での体験をとおして，学習者の態度の変容や問題解決能力などの学習効果を期待するものである。そこでは，体験を共にした人々と気づいたことや感じたことを分かち合い，それをお互いに解釈することによって学びを深め，次の行動へと生かしていく過程を含んでいる。つまり，体験学習においては「体験→ふりかえり→分かち合い→概念化→実践」という構造が備わっているのである。

　体験学習という手法は，学習者が体験をとおして学ぶことができるように，そのための援助をする際に用いられるものである。その体験から得た知識，技術，思考方法，行動力など，社会生活のさまざまな局面に学習者が対応できる力をつけることを目指すものである。

そして指導者は，体験学習をとおして何を達成するのか，つまり体験学習のねらいを明確にする必要がある。それは，どのようなねらいで体験が実施されたのかが明らかになっていなければ，学習者の知識，技術，考え方がどのように向上し変容したかがわからないからである。

特に，福祉専門職を養成する課程に，ボランティア活動を体験学習の素材として導入する場合は，そのねらいとして，以下のような内容が考えられるであろう。

・福祉サービス利用者とその環境を理解する
・福祉現場で働く人々を理解する
・社会福祉に対する姿勢や価値観を確立する
・援助の原則について理解する
・福祉現場の役割と機能を理解する
・地域社会の課題を知る

なお，第4章72頁「福祉教育とボランティア学習の関係」にも述べられているように，ボランティア活動を素材とした体験学習の方法として，サービス・ラーニングの方法が活用されている。佐々木によると，「サービス・ラーニングは見返りを求めない伝統的なボランティア活動の概念に基づくものの，強いて言えば『学習』を見返りとし，ボランティアサービスを提供する学生側とそれを受ける側とが対等の互酬関係に立ち，学生がボランティア活動の経験を授業内容に連結させ学習効果を高めるとともに，責任ある社会人を育てることを目的とする」[1]。そして，サービスそのものを学びの対象としており，教員対学生という関係のなかで行われるのではなく，学生同士の学びのネットワークを構築することも，その特性としてあげられる。

ところで，サービス・ラーニングのプロセスには，フィールドで得た経験を批判的に考察する段階がある。佐々木は「そこではボランティア体験を詳細に記述，そしてそれを授業科目の内容と理論的に関連付けて分析し，それをレポートにまとめて他の全学生に配布し，各々持ち寄ったレポートについて口頭発表をし，それを基に討論・考察を行う」[2]と説明している。

サービス・ラーニングにおいては，個人が体験を基に学習を進める際にグループでの討論・考察を重視している。グループには，メンバーのパーソナリティを

形成し，変革する力がある。そのグループを活用して学習者に意図的に働きかけ，問題解決能力の向上を図ろうとする方法がグループ学習である。許容的なグループのなかでは，学習者は自分の学びを自由に発言することができる。そして他の学習者からの質問や意見を受けることによって，別の視点やとらえ方にも気づくことができる。ただし，体験における学びは，あくまでもパーソナルなものであることを忘れてはならない。サービス活動を向ける相手に具体的な関心を抱き，それを手がかりにして新しい人間観に至るような学びである。それでも指導者はそのパーソナルなものを尊重しながらも，同時に多様な見方があることを示して，学習者が自分の見方を深めるように指導することが大切である。

2　ふりかえり

ふりかえりとは

　ボランティアの体験が単なる「体験」で終わらないように，効果的な学習と個人の成長につなげるためには，「ふりかえり」の時間をもつ必要がある。ふりかえりの時間が体験学習の核となるのである。ところで，ふりかえりとは反省とは異なるものである。反省は，自分のこれまでの言動について可否を考えることである。一方，ふりかえりは自らの体験の可否を明らかにするのではなく，体験から何が見出せたのか，これまでの自分とは違う感覚を得られたのか，またその感覚は何によって引き出されたのか，といった自らへの問いかけの作業となる。

　ただし，何に焦点を合わせて問いかけるのかは，体験学習のねらいによって変わってくるので，指導者が意図的に焦点を明示するような働きかけが必要となる。そのためには，ワークシートの活用が有効である。気づきや感想を個々に述べることも方法として考えられるが，文字化することで頭の中の漠然とした思いを自ら整理することが可能となるからである。また，学習者自らが診断をしながら，成長を目指し変革を試みるための課題を探し，次の活動へと結び付けることができるようなツールともなる。

　ふりかえりのためのワークシートは，活動内容と照らし合わせて答えやすい内容，体験の意義が理解できる内容を含み，学習者が興味をもって取り組めるよう

ワークブック編

に工夫をして作成する。

　ワークシートの種類は大きく分けてフリーのものと設問式のものがある。前者は体験をとおして気づいたこと，感じたことを自由に記入させる様式である。これは学習者が自ら感じたままを記入すればよい様式であるが，モティベーションの低い学習者の場合，単なる感想文（楽しかった，大変だったなど）のレベルでとどまる危険性がある。

　一方，設問式のものは，さらに①評価型，②質問型，③設問による記述式，④文章完成型などの種類に分類できる。

　①評価型：ねらいの達成度を数値で評価する形式である。数値をチェックすることで具体的な問題点や改善すべき点が明らかにされる。体験の流れを思い返すためにも有効である。

　　例）自分の意見を……

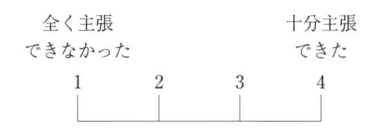

```
  全く主張           十分主張
  できなかった       できた
   ├──┼──┼──┤
   1   2   3   4
```

　②質問型：指導者が意図的に質問を投げかけてそれに回答させる形式である。
　③設問による記述式：学習者に考えさせて記入させるので，核心に迫ることが期待されるが，自由に表現させるために書きづらい内容もある。

　　例）1）利用者に対してどのような印象をもちましたか。
　　　　2）それは，体験後にどのように変化しましたか。

　④文章完成型：書き出しが与えられているので，的確な内容であれば書きやすい。

　　例）1）私が学んだことは，
　　　　2）私が気づいたことは，
　　　　3）私が驚いたのは，

　指導者は，学習者一人ひとりがよかった・悪かったといった評価を交えずに，ありのままの事実を集めることができるように援助する。そのときに，学習者が自分の気持ちや周囲との関係などにも目を向けながら，じっくりと思考し，認識し，イメージを膨らませることができるようなワークシートの準備と，その取り

組みへの支援を行わなければならない。この個人の思考が十分に行われた後にグループでの分かち合いに移行することが大切である。

ワークシートの例

ふりかえりのためのワークシート

1．今回の活動の目的が理解できた。

全くできなかった　　　まあまあ　　　十分できた

2．活動において，自分の役割と責任を果たすことができた。

全くできなかった　　　まあまあ　　　十分できた

3．利用者と話すことができた。

全くできなかった　　　まあまあ　　　十分できた

4．職員やスタッフと話すことができた。

全くできなかった　　　まあまあ　　　十分できた

5．利用者やその環境の課題とは何だと思いますか。

6．活動を通じて気づいたこと，感じたことを自由に書いてください。

ワークブック編

3 分かち合いのためのグループワーク

分かち合いとは

　個人でのふりかえりを終えて，次の段階で実施されるのがグループでの分かち合いである。個人での気づきをグループで共有することで，同じ体験をしても自分では気づかなかったことに気づいたり，別のとらえ方を知ったり，情報の交換をすることができる。グループで行うことの意義については，前述したように，教育学の領域，特に社会教育の分野で研究が進められている。グループによる学習のよさについて伊東は，「多様な自己表現の活動により，全員参加が可能になり，思考活動を活発にすると同時に，社会性を身に付け学習意欲が向上する」[3]と述べている。

　一方，ソーシャルワークや精神療法の領域では，グループのもつ力に着目して援助方法が展開されている。たとえば，ヤーロムが提示している，グループの多くの変化のメカニズム，つまり治癒的因子あるいは療法的因子として，「情報の交換」や「利他主義」などは，分かち合いを実施するためのグループの力として有効なものととらえることができる。

　また，学習者の意識変容やさらなる行動を期待するのであれば，分かち合いの段階で学習者それぞれの気づきを伝え合うだけではなく，学習者相互に相手に対して気づいたことを伝え合うという，「フィードバック」を実施することも考えられる。

　なお，個人のふりかえりの際にも，指導者が意図的に働きかけることの必要性を述べた。グループの分かち合いにおいても，原則的には一人ひとりの学びや気づきを自由な雰囲気のなかでお互いに伝え合うことが大切であるが，グループの話し合いが体験学習のねらいに沿って行われるためには，指導者が意図的に介入することが肝要である。特に，分かち合いの段階に「フィードバック」を含めるのであれば，学習者同士の相互批判や攻撃にならないように，指導者は留意しなければならない（第4章77頁図4-2「ふりかえりの効果」参照）。

指導者の役割

1．ファシリテーターとしての役割

　個人のふりかえりをグループで分かち合うための，ディスカッションが行われる必要がある。ただし，前述したように，指導者の介入がなく，自由にディスカッションをさせるだけでは，報告会の次元にとどまる可能性もある。つまり，各自が自分の体験を報告するだけでは，対象者や活動内容が異なると，「そのような人もいる」「そのような活動もある」といった理解のレベルにしか達しないということである。

　活動報告会は実施するべきであるが，その次の段階では，ボランティア活動が自分にとってどのような意味をもつものとなったのか，活動をとおして関わった人々をどのようにとらえることができたのかなど，焦点を合わせた報告でなければ，体験とそこから学んだ事項について共有できたことにはならない。そこで，指導者には，グループにおける分かち合いを援助促進する役割を担うことが求められるのである。その役割のひとつとして，ファシリテーターの役割をあげることができる。

　ファシリテーターは，非指示的カウンセリングの創始者であるC. R. ロジャースが，カウンセラー養成のためのワークショップである「ベーシック・エンカウンター・グループ（basic encounter group）」といったグループ・アプローチを開発し，そこでの教育スタッフをファシリテーターと呼んだことにその起源がある。ファシリテーターはグループのなかに入り，メンバーが成長するために働きかける役割を担うのである。

　津村は，ファシリテーターの機能として次の6つをあげている。[4]

> (ｱ)　気づき（awareness）の促進
> (ｲ)　分かち合い（sharing）の促進
> (ｳ)　解釈すること（interpreting）の促進
> (ｴ)　一般化すること（generalizing）の促進
> (ｵ)　応用すること（applying）の促進
> (ｶ)　実行すること（acting）の促進

　ファシリテーターはあくまでも学習者が学習することを援助するのであるから，

ファシリテーターが気づいたことや解釈したことを直接伝えることがないように留意しなければならない。他者から教えられるということは、学習者自身が気づくことによる学びにはならない。学習者は、自分の体験と気づきが結び付いた感覚を味わうことがなく、結局は指導者に伝えられたという感覚が残ってしまう。これでは体験から気づいたことを解釈し、一般化し、応用や実行に移すといったプロセスをたどることができない。つまり、体験をとおして学習するという行程が省かれ、「体験させっぱなし」に終わる危険性がある。

なお、グループに分かれてディスカッションを行うことは適切であるが、指導者をファシリテーターとして各グループに配置することが困難な場合は、ふりかえりの段階と同じように「分かち合い」のワークシートを準備して、ファシリテーターの働きかけ（問いかけ）の代替とすることも考えられる。

2．コーチとしての役割

分かち合いにおける指導者の役割としてもうひとつあげられるのがコーチ（coach）としての役割である。コーチというのは、もともと「四輪馬車」を意味した言葉である。この語源から「望む目的地まで人を送り届ける」という意味が派生し、スポーツの領域では、「試合のために運動選手を教え、訓練し、コンディション調整を行う人」をコーチと定義している。

教育の領域や福祉の領域でも、近年コーチングのあり方が注目されるようになってきた。奥田は、次のように述べている。「コーチングは1950年代から1960年代にかけて、アメリカで生まれたコミュニケーション法である。スポーツのコーチが使っていた指導術をもとに、アメリカで盛んな成功哲学、リーダーシップ論や様々なカウンセリング学、そして接遇学、行動科学などの要素をミックスして体系付けられた[5]」。

コーチングは一人ひとりのもつ力や可能性を最大限に発揮させることを目指したコミュニケーション法であり、実践的な50以上のスキルとしてまとめられている。このスキルを習得した人がコーチなのである。また、コーチは私たちがスポーツのコーチからイメージするような「上からぐいぐい引っ張っていく」といった行動をとるのではない。奥田によると、「コーチは、その人が望む目標や希望を達成するために、その人自身の意思に基づく、自発的行動を引き出し、そして

行動が始まれば，行動力を継続させ，より良い方向に向かっていくというスタンスを取り続ける[6]」のである。

つまり，分かち合いにおけるコーチの役割とは，学習者が学習したことをふまえて，次の目標や課題が設定できるように，「傾聴する」「焦点を合わせてついていく」「知識や情報を伝える」といったコミュニケーション・スキルを活用して支援していくことなのである。また，コーチは未来への行動を志向することが特徴であるので，学習の成果を実践へとつなげていくために，学習者とともに目標や課題に沿った活動計画を作成することも，その役割としてあげられる。さらに，活動に移ったあとのフォローアップを行うことも求められる。そのようなフォローアップには，活動に必要な知識を得るための文献等を紹介する，活動に必要な技術を向上させるためのトレーニング・プログラムを企画する，といった内容が含まれる。

なお，次項「スキルアップとレベルアップのためのグループワーク」では，コーチとしての指導者が，コミュニケーション・スキルの向上を目標とした関わりが具体化できるように，いくつかのプログラムを提示している。

ワークシートの項目

指導者が，分かち合いを進めるために活用するワークシートの項目としては，以下のような問いかけが含まれる[7]。

①気づき：あなたは活動体験のなかで何をしましたか。何ができなかったですか。どんなことを感じましたか。どんなことを考えましたか。利用者の方をどのように感じましたか。職員や他のボランティアのかかわりのなかで気がついたことは何ですか。

②分かち合い：自分の気づいたことをグループメンバーに伝えてください。他のメンバーも同じように感じていたでしょうか。どのような点が違っていたでしょうか。他のメンバーの発表を聞いてどのように感じましたか，お互いに伝え合ってみましょう。フィードバックを通してどのようなことがわかりましたか。

③解釈：活動はあなたにとってどのような意味がありましたか。できないと思っていたことができたのはなぜだと思いますか。また，できると思って

いたことができなかったのはなぜだと思いますか。
④一般化：利用者の姿からあなたは何を学びましたか。職員の仕事を見てあなたは何を学びましたか。ボランティア活動の原理とはどのようなものだと思いましたか。
⑤応用すること：学びを他の場面にどのように応用できますか。これからのあなたの課題は何だと思いますか。ボランティア活動をさらに続けるためには何が必要だと思いますか。
⑥実行：あなたの課題を達成するためにはどのような行動が必要ですか。ボランティア活動を続けること・続けないことでどのような結果が得られますか。

ワークシートの例

分かち合いのためのワークシート

1．他のメンバーの報告を聞いて，次の文章を完成させてください。

私が行ったことは…

私が行えなかったことは…

私が気づいたことは…

私が学んだことは…

私に必要なことは…

2．この活動で学んだことをこれからの生活にどう役立てますか。具体的な行動をあげてください。

4 スキルアップとレベルアップのためのグループワーク

グループワークの活用

　体験学習のプロセスに含まれている概念化とそして次の段階である実践へと学習者を導くために，グループワークを活用することができる。

　ところで，概念化というのは，体験のなかで気づいたことや感じたことを理論と統合させることである。仮説化あるいは一般化ともいう。これによって体験が実践の場面に適応されたり，新しい活動への試みに生かされるのである。

　それでは，体験から得られた学びを深め，体験を次の活動へと生かすためのグループワークには，どのようなプログラムが考えられるのであろうか。ここでは特に，福祉専門職を目指す学生を対象としたグループワークのプログラムについて考えてみる。

プログラム立案の際の留意点

　グループワークのプログラムを立案する際には，その基本的枠組みを設定しなければならない。グループワークの基本的枠組みとは，①だれを対象とするのか，②どこが実施するのか，③誰がワーカーの役割を果たすのか，④どのくらいの頻度でどのくらいの期間実施するのか，⑤ねらいは何か，である。

　プログラムの支柱となるものがねらいである。ねらいが明確でなければ，グループワークも「面白かった」で終わってしまう。グループワークを実施することにより何を達成したいのか，ということを学習者に繰り返し伝える必要がある。

　次に留意しなければならないのは，学習者のニーズをふまえることである。指導者は活動後のふりかえりや分かち合いをとおして学習者のニーズを引き出し，それを理解しておかなければならない。学習者の問題意識やニーズを把握し，それに合わせてプログラムを組み立てていくのである。

プログラムの実際

1. 価値の序列

　ボランティア活動を終えた学習者から「利用者とのコミュニケーションをとる

のが難しかった」という声がよく聞かれる。これは福祉専門職を目指す学生の現場実習で苦労する点と同じである。コミュニケーションは双方向の関わり合いである。相手の話にしっかりと耳を傾け，そして自分の意見も相手に伝わるように話さなければならない。そこで，人間関係を見つめなおし，よりよくするためのトレーニングとして周知されている「価値の序列」の方式を用いて，コミュニケーション・スキルを向上させ，ボランティア活動の価値を熟考するためのグループワークの素材を提示する。

（例）あなたがボランティア・コーディネーターだったら，どのようなボランティアに活動してもらいたいですか。活動してもらいたい人を2人選んでください。その後に，グループで話し合って，最終的に2人を決定してください。

◆大学生（19歳，女性）
　社会福祉を専攻していますが，ボランティア活動の経験はありません。今年からボランティア活動をすると科目としての単位が取れると聞いたので，やってみようと思いました。体が丈夫ではないので，継続できるかどうかは不安です。とりあえず，単位を取得できればいいと思っています。

◆短大生（19歳，女性）
　保育科の学生です。母親が働いていたので，同居していた祖母に可愛がってもらいました。その祖母が昨年亡くなってしまいました。今でも寂しくて仕方ないのです。祖母に何もしてあげられなかったので，その代わりに高齢者の方々のお世話をしたいと考えました。

◆専門学校生（18歳，男性）
　コンピューター関係の専門学校に通っています。小さいころから機械をいじるのが好きでした。中学生のときにパソコンを買ってもらい，夢中になりました。先日，テレビ番組で障害のある人がパソコンを使っているのを見て，僕の知識や技術を教えることで，お役に立てるかもしれないと思いました。

◆高校生（17歳，男性）
　中学のときは不登校児でした。学校でいじめられていたんです。先生はいろいろと配慮をしてくれたけど，結局ぎりぎりの出席日数で卒業しました。将来は僕

のように苦しむような子どもの役に立ちたくて,教師になりたいと思っています。そのためには勉強だけではなくて,今から子どもたちと接する機会をもちたいと考えています。

◆フリーター(20歳,女性)

　勉強は嫌いだったのに,親が大学に行けというので,一応大学には入学しました。でも,やっぱり勉強は面白くなくて,意欲が湧かなかったんです。それで中退して,今は「自分探し」をしています。時間に余裕があるので,何かしたいなあと思っています。

　(このプログラムはあくまでも例なので,登場人物については年齢・職業など状況に応じて工夫してください。)

価値の序列のワークシートの例

＜課題シート＞

▶　次の中から2人のボランティアを選んで,(　)に○をつけてください。

　　　　大学生　　　(　　)
　　　　短大生　　　(　　)
　　　　専門学校生　(　　)
　　　　高校生　　　(　　)
　　　　フリーター　(　　)

(例)

メンバー\\登場人物	Aさん	Bさん	Cさん	Dさん	Eさん	Fさん	グループ決定
大学生	○	○					
短大生	○		○	○			
専門学校生		○	○			○	
高校生					○	○	
フリーター				○	○		

ワークブック編

［グループ討議のルール］
　①十分に話し合ってグループとして決定する。
　②多数決によって決定しない。
　③十分に聴き，十分に主張すること。

ふりかえりシート
☆　次の質問に答えながら，作業をふりかえってください。
1．どの登場人物にもっとも共感をもちましたか，それはどんな点ですか。
2．自分の考え方について気がついたことはどんな点ですか。
3．他の人の意見，態度でどのようなことに気づきましたか。
4．この演習をとおして感じたことを自由に書いてください。

2．KJ法を活用して

　地域社会において求められる責任ある行動について考え，それを実践できるようにする。そのためのグループワークとしてKJ法（Kawakita Jiro：川喜田二郎）を活用したものを例示する。[8]

（1）嫌われるボランティアとはどのような人だろう。
①　各自で考えてもらい，付箋紙に記入していく。付箋紙には1文を簡潔な表現で記入することを心がける。
②　各自が発表しながら模造紙に付箋紙を貼り付けていく。
③　同じ内容のものはその上に貼り付けていく。類似した内容のものは隣に貼り付ける。
④　同じ内容のもの，類似した内容のものをまとめてグルーピングし，そのグループにタイトルをつける。
⑤　グルーピングの作業を繰り返し，最終的には5グループくらいにする。
⑥　新たな模造紙に最終的にまとまったグループを相互の関係を考えて配置する。
⑦　グループの代表者が発表する。
⑧　指導者がコメントを述べる。

このときに指導者は話し合いの中身（コンテンツ）のみに焦点をあわせてコメントを加えるのではなくて，どのような話し合いが行われたかということ（プロセス）にも焦点を合わせなければならない。

(2) 次の活動に踏み出すために何が必要かを考えてみよう

ボランティア活動の経験が，次の活動へと結び付くためには何が必要なのだろうか。

ここでも KJ 法を活用して考えてみる。

<例>以下のような内容があげられるだろう。

活動に関する情報　活動に対する相談援助（励まし等も含む）　活動に至るまでの手続き　ボランティア保険　利用者に関する知識　利用者に対応するための技術

3．グループワークの伝統的なプログラムより

アメリカにおいて伝統的に活用されているプログラムのなかから，ボランティア活動や学習のレベルアップに役立つと思われるものを紹介する。

［人生相談のコラムやドラマ・映画を活用して］（Dear Abby, Soap Operas）[9]

このプログラムは，焦点を合わせる，問題を解決する，感情を言語化することに困難があるグループメンバーに有効である。

ワーカーは，グループやその世代の人々の課題に関連するような新聞や雑誌の記事，ドラマや映画などを用意する。最初はワーカーが押し付けがましくなく，脅かすような内容ではない文章や番組を選ぶ。その後は，グループのメンバーがディスカッションのための素材を選ぶように促される。

グループの初期の段階では，ディスカッションの内容は，メンバーが登場人物に成り代わって経験すること，他者の問題を解決すること，それによって得られた理解を自分自身の生活に反映することなどが含まれる。

ボランティア学習に活用する場合は，ボランティアに関連する記事や番組を選択し，グループでディスカッションを行う。ボランティアを肯定的に描いているものだけではなく，問題点や課題を取り上げているものを選択するのもよいだろう。ここで指導者には，学習者が自分の問題点や課題と照らし合わせて考えられるような素材の提供と，ディスカッションの際の方向づけといった援助が求められる。

ワークブック編

ワークシートの例［人生相談のコラムやドラマ・映画を活用して］
☆ 以下の1～3の項目については，グループで話し合ってください。4の項目はグループでの話し合いをふまえて，個人で記入してください。
1．この事例について質問やもっと詳しく知りたいことを出し合ってください。

2．この事例においては何が問題だと思いますか。

3．問題解決のためにボランティアが力になれると思いますか。もしそうであれば，どのようなボランティアの援助が必要ですか。

4．グループでの話し合いで，気づいたこと，感じたことを自由に書いてください。

［あなたならどうする？］（What Would You Do If ?）
　このプログラムにおいては，グループメンバーは問題解決のスキルと実践を学ぶことができる。それは自我を強化し，同時に葛藤解決に関連した有能感をもたらす。また，グループディスカッションのなかで，創造的になり，自分の感情をオープンに表現できる機会がもたらされる。
　ワーカーはある葛藤状況や葛藤をもたらす感情について提示する。たとえば，「あなたはある施設のボランティアです。ある利用者から買い物をしてきてほしいとお金を渡されました」など。個人があるいは何人かのグループメンバーがその状況を演じ，他のグループは何を表現しようとしているかを推測する。
　このプログラムを活用する場合は，指導者はボランティア活動の場面において考えられるような葛藤状況や場面を想定する必要がある。あるいは，学習者が実際に出くわした場面を取り上げたり，それを脚色したりすることも効果的であろう。指導者は，学習者が葛藤状況における感情を，率直に表現することができるように援助するのである。
　筆者要約・引用：Brandler, S. & Roman, C. P. *GROUP WORK : Skills and Strategies for Effective Interventions,* The Haworth Press Inc., pp. 312-315.

第12章　グループ討議

> ワークシートの例［あなたならどうする？］
> ☆　以下の1～3の項目については，個人で考えて記入してください。
> 1．この人物はどのような状況にいると思いますか。
>
> 2．あなたがこの人物だとしたら，どう行動しますか。
>
> 3．そのような行動をとったあなたは，誰にどのような言葉をかけてほしいですか。
>
> 4．グループでの話し合いにより，新しい解決策をまとめてみましょう。
>
> 5．これまでの作業をとおして気づいたこと，感じたことを自由に記入してください。

　学習者がボランティア活動をさらに発展させるために，指導者はどのような支援をするべきだろうか。特に，ボランティア活動の中核でもある自発性を喚起するためには，授業のなかでボランティア活動を取り入れた後，どのように学習者に関わるべきであろうか。自発的な活動であるから，指導者の介入は最小限にとどめておいて，学習者が自ら行動するのを見守るという姿勢も考えられるだろう。そのなかで，自ら情報を求め行動し，より深い学びや気づきを得られる学習者も現れるだろう。そうなれば，指導者として，ボランティア学習の第一歩は成功したといえる。

　しかしながら，興味・関心は深まったが，それを行動に結び付けるには，もう一押しが必要な者もいる。もう一押しの支援とは，活動に必要な情報を収集・整理し，適切な情報を提供する情報提供体制や，活動希望者をそのニーズに応じた活動へと導く活動相談体制を整備することである。これを担う指導者は「送り出し型」のコーディネーターとしての役割を担うことになる。

　「送り出し型」コーディネーターとは，学校，企業，労働組合等自らの設置目

的と事業をもちながら，その構成メンバーがボランティア活動にも参加している団体において，ボランティアを活動の場に送り出すことを主な機能としているコーディネーターのタイプである。このタイプのコーディネーターは，自分の組織の構成メンバーがより充実した活動に参加できるように支援を行う。

　教育機関の指導者が機関内でのコーディネーターとなる場合，外部からの情報収集と整理，学習者への情報提供，学習者からの相談，マッチング，連絡調整，そしてフォローアップなど，きめ細やかな対応が求められる。これに時間と労力を費やしてしまうと，本業に支障をきたすことも考えられるので，複数担当にするか，ボランティア活動支援委員会などを設置してチームで対応するほうがよいだろう。さらに，教職員と学生との協働により運営されるボランティアセンターのような組織が設立されるようになれば，理想的である。　　　　　（守本友美）

注
1） 佐々木正道編著『大学生とボランティアに関する実証的研究』ミネルヴァ書房，2003年，357-358頁。
2） 同上書。
3） 高旗正人・熊本県個集研編著『自立と共生の心を育てる小集団学習』黎明書房，2002年，16頁。
4） 津村俊充・石田裕久編著『ファシリテーター・トレーニング』ナカニシヤ出版，2003年，5-6頁。
5） 奥田弘美『メディカル・サポート・コーチング入門』日本医療情報センター，2003年，16頁。
6） 同上書，17頁。
7） 津村他前掲書，5-6頁。
8） 『ワークショップを使って』（JYVA ブックレット No. 10）日本青年奉仕協会，1999年，30-32頁。
9） 1956年，"The San Francisco Chronicle" 紙に掲載された人生相談のコラム。読者の評判を得て，掲載紙を次々と増やしていった。恋愛，仕事，家族，健康，教育などだれもが抱く悩みに簡潔で的を射た回答を提示している。
10） 全国社会福祉協議会編『ボランティアコーディネーター論』全国社会福祉協議会，2001年，66頁。

おわりに

　ボランティア活動の評価を高め，ボランティア活動の意義を改めて問い直し，そして「ボランティア元年」という言葉を生み出すことになった阪神淡路大震災から10年が経ちました。避難所で暮らした人が最大30万人に達した被災地に駆けつけたボランティアの総数は，発生から1年間で130万人を超えたといわれています。何が人々を被災地に向かわせたのでしょうか。それは「何とかしなければ」「放っておけない」といった胸の奥から溢れ出る「自然な感情」だったのでしょう。人間に本来備わっている感情が強く行動に表れたといえるでしょう。

　この震災ボランティアの経験は，確実に引き継がれ，生かされています。1997年の「ナホトカ号」重油流出事故に際して，重油の除去作業に27万人のボランティアが取り組みました。その後に発生した自然災害でも多数のボランティアが活動しました。この間，ボランティア活動を社会的により支援していこうという気運も高まり，1998年には特定非営利活動促進法（通称NPO法）も成立しました。そして，2004年の新潟県中越地震においては，多くのボランティアが多様な被災者のニーズに対応できるように，ボランティア・コーディネートも地元の社会福祉協議会やNPOを中心に行われていました。また，同年末に発生したインドネシア・スマトラ沖大地震の被災地に対してもボランティアの活躍が期待されています。

　このように，ボランティア活動は「特別な人の特別な行為」から，「誰もが参加できる，そして人が人を支えるという当たり前の行為」という認識として再確認されました。同時に，ボランティアとは何かという根源的な問題から，資金問題，人材の育成，学校や職場での環境整備，コーディネートやネットワークのあり方など，多くの課題も提示するものになりました。

　一方，教育の分野でもボランティア活動の意義が見直され，文部省（現，文部科学省）「教育改革プログラム」（1997年1月策定），中央教育審議会第一・二次答申（1996年，1997年）等でボランティア活動の促進が提言されました。これらをふ

まえて改訂された新学習指導要領は，2002年4月より本格的に実施されています。新学習指導要領は，ボランティア活動を教育課程の一環としてはじめて明確に位置づけています。これは，ボランティア活動には大きな教育力が内在し，それが学習の一環として活用に値するという事実を示しているのです。しかし，学校教育におけるボランティア活動の位置づけや学習は，まだスタートしたばかりで指導方法や内容は必ずしも確立したとはいえません。ボランティア活動についての児童・生徒の考え方や教員の意識等も検討する必要があるでしょう。これは小・中・高等学校のみならず，高等教育機関においても同様であると考えられます。

　そこで，私たちはボランティア活動の教育的効果をより高めることを目標として，本書を編集しました。ボランティア活動をとおして学び手に何を学んでほしいのか，どのような成果が得られるのかを方向づけ，明らかにしたいと考えたからです。ボランティア活動そのものも教材のひとつとなりますが，活動体験による学習をより深めるための教材も必要です。このような教材は，現在活動している多くのボランティアにとっても，自らの活動をふりかえり，活動を充実・発展させるためにも活用されるでしょう。また，ボランティア活動がもつ代表的な性格は自発性です。自発性を高める第一歩として重要なのは，自分の意思から進んで行動できる「参加・参画」と「学習の機会」です。特に自ら進んで「学習する機会」を提供するために，本書をとおして学習内容を深められるような事例検討も可能です。

　ボランティアに関する従来のテキストは，ボランティアやボランティア活動に関する知識を習得するために作成されたものが多く，活動の事前学習として活用できても，事後学習を助けるものではありませんでした。そこで生まれたのが「なければ自分たちで創ろう」という発想でした。つまり，本書の特徴は，そうしたことをふまえて，事後学習の必要性や方法をその内容にふんだんに盛り込んだことにあるのです。

　こうして，本書は編者の思いを執筆者の方々にご理解いただき，完成を迎えました。本書が多くの人たちの自発性を呼び覚まし，活動へとつなぎ，そして活動をとおして自らの学びを深める一助になればと願ってやみません。

　なお，本書を活用した教育実践のなかで気づかれたこと，感じられたことなどを含めて，忌憚のないご意見をいただければ幸いです。

おわりに

　最後になりましたが，ミネルヴァ書房杉田啓三社長，出版企画部戸田隆之部長には企画から出版に至るまでゆきとどいたご配慮をいただきました。厚くお礼申し上げます。

2005年2月

編 著 者 一 同

資料　社会福祉施設等の目的・対象者等の一覧

2018年現在

施設の種類	種別	入(通)所・利用別	設置主体	施設の目的と対象者
保　護　施　設 救　護　施　設 （生保法38条）	第1種	入所	都道府県 市　町　村　｝届出 社会福祉法人　｝認可 日本赤十字社	身体上又は精神上著しい障害があるために日常生活を営むことが困難な要保護者を入所させて，生活扶助を行う
更　生　施　設 （生保法38条）	第1種	入所	同　　上	身体上又は精神上の理由により養護及び生活指導を必要とする要保護者を入所させて，生活扶助を行う
医療保護施設 （生保法38条）	第2種	利用	同　　上	医療を必要とする要保護者に対して，医療の給付を行う
授　産　施　設 （生保法38条）	第1種	通所	同　　上	身体上若しくは精神上の理由又は世帯の事情により就業能力の限られている要保護者に対して，就労又は技能の修得のために必要な機会及び便宜を与え，その自立を助長する
宿所提供施設 （生保法38条）	第1種	利用	同　　上	住居のない要保護者の世帯に対して，住宅扶助を行う
老 人 福 祉 施 設 養護老人ホーム （老福法20条の4） （一般） （盲）	第1種	入所	都道府県 市　町　村　｝届出 社会福祉法人　｝認可	65歳以上の者であって，環境上の理由及び経済的理由により居宅において養護を受けることが困難なものを入所させ，養護するとともに，自立した日常生活を営み，社会的活動に参加するために必要な指導及び訓練その他の援助を行う
特別養護老人ホーム （老福法20条の5）	第1種	入所	同　　上	65歳以上の者であって，身体上又は精神上著しい障害があるために常時の介護を必要とし，かつ，居宅においてこれを受けることが困難なものを入所させ，養護する
軽費老人ホーム （老福法20条の6） （一般） （経過的旧A型） （経過的旧B型）	第1種	入所	都道府県 市　町　村　｝届出 社会福祉法人 その他の者　｝許可	無料又は低額な料金で，老人を入所させ，食事の提供その他日常生活上必要な便宜を供与する
老人福祉センター （老福法20条の7） （特A型） （A型） （B型）	第2種	利用	都道府県 市　町　村　｝届出 社会福祉法人 その他の者	無料又は低額な料金で，老人に関する各種の相談に応ずるとともに，老人に対して健康の増進，教養の向上及びレクリエーションのための便宜を総合的に供与する

施設の種類	種別	入(通)所・利用別	設置主体	施設の目的と対象者
障害者支援施設等 障害者支援施設 （障害者総合支援法5条11項）	第1種	入所 通所	国・都道府県 市　町　村　　届出 社会福祉法人 その他の者　　許可	障害者につき，主として夜間において，入浴，排せつ又は食事の介護等の便宜を供与するとともに，これ以外の施設障害福祉サービス（生活介護，自立訓練，就労移行支援）を行う
地域活動支援センター （障害者総合支援法5条27項）	第2種	利用	都道府県 市　町　村　　届出 社会福祉法人 その他の者	障害者等を通わせ，創作的活動又は生産活動の機会の提供，社会との交流の促進その他障害者が自立した日常生活及び社会生活を営むために，必要な支援を行う
福祉ホーム （障害者総合支援法5条28項）	第2種	利用	同　　　上	現に住居を求めている障害者につき，低額な料金で，居室その他の設備を利用させるとともに，日常生活に必要な便宜を供与する
身体障害者社会参加支援施設 身体障害者福祉センター （身障法31条）（A型） （B型） （障害者更生センター）	第2種	利用	都道府県 市　町　村	無料又は低額な料金で，身体障害者に関する各種の相談に応じ，身体障害者に対し，機能訓練，教養の向上，社会との交流の促進及びレクリエーションのための便宜を総合的に供与する
補装具製作施設 （身障法32条）	第2種	利用	都道府県 市　町　村　　届出 社会福祉法人 その他の者	無料又は低額な料金で，補装具の製作又は修理を行う
盲導犬訓練施設 （身障法33条）	第2種	利用	同　　　上	無料又は低額な料金で，盲導犬の訓練を行うとともに，視覚障害のある身体障害者に対し，盲導犬の利用に必要な訓練を行う
視聴覚障害者情報提供施設 （身障法34条） 点字図書館	第2種	利用	同　　　上	無料又は低額な料金で，点字刊行物及び視覚障害者用の録音物の貸し出し等を行う
点字出版施設	第2種	利用	同　　　上	無料又は低額な料金で，点字刊行物を出版する
聴覚障害者情報提供施設	第2種	利用	同　　　上	無料又は低額な料金で，聴覚障害者用の録画物の製作及び貸し出し等を行う
婦人保護施設 （売春防止法36条，DV防止法5条）	第1種	入所	都道府県 市　町　村　　届出 社会福祉法人 その他の者　　許可	性行又は環境に照らして売春を行うおそれのある女子（要保護女子）を収容保護する。又，家族関係の破綻，生活困窮等の理由により生活上困難な問題を抱えた女性及びDV被害女性を入所保護し，自立を支援する
児童福祉施設 助産施設 （児福法36条）	第2種	入所	都道府県 市　町　村　　届出 社会福祉法人 その他の者　　認可	保健上必要があるにもかかわらず，経済的理由により，入院助産を受けることができない妊産婦を入所させて，助産を受けさせる

資料　社会福祉施設の目的・対象者等の一覧

施設の種類	種別	入(通)所・利用別	設置主体	施設の目的と対象者
乳　児　院 （児福法37条）	第1種	入　所	都道府県 市町村　　届出 社会福祉法人 ｝認可 その他の者	乳児（保健上，安定した生活環境の確保その他の理由により特に必要のある場合には，幼児を含む）を入院させて，これを養育し，あわせて退院した者について相談その他の援助を行う
母子生活支援施設 （児福法38条）	第1種	入　所	同　　　上	配偶者のない女子又はこれに準ずる事情にある女子及びその者の監護すべき児童を入所させて，これらの者を保護するとともに，これらの者の自立の促進のためにその生活を支援し，あわせて退所した者について相談その他の援助を行う
保　育　所 （児福法39条）	第2種	通　所	同　　　上	保育を必要とする乳児・幼児を日々保護者の下から通わせて保育を行う
幼保連携型認定こども園 （児福法39条の2）	第2種	通　所	同　　　上	義務教育及びその後の教育の基礎を培うものとして満3歳以上の幼児に対する教育及び保育を必要とする乳児・幼児に対する保育を一体的に行い，これらの乳児又は幼児の健やかな成長が図られるよう適当な環境を与えて，その心身の発達を助長する
児童厚生施設 （児福法40条） 　児　童　館 　　小型児童館，児童センター，大型児童館A型，大型児童館B型，大型児童館C型，その他の児童館	第2種	利　用	同　　　上	屋内に集会室，遊戯室，図書館等必要な設備を設け，児童に健全な遊びを与えて，その健康を増進し，又は情操を豊かにする
児　童　遊　園	第2種	利　用	同　　　上	屋外に広場，ブランコ等必要な設備を設け，児童に健全な遊びを与えて，その健康を増進し，又は情操を豊かにする
児童養護施設 （児福法41条）	第1種	入　所	同　　　上	保護者のない児童（乳児を除く。ただし，安定した生活環境の確保その他の理由により特に必要のある場合には，乳児を含む），虐待されている児童その他環境上養護を要する児童を入所させて，これを養護し，あわせて退所した者に対する相談その他の自立のための援助を行う
障害児入所施設 （児福法42条）（福祉型） 　　　　　　（医療型）	第1種	入　所	同　　　上	障害児を入所させて，保護，日常生活の指導，独立自活に必要な知識技能の付与及び治療を行う

施設の種類	種別	入(通)所・利用別	設置主体	施設の目的と対象者
児童発達支援センター （児福法43条）（福祉型） （医療型）	第2種	通所	都道府県 市町村　｝届出 社会福祉法人 その他の者　｝認可	障害児を日々保護者の下から通わせて，日常生活における基本的動作の指導，独立自活に必要な知識技能の付与又は集団生活への適応のための訓練及び治療を提供する
児童心理治療施設 （児福法43条の2）	第1種	入所 通所	同　　　上	家庭環境，学校における交友関係その他の環境上の理由により社会生活への適応が困難となった児童を，短期間，入所させ又は保護者の下から通わせて，社会生活に適応するために必要な心理に関する治療及び生活指導を主として行い，あわせて退所した者について相談その他の援助を行う
児童自立支援施設 （児福法44条）	第1種	入所 通所	国・都道府県 市町村　｝届出 社会福祉法人 その他の者　｝認可	不良行為をなし，又はなすおそれのある児童及び家庭環境その他の環境上の理由により生活指導等を要する児童を入所させ，又は保護者の下から通わせて，個々の児童の状況に応じて必要な指導を行い，その自立を支援し，あわせて退所した者について相談その他の援助を行う
児童家庭支援センター （児福法44条の2）	第2種	利用	都道府県 市町村　｝届出 社会福祉法人 その他の者　｝認可	地域の児童の福祉に関する各般の問題につき，児童に関する家庭その他からの相談のうち，専門的な知識及び技術を必要とするものに応じ，必要な助言を行うとともに，市町村の求めに応じ，技術的助言その他必要な援助を行うほか，保護を要する児童又はその保護者に対する指導及び児童相談所等との連携・連絡調整等を総合的に行う
母子・父子福祉施設 母子・父子福祉センター （母子父子寡婦福祉法39条）	第2種	利用	都道府県 市町村 社会福祉法人 その他の者　｝届出	無料又は低額な料金で，母子家庭等に対して，各種の相談に応ずるとともに，生活指導及び生業の指導を行う等母子家庭等の福祉のための便宜を総合的に供与する
母子・父子休養ホーム （母子父子寡婦福祉法39条）	第2種	利用	同　　　上	無料又は低額な料金で，母子家庭等に対して，レクリエーションその他休養のための便宜を供与する
その他の社会福祉施設等 授　産　施　設 （社福法2条2項7号）	第1種	通所	都道府県 市町村　｝届出 社会福祉法人 その他の者　許可	労働力の比較的低い生活困難者に対し，施設を利用させることによって就労の機会を与え，又は技能を修得させ，これらの者の保護と自立更生を図る
宿所提供施設 （社福法2条3項8号）	第2種	利用	都道府県 市町村 社会福祉法人 その他の者　｝届出	生計困難者のために，無料又は低額な料金で，簡易住宅を貸し付け，又は宿泊所その他の施設を利用させる

資料　社会福祉施設の目的・対象者等の一覧

施設の種類	種別	入(通)所・利用別	設置主体	施設の目的と対象者
盲人ホーム （昭37.2.27，社発109号）		利用	都道府県 市 社会福祉法人　}届出	あん摩師，はり師又はきゅう師の免許を有する視覚障害者であって，自営し，又は雇用されることの困難な者に対し施設を利用させるとともに，必要な技術の指導を行い，その自立更生を図る
無料低額診療施設 （社福法2条3項9号）	第2種	利用	都道府県 市町村 社会福祉法人 その他の者　}届出	生計困難者のために，無料又は低額な料金で診療を行う
隣保館 （社福法2条3項11号）	第2種	利用	同　　上	無料又は低額な料金で施設を利用させることその他近隣地域における住民の生活の改善及び向上を図る
へき地保健福祉館 （昭40.9.1，厚生省発社222号）		利用	市　町　村	いわゆるへき地において地域住民に対し，保健福祉に関する福祉相談，健康相談，講習会，集会，保育，授産など生活の各般の便宜を供与する
へき地保育所 （昭36.4.3，厚生省発児76号）	第2種	通所	同　　上	へき地における保育を要する児童に対し，必要な保護を行い，これらの児童の福祉の増進を図る
地域福祉センター （平6.6.23，社援地74号）		利用	地方公共団体 社会福祉法人	地域住民の福祉ニーズに応じて，各種相談，入浴・給食サービス，機能回復訓練，創作的活動，ボランティアの養成，各種福祉情報の提供等を総合的に行う
老人憩の家 （昭40.4.5，社老88号）		利用	市　町　村	市町村の地域において，老人に対し教養の向上，レクリエーション等のための場を与え，老人の心身の健康の増進を図る
老人休養ホーム （昭40.4.5，社老87号）		利用	地方公共団体	景勝地，温泉地等の休養地において，老人に対し低廉で健全な保健休養のための場を与え，老人の心身の健康の増進を図る
有料老人ホーム （老福法29条）	公益事業	入所	設置者の制限なし 届　　出	老人を入居させ，入浴，排せつ若しくは食事の介護，食事の提供又はその他の日常生活上必要な便宜を供与する

出所：厚生労働統計協会編『国民の福祉と介護の動向2018/2019』2018年，319-321頁。

参 考 文 献

阿部志郎『ボランタリズム』海声社，1988年
天野正輝編『現代教育実践の探求』晃洋書房，1998年
雨宮孝子・小谷直道・和田敏明編著『福祉キーワードシリーズ　ボランティア・NPO』中央法規出版，2002年
池田幸也・長沼豊編著『ボランティア学習』清水書院，2002年
大阪ボランティア協会編『ボランティア＝参加する福祉』ミネルヴァ書房，1981年
大阪ボランティア協会編『ボランティア活動研究』1998年
大阪ボランティア協会編（岡本榮一編集代表）『ボランティア・NPO用語事典』中央法規出版，2004年
大阪ボランティア協会監修　巡静一・早瀬昇編著『基礎から学ぶボランティアの理論と実際』中央法規出版，2004年
大阪ボランティア協会在宅ボランティア推進グループ編『ふれあい――在宅ボランティア推進グループ記録』1982年
大塩まゆみ・福富昌城・宮路博『ホームヘルパーのためのスーパービジョン』（MINERVA福祉ライブラリー50）ミネルヴァ書房，2002年
大橋謙策・田村真広・辻浩・原田正樹編『福祉科指導法入門』中央法規出版，2004年
岡本包治・結城光夫編『学習ボランティアのすすめ――生涯学習社会をめざして』ぎょうせい，1995年
小川利夫・高橋正教編『教育福祉論入門』光生館，2001年
梶田叡一『改訂版　教育評価』放送大学教育振興会，2002年
九州個性化教育研究会編『ティーム・ティーチングの計画・実践・評価Q&A』黎明書房，1995年
京極高宣監修『ボランティア・新世紀』第一法規出版，1996年
経済企画庁編『国民生活白書――ボランティアが深める好縁（平成12年度版）』2000年
厚生統計協会編『国民の福祉の動向・厚生の指標』臨時増刊・第51巻第12号・通巻803号，2004年
厚生労働統計協会編『国民の福祉と介護の動向』各年版
河内昌彦「社会福祉を担う人々と人間理解」井村圭壮・山北勝寛編『社会福祉分析論』学文社，2002年
『国際派就職辞典　2005年度版』アルク，2004年
五月女光弘『ざ・ボランティア』国際開発ジャーナル社，1995年

参考文献

阪野貢編著『福祉教育の理論と実際——新たな展開を求めて』相川書房，2000年
阪野貢編『学校教育づくりと福祉教育』文化書房博文社，2003年
佐々木正道編著『大学生とボランティアに関する実証的研究』ミネルヴァ書房，2003年
柴田善守『社会福祉の歴史とボランティア活動』大阪ボランティア協会，1980年
社会福祉教育方法・教材開発研究会編『新 社会福祉援助技術演習』中央法規出版，2001年
社会保険研究所編『介護報酬の解釈（平成15年4月版）』2003年
社会保障入門編集委員会編『社会保障入門（平成16年版）』中央法規出版，2004年
衆議院法制局・参議院法制局編『現行法規総覧』第一法規出版，2004年
鈴木眞理『ボランティア活動と集団』学文社，2004年
全国社会福祉協議会『新・社会福祉協議会基本要項』1992年
全国社会福祉協議会「全国ボランティア活動者実態調査報告書」（調査期間2002年4月1日〜4月15日）
全国社会福祉協議会編『ボランティアコーディネーター論』2001年
全国社会福祉協議会全国ボランティア活動振興センター編『福祉教育実践ハンドブック』2003年
全国社会福祉協議会全国ボランティア活動振興センター障害理解プログラム研究開発委員会『ボランティア ア・ラ・カ・ル・ト——「障害理解」プログラムの手引き』1999年
総務省統計局『平成13年社会生活基本調査』（平成14年7月31日公表）
立木茂雄編著『ボランティアと市民社会』晃洋書房，1997年
立木寛子「ヒポクラテスの末裔たち」『望星』10月号，2001年
電通総研編『NPOとは何か』日本経済新聞社，1996年
内閣府経済社会総合研究所国民経済計算部国民支出課『平成14年度民間非営利団体実態調査結果の概要』2003年
内閣府国民生活局『「市民活動団体等基本調査」要旨』2001年
内閣府国民生活局「平成15年度内閣府委託調査 コミュニティ再興に向けた協働のあり方に関する調査」
中園康夫「ノーマリゼーションの課題」阿部志郎・右田紀久恵・宮田和明・松井二郎編『講座 戦後社会福祉の総括と二一世紀への展望Ⅱ 思想と理論』ドメス出版，2002年
成清美治・加納光子編集代表『第二版 現代社会福祉用語の基礎知識』2002年，学文社
日本経済団体連合会社会貢献推進委員会・1％（ワンパーセント）クラブ「2002年度社会貢献活動実績調査結果」要約
日本子ども家庭総合研究所編『日本子ども資料年鑑2009』KTC中央出版，2009年
日本地域福祉学会編（三浦文夫・右田紀久恵・永田幹夫・大橋謙策編集代表）『地域福祉辞典』中央法規出版，1997年
日本福祉教育・ボランティア学習学会機関誌編集委員会編『福祉教育・ボランティア学習

の理論と体系』東洋堂企画出版社，1997年
日本福祉教育・ボランティア学習学会機関誌編集委員会編『現代社会の危機と福祉教育』東洋堂企画出版社，1998年
日本福祉教育・ボランティア学習学会機関誌編集委員会編『福祉教育・ボランティア学習の価値と目標』東洋堂企画出版社，1999年
日本福祉教育・ボランティア学習学会機関誌編集委員会編『「生きる力」と福祉教育・ボランティア学習』万葉舎，2000年
日本福祉教育・ボランティア学習学会機関誌編集委員会編『新時代の福祉教育・ボランティア学習を拓く』万葉舎，2001年
日本福祉教育・ボランティア学習学会機関誌編集委員会編『ボランティアネットワークと大学の変容の可能性』万葉舎，2002年
日本福祉教育・ボランティア学習学会機関誌編集委員会編『福祉科教育法の構築』万葉舎，2003年
日本福祉教育・ボランティア学習学会機関誌編集委員会編『地域を創る福祉教育・ボランティア学習』万葉舎，2004年
日本ボランティア学習協会編『小・中・高等学校・大学におけるボランティア学習の評価のあり方についての調査研究報告書』1999年
日本ボランティア学習協会編『日本ボランティア学習協会研究紀要　ボランティア学習研究　第2号』2001年
日本ボランティア学習協会編『日本ボランティア学習協会研究紀要　ボランティア学習研究　第3号』2002年
日本ボランティア学習協会編『英国の「市民教育」』2002年
日本ボランティア学習協会編『日本ボランティア学習協会研究紀要　ボランティア学習研究　第4号』2003年
日本ボランティア学習協会編『日本ボランティア学習協会研究紀要　ボランティア学習研究　第5号』2004年
日本ボランティアコーディネーター協会編『ボランティアコーディネーター』筒井書房，2002年
パックストン美登利『国際ボランティアガイド』ジャパンタイムズ，1996年
花村春樹訳・著『「ノーマリゼーションの父」N・E・バンク-ミケルセン　その生涯と思想』ミネルヴァ書房，1994年
広島市社会福祉協議会『ボランティアセンター年報』2003年
福祉士養成講座編集委員会編『社会福祉援助技術論II』（新版　社会福祉士養成講座9）中央法規出版，2003年
Pretty, J. N, "Participatory Learning For Sustainable Agriculture", *World Development*, The American University, 1995.
ボランティアコーディネーター研修プログラム教材開発研究委員会編『ボランティアコー

ディネーター論』全国社会福祉協議会, 2001年
ボランティアコーディネーター白書編集委員会編『ボランティアコーディネーター白書 1999-2000』大阪ボランティア協会, 2000年
ボランティアコーディネーター白書編集委員会編『ボランティアコーディネーター白書 2003-2004』大阪ボランティア協会, 2004年
三浦文夫・右田紀久恵・大橋謙策『地域福祉の源流と創造』中央法規出版, 2003年
村上尚三郎編『福祉教育を考える』勁草書房, 1995年
村上尚三郎・阪野貢・原田正樹編『福祉教育論』北大路書房, 2002年
巡静一編『実践 ボランティア・コーディネーター』中央法規出版, 2000年
巡静一・早瀬昇編『基礎から学ぶ ボランティアの理論と実際』中央法規出版, 1997年
山内直人編『NPOデータブック』有斐閣, 1999年
山本恒夫・浅井経子編『生涯学習「答申」ハンドブック──目標・計画づくり, 実践への活用』文憲堂, 2004年
吉田敬三編『なぜ医師たちは行くのか？』羊土社, 2003年
和田敏明編著『地域福祉の担い手』(地域福祉を拓く第3巻), ぎょうせい, 2002年

索　引

あ
アイデア　*133*
アイマスク体験　*151*
阿部志郎　*18, 25*
アマチュアリズム　*179*
AMDA　*169*
アムネスティ・インターナショナル　*49*
アレント, ハンナ（Arendt, H.）　*7*
生きる力（豊かな人間性や自ら学び, 自ら考える力等）　*64*
1％クラブ　*36*
一番ヶ瀬康子　*21*
異文化　*177*
イメージ学習　*64*
インターンシップ　*174*
インターンシップ型　*176*
インドネシア・スマトラ沖大地震　*223*
受入先情報　*189*
受入先評価　*80, 193*
運動　*6*
栄養士　*113*
笑顔（smile）　*174*
NGO（Non-Governmental Organization）　*39, 45*
NPO（Non-Profit Organization）　*39, 45*
NPO支援センター　*45*
NPO団体　*52*
NPO法人　*40*
オウム返し　*162*
ODA　*178*
岡村重夫　*5, 27*
音声訳ボランティア入門講座　*199*

か
ガールスカウト活動　*166*
介護老人保健施設　*129*

回想法　*135*
街頭募金　*51*
架橋的役割　*18, 20*
学習　*70*
学習会活動　*164*
学習過程　*75*
学習者評価　*80, 193*
学習の機会　*224*
各種の野外活動　*166*
家族扶助　*27*
課題設定　*75*
活動　*6*
活動記録　*190*
活動さがし　*95*
活動証明書　*188*
通い型　*175*
環境活動　*47*
カント　*70*
キーパーソン　*109*
機関紙活動　*164*
技術（skills）　*168*
基礎知識　*75*
基礎福祉教育　*73*
気づき　*75*
機能的参加　*182*
基本的なマナー　*103*
教育　*70*
教育改革プログラム　*223*
行政委嘱型　*11*
行政委嘱型のボランティア組織　*55*
行政レベル　*121*
協調的参加　*182*
協働　*5, 12*
記録　*186*
緊急救援型　*175*
グラウンデッド・セオリー　*77*

索　引

クラブ活動　*166*
グループ・スーパービジョン　*194*
グループ学習　*77*
グループ活動　*92, 99*
グループワーク　*215*
車いす体験　*151*
経験（learning）　*174*
KJ法　*218*
継続性　*26*
傾聴　*132*
啓発的役割　*18*
ケースワーク　*160*
言語群（概念）　*2*
言語世界　*2*
現実世界　*2, 3*
研修　*196*
憲法第25条　*6*
憲法第89条　*7*
権利擁護　*154, 158*
公共性　*25*
公私協働　*122*
公私分離の原則　*7*
更生保護活動　*166*
行動の三原則　*172*
交流会活動　*164*
コーチ　*212*
コーチング　*76, 212*
国際協力　*172*
国際貢献　*172*
国際障害者年　*3*
国際平和　*172*
国内型　*176*
国民の市民化　*7*
国連　*178*
国連憲章　*181*
個人・短期型　*175*
個人活動　*98*
個人スーパービジョン　*194*
子育て支援　*161, 163*
国境なき医師団　*46*
言葉（概念 concept）　*1*
言葉（言語群）　*2*

言葉（単語群 words）　*1*
子ども会活動　*165*
コミュニケーション・スキル　*213*
コミュニティサービス　*137*

さ───────────

サービス・ラーニング（Service Learning）
　　74, 206
災害・救援活動　*45*
在宅ボランティア活動　*164*
支え（service）　*174*
里親活動　*166*
参加・参画　*224*
参画　*6*
CSV（Community Service Volunteers）　*72*
時間貯蓄制度（タイム・ストック制度）　*35*
自己成長性　*26*
自己発見学習　*64*
施設ボランティアコーディネーター　*129*
自尊感情（セルフエステーム）　*20*
質問型　*208*
児童虐待　*154, 158*
指導者評価　*80, 193*
児童福祉施設　*154, 157*
児童福祉法　*160*
児童文化活動　*166*
自発性　*24*
自発的な結社（voluntary association）　*12*
自分さがし　*95*
自閉症　*162*
市民　*7*
市民活動　*8*
市民参加　*4, 6, 8*
市民社会　*12*
市民的権利（civil rights）　*9*
市民的自由　*4, 7, 8*
市民ボランティア活動　*196*
社会貢献活動　*35*
社会参加　*6*
社会福祉推進機関　*121*
社会連帯意識　*21*
主意主義　*12, 17*

237

自由意志　12
自由教会（free church）　12
住民参加・参画　84, 116, 121
住民主体　104
住民主体の原則　8
住民組織活動　104
主体性　24
主体的参加　147
主知主義（intellectualism）　12
主導的参加　182
受動的参加　182
守秘義務　129
受容　132
手話入門講座　198
手話や点字体験　151
順応性（adaptability）　168
生涯学習　67, 70
生涯教育　67, 70
障害者外出支援ボランティア講座　199
小地域福祉活動　56
叙述体　187
新・社会福祉協議会基本要項　109
新学習指導要領　224
人権擁護の活動　49
スーパーバイザー（supervisor）　159
スーパーバイジー（supervisee）　159
スーパービジョン（supervision）　129, 159, 194
スキルアップ　195, 215
スタディーツアー　174
生活実態　3
誠実さ（sincerity）　168
精神保健福祉ボランティア養成講座　198
制度的保障体系　5
誓約書　188
絶対的貧困　172
絶対評価　78
説明体　187
設問による記述式　208
セツルメント運動　29
善意銀行　8
先駆的役割　18, 19

総合的な学習の時間　11, 66
総合評価　80, 193
相互扶助　27
操作的参加　182
相対評価　78
ソーシャル・アクション　18

た
体験学習　21, 64, 205
体験活動　24
体験教育　11
体験講座　91
体験的参加　140
タウン・ウオッチング　116
地域開発活動　49
地域福祉　9, 30
地域福祉計画　121
地域福祉センター　111
地区社会福祉協議会（地区社協）　111
地方自治体　121
地方分権一括法　9
中央教育審議会　65
中間支援組織　9
長期開発型　175
調査的参加　182
直接的市民参加体系　5
ティーチング　76
ティームティーチング　77
デイキャンプ　151
ディクソン，アレックス　72
特定非営利活動促進法（NPO法）　39
特別養護老人ホーム　134
トレーニング・プログラム　213

な
ナホトカ号　223
新潟県中越地震　223
ニルジェ　3
任意団体型のボランティア組織　54
人間らしさ（human dignity）　9
人間理解学習　64
ノーマライゼーション（normalization）　3,

索　引

18, 19

は

パートナーシップ　85
バンク-ミケルセン　19
ピア・スーパービジョン　195
BBS活動　166
非営利性　25
批判的役割　18, 20
評価　191
評価型　208
ファシリテーター　211
フィードバック　210
フィランソロピー　35
フィンガーペインティング（finger painting）　161, 163
福祉学習　73
福祉活動専門員　111
福祉教育　21, 73, 151
福祉社会論　6
福祉性　25
福祉のまちづくり　116
プライオリティ　120
プライマリーケア　178
ふりかえり　75, 169, 207
ふりかえりシート　218
ふりかえりの効果　77
ふれあい　127, 133
ふれあい・いきいきサロン　104
ブレイン・ストーミング　117, 122
プログラム　215
プログラム開発　123
プログラムづくり　106
文章完成型　208
平和活動　47
ベーシック・エンカウンター・グループ（basic encounter group）　211
ベバリッジ（Beveridge, W.）　5
保育士　112
奉仕型　11
奉仕活動　8, 24, 137
ボーイスカウト活動　166

ポートフォリオ評価　81
補完的役割　18, 19
保健・医療活動　46
ボランタリー・アクション　5
ボランタリズム　9, 17
voluntarism　12, 17
voluntaryism　12, 17
ボランタリズムの理念　9
ボランティア（volunteer）　11
ボランティア学習　21, 64, 72, 73, 85
ボランティア活動　137
ボランティア活動7カ年プラン構想　59
ボランティア活動振興策　57
ボランティア活動推進7カ年プラン　59
ボランティア活動組織　52
ボランティア活動歴の評価　60
ボランティア元年　33, 223
ボランティア基金　60
ボランティア休暇・休職制度　60
ボランティア教育　73
ボランティアグループ　54
ボランティア講座　196
ボランティアコーディネーター（volunteer coordinator）　61, 112, 158
ボランティア実習　137
ボランティア情報　90
ボランティアセンター　85, 92, 112, 196
ボランティア体験　137
ボランティア団体　40
ボランティアニーズ　137
ボランティア保険　57
ボランティア保険制度　58
ボランティア養成等事業　61
ボラントピア事業　58

ま

まちづくり計画　116
見返り参加　182
民間ボランティア機関　72
民主主義社会　12
無償性　25
メセナ　35

239

燃え尽き症状　*101*

や────────────
ヤーロム　*210*
ヤングボランティアスクール　*150, 198*
友愛訪問　*96*
有償ボランティア　*33*
要約体　*187*

ら────────────
ライブ・スーパービジョン　*195*
理解する（UNDERSTAND）　*1*
リスクマネジメント　*86*
リッチモンド，メアリー・E.　*19*
利用者ニーズ　*127*
利用者理解　*127*

レクリエーション　*151*
レクリエーション・インストラクター　*112*
レスパイトケア（respite care）　*161, 163*
レベル・アップ　*215*
連携・協働　*83, 104*
連帯性　*25*
連絡・調整　*116*
ロジャース，C. R.　*211*
ロブソン，W. A.　*6*

わ────────────
ワーカーズ・コレクティブ　*33*
ワークキャンプ型　*175*
ワークシート　*208*
分かち合い　*133, 210*

執筆者紹介 (所属，執筆分担，執筆順，＊は編者)

岡本　栄一（監修者紹介参照，監修にあたって，序章）
新崎　国広（大阪教育大学，第1章）
藤原　久礼（豊中市特別養護老人ホーム，第2章）
関　好博（富山短期大学，第3章）
＊立石　宏昭（九州産業大学，第4章）
竹村　安子（大阪市立大学（非常勤），第5章）
＊河内　昌彦（広島国際大学・自然の美 心の旅 研究所，第6章）
山本　浩史（新見公立短期大学，第7章）
井岡　由美子（帝京科学大学，第8章）
辰己　隆（関西学院大学，第9章）
鈴木　俊介（特定非営利活動法人AMDA社会開発機構，第10章）
中田　周作（中国学園大学，第11章—1～3）
包　敏（広島国際大学，第11章—4）
＊守本　友美（元・皇學館大学，第12章）

《監修者紹介》

岡本栄一（おかもと・えいいち）
　1931年　生まれ
　同志社大学大学院文学研究科社会福祉学専攻修士課程中退
　現　在　大阪ボランティア協会顧問
　著　書　『ボランティア＝参加する福祉』（共著）ミネルヴァ書房，1981年
　　　　　『入門社会福祉〔第5版〕』（共編）ミネルヴァ書房，2001年
　　　　　他

	ボランティアのすすめ
	──基礎から実践まで──

2005年4月10日　初版第1刷発行　　　　　　　　〈検印省略〉
2018年12月30日　初版第10刷発行

定価はカバーに
表示しています

	監 修 者	岡　本　栄　一
		守　本　友　美
	編 著 者	河　内　昌　彦
		立　石　宏　昭
	発 行 者	杉　田　啓　三
	印 刷 者	江　戸　孝　典

発行所　株式会社　ミネルヴァ書房
607-8494　京都市山科区日ノ岡堤谷町1
電話代表　(075)581-5191番
振替口座　01020-0-8076番

© 岡本・守本・河内・立石，2005　　共同印刷工業・藤沢製本

ISBN978-4-623-04299-9
Printed in Japan

——— 実践のすすめ ———

地域包括ケアシステムのすすめ
宮﨑徳子 監修　豊島泰子／立石宏昭 編著
● これからの保健・医療・福祉　　A5判美装カバー・278頁・本体2,600円

保健・医療・福祉ネットワークのすすめ〔第3版〕
宮崎徳子／立石宏昭 編著
● ヒューマンサービスの実践　　A5版美装カバー・224頁・本体2,600円

福祉系NPOのすすめ
牧里毎治 監修　立石宏昭／守本友美／水谷　綾 編著
● 実践からのメッセージ　　A5版美装カバー・214頁・本体2,400円

福祉教育のすすめ
阪野　貢 監修　新崎国広／立石宏昭 編著
● 理論・歴史・実践　　A5判美装カバー・260頁・本体2,500円

子育て支援のすすめ
北野幸子／立石宏昭 編著
● 施設・家庭・地域をむすぶ　　A5判美装カバー・248頁・本体2,400円

音楽療法のすすめ
小坂哲也／立石宏昭 編著
● 実践現場からのヒント　　A5判美装カバー・224頁・本体2,200円

社会福祉調査のすすめ〔第2版〕
立石宏昭 著
● 実践のための方法論　　A5判美装カバー・188頁・本体2,200円